中國學術思想 研究輯刊

二八編

林慶彰 主編

第 2 冊

《論語》與《孟子》的生命觀研究

許詠晴 著

花木蘭文化事業有限公司

國家圖書館出版品預行編目資料

《論語》與《孟子》的生命觀研究／許詠晴 著 — 初版 — 新北市：
花木蘭文化事業有限公司，2018〔民107〕
目 2+196 面：19×26 公分
（中國學術思想研究輯刊 二八編；第 2 冊）
ISBN 978-986-485-470-7（精裝）
1. 論語 2. 孟子 3. 研究考訂
030.8   107011401

ISBN- 978-986-485-470-7

9 789864 854707

中國學術思想研究輯刊
二八編 第 二 冊   ISBN：978-986-485-470-7

《論語》與《孟子》的生命觀研究

作　　者　許詠晴
主　　編　林慶彰
總 編 輯　杜潔祥
副總編輯　楊嘉樂
編　　輯　許郁翎、王　筑　美術編輯　陳逸婷
出　　版　花木蘭文化事業有限公司
發 行 人　高小娟
聯絡地址　235 新北市中和區中安街七二號十三樓
　　　　　電話：02-2923-1455／傳真：02-2923-1452
網　　址　http://www.huamulan.tw 信箱 hml810518@gmail.com
印　　刷　普羅文化出版廣告事業
封面設計　劉開工作室
初　　版　2018 年 9 月
全書字數　183705 字
定　　價　二八編 12 冊（精裝）新台幣 22,000 元

《論語》與《孟子》的生命觀研究

許詠晴　著

作者簡介

許詠晴，臺灣高雄市人，1988 年生。
臺灣大學哲學博士。
專長：儒家哲學、先秦哲學。
目前於湖北省黃岡師範學院擔任講師。

提　要

　　本文以孔孟哲學爲中心，溯及孔孟哲學出現以前中國古代對於生命的認識，再深入探討孔孟哲學的生命觀。人類生命中需要面對的互動關係可以區分爲四類：人與自然界、其他人類、超越界，以及自己，本文將研究《論語》與《孟子》如何說明人與這四者的關係。古代信仰環境中，「絕地天通」標誌著人類走出自然、與超越界明確區分，只有統治者可以得知「天命」，「人」的觀念形成，但是「個人」的觀念還不顯著。同時，古人雖設法說明了人的來源與歸宿，認爲人的本性有一定的規則，順著人性的規則發展，就會喜好美好的德行，卻沒有說明人「爲何」實現人性。孔子說明人在正常的成長發展之下，自然會產生「安」與「不安」的道德要求，人與自己的關係在於自覺內心的要求並且真誠面對它。實踐我心對於行善的要求，就是完成我個人的使命。孔子認爲天是人類生命與德行修養的來源，完成個人的德行修養，就是完成上天的使命。天命是每個人都可以在自己身上加以肯定的。孔子強調人的道德要求內在於己，在人與自己的關係以及人與超越界的關係中，透過自覺造成了重大突破。孟子則進一步以不忍心說明不安，將人的道德需求溯源於心。心的官能可以思考，思考便能自覺心所喜好的是理義（合理性與正當性），而人心有四端（四種行善的開端），順著自然湧現的四心，就可以實踐善行，這就是性善。心是天賦予人的，充分實踐內心的要求，就會瞭解本性，瞭解本性就會瞭解天。養育本性等待任務，就是建立使命的方法。肯定每個人都可以主動修養自我，瞭解天賦予我的人性、建立使命。不斷的自我修養與擴充，還能夠照耀別人、感化群眾，人的德行修養永遠有向上提升的空間。孔孟哲學使人意識到人性源自於天，人有上達無限之境的潛能，甚至可以爲了理想犧牲生命，這就是理性臣服於終極關懷之下，被這股發自無限的力量驅動，躍升於自身限制之上。這層體認便是孔孟共同的終極關懷，也是孔孟的信仰。

目次

導　論

一、引言

　　本研究將由古代文獻中有關於古人對於生命的理論進行考察，展開對於《論語》、《孟子》生命觀的研究。然而「生命觀」一詞漫無邊際，筆者擬由關係性出發探討人的生命。「生」字在先秦遺文中，「生」本訓即出生之意，可釋爲其生之所由或其出生之一種情態；「命」字則始於西周中葉，盛於西周晚年，與「令」字爲一文之異形。〔註1〕孟旦（Donald J. Munro）則指出甲骨材料證明早在商代，「生」就有「生命」之意，西周青銅器也在這個意義上用到「生」字。〔註2〕「生」字與「命」字各有不同的意義，但本文所用「生命」一詞將不涉入「生」字與「命」字的起源及字義辨析，本文使用的「生命」（對應到英文的 "Life"）採用孟旦的說法，指具有「活動」、「活力」，一種從「生來」就有的，以生長或適應環境爲表現形式的東西。〔註3〕「生命」也指生物生存的壽命，指向特定人類活動延續的期間。〔註4〕生命除了與環境互動的特性，還佔有時間擴延，以出生與死亡作爲開始與結束。

　　生命以成長與適應環境爲表現，人類生命中的互動對象可以區分爲自然界、其他人類，以及超越界（Transcendence）。人類的思想往往從觀察有形可

〔註1〕詳見傅斯年，《性命古訓辨證》，（臺北市：中央研究院歷史語言研究所，1992），上卷，1。

〔註2〕詳見（美）孟旦著，《早期中國「人」的觀念》，丁棟、張興澤譯，（北京：北京大學出版社，2009），71～72。

〔註3〕《早期中國「人」的觀念》，71～72。

〔註4〕例如《戰國策・秦策三》：「萬物各得其所，生命壽長，終其年而不夭傷。」

見的對象開始，眼前的事物令古人感到迷惑與驚奇。但是周圍的事物無法滿足人類全面性的認識，不能帶領人類生命進入最根本的源頭。然而，原始的心靈，受到自然偉大景觀所感動，他們對自然界的景觀乃是整體觀之。生命在成長與適應過程，面對自然與人群，又不止於有限的經驗。卡西勒（Ernst Cassirer，1874～1945）說：

> 自然是不可知的，而且有別於所知的——無限與有限。始於遠古時代的這種感受，供給宗教思想和語言原動力。始於最早期的這種無限的認知，形成補充一切有限知識的必要材料。後來的神話、宗教和哲學的說法，其基本原理早已出現在無限對我們感官的壓迫上——而且這種壓迫感是我們一切宗教的第一個源頭和眞正的源頭。〔註5〕

生命在成長與適應過程中，由變化的現象中找尋通則、建立制度，同時又對於現象變化的神奇感到難以理解，便容易想像現象變化的神奇中還有神奇，於是展開對於超越自然世界的探索。既然生命具有「活動」、「活力」，是以成長與適應環境爲表現形式的東西，於是古人對於「生命」的觀察，當由其可見的「活動」出發，觀察生命在活動中與其他人、自然界，以及超越界的「關係」。而人又具有反省的能力，於是可以思考其自身，所以人的生命可以區分爲四個層面：人與自然界的關係、人與人的關係、人與自己的關係，以及人與超越界的關係，筆者將其總稱爲「生命觀」。

二、研究方法

　　探討生命的意義與人的尊嚴並非孔孟的特權，而是人類社會自古以來逐漸發展演進的問題。子曰：「周監於二代，郁郁乎文哉！吾從周。」（〈3・14〉）孔子遵從周代的禮樂文化，周文參酌了夏、商二代，展現三代人文化成的理想。本文所謂的中國「古代」指孔孟以前的時代，是孔孟思想發育的土壤。本文以《論語》與《孟子》的生命觀爲研究主題，在研究方法上，參考勞思光撰寫哲學史所使用的方法：

　　1. 系統研究法
　　2. 發生研究法

〔註5〕Ernst Cassirer 著，《國家的神話》，黃漢青、陳衛平譯，（臺北市：成均，1983），23。

3. 解析研究法

4. 基源問題研究法〔註6〕

　　首先由歷史發展脈絡來看《論語》所處的時代，思考孔子究竟是在什麼樣的環境中產生？孔孟的思想究竟是繼承了什麼樣的文化而發展出來的？孔孟哲學造成什麼突破？《史記・太史公自序》述春秋時代：「春秋之中，弒君三十六，亡國五十二，諸侯奔走不得保其社稷者不可勝數。」〔註7〕司馬遷將孔子所處的春秋時代定調爲動盪變化與死亡的時代。在春秋末期「禮壞樂崩」的局勢中，各種禮制紛紛面臨挑戰，禮制的毀棄除了表示社會整合力量的喪失，更造成世界觀危機。人雖難免一死，但亂世使得人無法追求正義與公平的願景，生命歷程只剩下莫可奈何的種種遭遇，善惡報應失準，生命的意義與人的尊嚴於焉失落。在歷史的發生脈絡中，《論語》、《孟子》所處的時代基調爲「禮壞樂崩」。禮樂統攝人類社會，並規範人與天地鬼神相接的秩序。以禮樂爲代表的周文明與價值觀，經歷漫長的毀壞，以孔、孟爲代表的儒家重視禮樂，由發生研究法來看，正處於禮壞樂崩與重建的轉捩點。由基緣問題研究法來看，古代禮樂聯繫到倫理道德的價值貞定，更向天地鬼神開放，所以孔子、孟子重視傳統禮樂，以人倫爲核心而向超越界開放，其理論的內容實際上便環繞「禮壞樂崩的實況中，生命如何安頓？」這一基源問題發展，爲價值陷入虛無的困境，以及人與超越界的關係提供解答。

　　探討《論語》、《孟子》以及其他相關文獻時，應該盡可能抱持客觀的態度整理已有的材料。本文以沈清松與李賢中所提出的詮釋原則輔助解析研究法，特別是運用於出土文獻的詮釋方面。沈清松提出文本詮釋最低限度應該秉持四項原則：文意內在原則、融貫一致原則、最小修改原則、最大閱讀原則。〔註8〕借鑑勞思光提出解析研究法可能會遭遇的限制，解析文獻只能整理已有的材料，而不能提供材料。依據最大閱讀原則，可以提供更廣泛的參考範圍，在解析《論語》與《孟子》時，可以尋找年代相近的相關典籍與出土文獻作爲詮釋時的輔助。另一方面，李賢中則提出「參照系」的觀念，對於原典當時代事實的考察，詮釋者於其所處的時空對於文本重新進行情境建

〔註6〕關於四種研究法，詳見勞思光，《新編中國哲學史（一）》，（臺北市：三民，2010），5～16。

〔註7〕（日）瀧川龜太郎，《史記會注考證》，（臺北市：大安，1998），1337。

〔註8〕沈清松，〈從「方法」到「路」——項退結與中國哲學的方法論問題〉，《哲學與文化》第 32 卷第 9 期（2005）：69～70。

構，可能會因爲詮釋者與被詮釋者之間的環境已經有極大的差異，導致詮釋者援引其時代的參照系〔註9〕進行解釋時，造成對於文本原意的誤解，甚至發生倒錯。孔孟哲學的「生命觀」基礎歷經漫長的理論建構過程，且隨著時間的推移發生多次轉變。早在《論語》出現以前，中國古代便已經發展出有關「生命觀」的各種思想，成爲先秦儒學生命觀基礎，現代的考古研究以及出土文獻也爲當代的研究造成助力。史料與史觀並不是對立的兩種學說，史料與史觀是一體兩面，彼此不能脫離了另外一種而獨立。〔註10〕本研究將配合出土文物與傳世文獻，盡可能對文獻進行同情的理解，還原《論語》、《孟子》所欲形塑的哲學思想，予以系統性的解釋。

　　研究孔孟哲學不能閉門造車，應該借助其他學科的研究成果。文字考據、訓詁學可以提供文獻中字句的基本意義；而歷史學可以還原當時的環境情況，說明文獻基於當時的情況所以提出某種特定說法。經過對於《論語》與《孟子》進行反溯的理論還原，重新展示出孔孟哲學中對於生命的看法後，我們仍然應該在現在的時空中對《論語》與《孟子》所提出的生命觀進行全面的判斷。孔孟哲學中，有許多思想並不針對特定時空立論，而具有普世的價值，那麼我們應當思考，在開放的情況下，特定的語句或篇章可以有不同的解釋，它究竟應該說什麼？筆者認爲，研究孔孟哲學若不能爲經驗所用，那無異於將孔孟哲學掃入歷史的灰燼。本研究秉持經典本身一致、經典與經驗相合的基本態度，不只限於研究古人對於身體結構、社會制度，以及對於世界的認識，更期盼能夠找出孔孟哲學對於人生理想歷久彌新的洞見。

〔註9〕 李賢中：「所謂『參照系』是指詮釋者的前理解狀態，這種前理解狀態有其自身的一致性，是一種隱涵的系統，來自詮釋者的文化背景、教育背景、生活經驗、以及個人性向等相關因素。此一參照系就是詮釋者的對比根據，此根據決定了理解的角度、廣度、深度以及態度，更決定了理解者的視野。」（李賢中，〈從《公孫龍子》的詮釋比較看經典詮釋之方法問題〉，山東大學文史哲研究院，2010.8.舉辦「第七屆詮釋學與中國經典詮釋學術研討會」之會議論文。發表於：洪漢鼎、傅永軍主編，《中國詮釋學第八輯》，（濟南：山東人民出版社，2011），167～181。）另外李賢中又認爲：「在認知過程中，思想是由概念與概念、或範疇與範疇的連接所致，當範疇與範疇之間容不下其他的概念插入時，將導致前一類概念與後一類概念連接的主觀必然性，此僅爲思維進行中的一瞬間，佔極微小的一部份，但也正因此一極微小的部分，導致合理性標準的差異，或發展爲某些學科、或學派的差異。」詳見李賢中，〈從「辯者廿一事」論思想的單位結構及應用〉，發表於《輔仁學誌──人文藝術之部》，第 28 期（2001）：79～90。

〔註10〕 胡厚宣，《古代研究的史料問題》，（臺北市：谷風出版社，1986），6。

三、研究目的

（一）古代信仰的積澱

　　本文的研究目的，首先盼能釐清古代至孔孟思想產生的時代之間，對生命的來源與歸宿的說明。古人對於生命的認識，包含人與自然界的關係、人與人的關係、人與自己的關係，以及人與超越界的關係，筆者將其總稱爲「生命觀」。「生命觀」在中國古代主要展現於生命禮儀以及神話，生命禮儀包括了環繞生命禮儀的器物、制度與理念三個層次；神話則反映了古人的原始信仰與對生死問題的某種觀點。生命禮儀與神話是互相影響的。禮包含了內在心意、外在儀節與禮器等內容，禮的根本意義不在於一切有形可見的器物、儀節，而在於行禮的心意與信仰的精神。神話藉由象徵性表達與故事性體裁，寓意著超越界的臨現，蘊含莊嚴而深奧的訊息。〔註11〕神話在流傳的過程中，往往由於「表層義」（Literal Meaning）掩蓋了「潛伏義」（Latent Meaning），而被固化地理解爲單純文學創作，使古人的原始信仰與對生死問題的觀點被後人遺忘。

　　本研究首先將由分析《國語・楚語下》觀射父論「絕地天通」一事出發，說明這個事件標誌著人走出自然，並將自己與「天」（神）明確進行區分，以及對尊卑遠近等人倫關係的萌芽，爲堯舜之治奠定基礎。由「絕地天通」以降，「人」的觀念形成，不再與其他物類混爲一談，但是「個人」的觀念還不顯著。而顓頊使巫覡專業化也帶來一些負面的效果。人間的統治者可以藉由對於溝通天地的媒介（巫覡）的獨占，分化天地間的理想和諧，使人民受限於封閉的自然界。這項負面結果導致對神啓的獨佔，演變到後來發展成爲統治者對「天命」的獨佔。本研究的第一項目的在於指出孔子哲學出現以前，中國歷經了「民神不雜」、「民神雜糅」、「復舊常」以致「絕地天通」等幾個社會信仰的環節，構成中國古代生命觀中「人與自然界的關係」和「人與超越界的關係」。

（二）生命的來源與歸宿

　　本文的第二項研究目的在於指出孔孟哲學所展現的人生的理想，屬於人與自己的關係。本研究的第二部分，將試析商周時代的感生神話與人物神化的想法，研究古人對生死問題的回答。古代文獻如《詩經》與《尚書》以直

〔註11〕詳見關永中，《神話與時間》，（臺北市：臺灣學生，2007），10。

述的方式說明人的來源與歸宿，指導人在有限的一生中安頓生命，展望人生理想，但是並沒有說明人「爲何」需要追求秉彝的實現。而是將人生理想的來源安頓在「天」的權威上。《孟子・告子》論人性時直接引用《詩經》:「《詩》曰:『天生烝民，有物有則。民之秉彝，好是懿德。』孔子曰:『爲此詩者，其知道乎!故有物必有則，民之秉彝也，故好是懿德。』」孟子引用《詩經》後又提及孔子，可見孟子自覺繼承古代到孔子以來對人性的理解，由此立論，對於人性進行說明。古代中國論生命的來源並同時賦予人生理想，以「天」這個穩定的基礎爲生命的來源，賦予人愛好美德的規則。孔子、孟子思想的孕育環境是源自《詩經》、《尚書》對於人的來源與人性素樸的認識，在此基礎上深入說明人性與人生理想。孔子認爲〈烝民〉的作者知道人生的正路，而孟子在此基礎上說明人「爲何」追求實現人性，爲古代思想所未能及處創造突破。

（三）禮與生命觀的協調

第三項研究目的在於分析禮壞樂崩的局面下，孔孟哲學如何藉由死亡事件達到教化與啓牖人性的作用，說明人「爲何」實現人性。面對固有三年之喪的禮儀遭受質疑時，孔子將三年之喪的基礎建立在人人皆有的情感要求之上，對喪禮進行普遍性詮釋，並進一步開展教化。喪禮作爲觸發眞實情感充分展現的外在關鍵事件，引發內在眞實情感湧現，促使人產生實踐禮及倫理規範的動力，成爲「行仁」的開端。並說明喪禮除了因應內在情感、又兼具外在啓牖功能，逐步剖析由生者的身心安頓所構築的情感理論如何促成喪禮教化功能。同樣地，《孟子》中的葬親事例使人覺察道德要求存在於自己，成爲人自覺道德要求的契機。道德要求尚須推廣、擴充後成爲具道德價值的行爲，不忍之心是實踐仁的開端。自我修養與人性的實踐是人與自己的關係之核心。葬親事例中自發呈現不忍之心，即是一種「乃若其情」（〈11・6〉）的表現，順著這樣的眞實狀態則可以爲善，故親喪亦是人爲善的契機。葬親、孺子將入於井等事例提供心之四端閃現的契機，使人有機會覺察內心的道德要求。

（四）人神關係的演變

由於禮具有宗教性的涵義，是人神關係的重要溝通管道，人透過禮以事神致福，容易導致互相贈與式的人神關係變質爲互相收買的關係，禮與鬼神的公正性與神聖性遂開始下降。僭越的禮儀、對象不當的禮儀在孔子的時代

屢見不鮮，禮的神聖性流失以後，禮制也僅剩下空虛的形式，這正是孔子所憂慮的。由關係性來探討生命時，人死爲鬼的信念導致人與人的關係可以延伸爲人死後，以及人與鬼神的關係問題。由於古今學者對於《論語・雍也》「敬鬼神而遠之」一語的解釋，導致「鬼神」議題形成定解，過去先秦儒家哲學研究鬼神議題時，往往不能脫離成見的桎梏。本研究除了直接剖析《論語》、《孟子》中的「鬼神觀」，同時將借助近年的出土文獻，重探孔孟哲學中人與神靈世界的互動，說明「天」才是孔孟的最高信仰對象。

（五）孔孟哲學的終極關懷與人生理想

孔子、孟子肯定人可以不斷提升向上的動力，覺得人生可以不斷提升。藉由不斷的修養，人才能向上提升，如果孔子、孟子沒有對人性的肯定，就沒有理由要求人修養自我。正是因爲人性對於行善的共通要求，使人有不斷向上的動力。眞誠自覺產生力量，讓人有由內而發行善的可能性。孔孟洞見道德要求內在於人，順著人性的眞實狀態，並付諸實踐擴充，則可以成就善行，孔孟的生命觀是相互一致的。孔孟哲學使人意識到人性源自於天，人具有上達無限之境的潛能，甚至可以爲了理想犧牲生命。這樣的生命觀已躋於西方哲學家所說的信仰的高度，人的生命不只侷限於自然界，同時也向超越界開放。孔孟洞見道德要求內在於人，個人修養的提升以人具備這樣的人性爲前提，而人性來自於天。本研究最後將說明孔孟哲學中超越界與人性的關聯，討論人性與實踐的動力和人生理想，以及「朝聞道，夕死可矣」、「殺身以成仁」、「舍生而取義」所展現的宗教情操。

四、文獻使用

《論語》一書的撰集與成書時代，歷來說法不一。大致可確定的是，《論語》並不出自孔子之手，〔註 12〕讀者只能透過撰集者的描述認識孔子，根據和辻哲郎的研究：

〔註12〕班固《漢書・藝文志》、趙歧〈孟子題辭〉、鄭玄、宋人永亨、日本學者太宰春台、物茂卿等皆認爲《論語》成於孔門弟子之手，只有弟子名氏的差異而已。皇侃《論語義疏・敘》、柳宗元〈論語辯・上篇〉、朱熹《論語章句集注・序說》引程頤之說，以爲《論語》成於孔子再傳弟子之手。另有認爲《論語》的纂集不止一次、更非止於一人等說法。（詳見葉國良、夏長樸、李隆獻合著，《經學通論》，（臺北市：大安，2005），333～339。）

> 《論語》不包含早於孔子的再傳弟子們的記錄。孫弟子們為了教授
> 其弟子，所以製作了各項記錄。因此，就算試圖根據其最古的記錄
> 以接近這些教師的記載（案：即孫弟子），也無法早於曾孫弟子的立
> 場。〔註13〕

由於撰集年代與編輯方法，《論語》的內容並不能完全等於孔子本人的思想。由於讀者只能透過孔子弟子或再傳弟子的記載認識孔子思想，因此讀者的立場只能等同或晚於孔子的弟子或再傳弟子。在思想的傳述過程中，讀者所見的《論語》恐怕已混雜孔子弟子與再傳弟子的個人理解，以致於有歧出的意見。

如果由《論語》的體例來看，由篇章區分來論定《論語》的編纂情形，可能影響讀者對於書中的思想與孔子思想之間關聯性的認識。在日本學者之間，武內義雄繼承江戶時代學者伊藤仁齋的說法，將今本《論語》分成前十篇「上論」與後十篇「下論」，指出在上論與下論中，掌握孔子思想一貫之道的角色分別是曾子與子貢，並且認為上論重視精神面的「仁」、下論重視形式面的「禮」。〔註14〕與武內相對，津田左右吉則不像武內那樣認為《論語》是可以得知孔子思想的重要資料。津田將《論語》依篇章分解，認為《論語》中所載孔子的話語可能是戰國時代的產物，而不能輕易相信那就是孔子本人的言語。〔註15〕

整理前文引述的日本學者們的意見，日本學者傾向於質疑《論語》對孔子本人思想的代表性。然而，這種質疑仍不足以否定《論語》是理解孔子思想的重要材料。《論語》一書作為先秦儒家哲學史上的經典著作，有許多學者肯定《論語》是研究孔子思想的最可靠材料，胡適便曾說：

> 《論語》雖不是孔子做的，卻極可靠，極有用。這書大概是孔門弟子
> 的弟子們所記孔子及孔門諸子的談話議論。研究孔子學的人，須用這
> 書和《易傳》、《春秋》兩書參考互證。此外便不全可信了。〔註16〕

〔註13〕和辻哲郎，《孔子》，（東京：岩波書店，1988），16～17。
〔註14〕澤田多喜男，《『論語』考索》，（東京：知泉書館，2009），21～27。武內義雄的說法筆者認為過於武斷，至少《論語·鄉黨》論及許多孔子對於日常生活禮儀的實踐，具有高度的參考價值，而〈鄉黨〉屬於上論。下論中也記載了許多關於「仁」的重要說明，例如〈顏淵〉記載顏淵問仁（〈12·1〉）、仲弓問仁（〈12·2〉）、司馬牛問仁（〈12·3〉）、樊遲問仁（〈12·22〉）等，都是閱讀下論時不容忽視的重要章節。
〔註15〕澤田多喜男，《『論語』考索》，（東京：知泉書館，2009），27。
〔註16〕胡適，《中國哲學史大綱》，（臺北市：臺灣商務，2008），68。

勞思光甚至認爲孔子思想學說之唯一可靠資料，即門人記述孔子言行之《論語》，今日論孔子學說，主要資料仍爲此書。〔註17〕傅佩榮亦說：「爲了解儒家始祖孔子的思想，最可靠的材料仍是《論語》一書。」〔註18〕

　　至於《孟子》的成書，雖然趙岐《孟子題辭》中說：「退而論集所與高第弟子公孫丑、萬章之徒難疑答問，又自撰其法度之言著書七篇。」〔註19〕但是漢代趙岐所見《孟子》除了現存七篇以外，應該仍有其餘四篇。《孟子題辭》有云：「又有外書四篇，《性善辯》、《文說》、《孝經》、《爲政》，其文不能弘深，不與內篇相似，似非孟子本眞，後世依放而託之者也。」〔註20〕雖然外書四篇已經亡佚，〔註21〕目前沒有任何根據足以評論趙岐所言之得失。但可見趙岐在整理《孟子》中造成重大貢獻與影響，後人所見《孟子》七篇已經是經過趙岐篩選所得。孟子哲學在唐代韓愈始提倡以前，雖然已經受到史家的關注，但唐代以前關於《孟子》的注解，流傳下來的只有趙岐的《孟子章句》。自漢代至唐代，爲《孟子》作注的共有九家，漢代就佔五家，魏晉南北朝時期僅一部，隋唐五代共五部。〔註22〕早在漢代，趙岐便對於孟子推崇備至，將孟子推上「亞聖」的地位。〔註23〕孟子與孔子並稱，被認爲是述仲尼之意的重要人物，但是關於孟子的生平，我們所知道的非常有限，主要只能由《孟子》一書中的記載拼湊。

〔註17〕　詳見勞思光，《新編中國哲學史（一）》，（臺北市：三民，2010），108。

〔註18〕　傅佩榮，《儒道天論發微》，（臺北市：聯經，2010），96。

〔註19〕　（漢）趙岐注；（宋）孫奭疏；廖名春、劉佑平整理；錢遜審定，《孟子注疏（十三經注疏）》，（北京：北京大學出版社，2000），8。

〔註20〕　《孟子注疏（十三經注疏）》，11。

〔註21〕　根據郭偉宏整理，《漢書‧藝文志》載《孟子》爲十一篇。《隋書‧經籍志》中記載綦毋邃《孟子注》九卷。也就是說到梁代時，《孟子》外書仍保留兩篇，到了南宋劉昌詩在《蘆蒲筆記》中說：「予鄉新喻謝氏，多藏古書，有性善辨一帙。」可能梁代之後又遺失了一篇。郭偉宏說：「南宋之後再也不見古籍中有關於《孟子》外書四篇的記載了，可能其完全亡佚大約在南宋之後。」（詳見詳見郭偉宏，《趙岐《孟子章句》研究》，（揚州：廣陵書社，2014），41～44。）

〔註22〕　分別爲：漢代程曾的《孟子章句》、鄭玄《孟子注》、高誘《孟子章句》、劉熙《孟子注》、趙岐《孟子章句》；魏晉南北朝綦毋邃的《孟子注》；隋唐五代陸善經《孟子注》、張鎰《孟子音義》、丁公著《孟子手音》、劉軻《翼孟》、林慎思《續孟子》。（詳見郭偉宏，《趙岐《孟子章句》研究》，（揚州：廣陵書社，2014），3～4、118。

〔註23〕　《孟子注疏（十三經注疏）》，8～9。

第一章　古代信仰的積澱

第一節　《論語》的古史觀

　　孔子對於古代文化的態度，是「述而不作，信而好古」（〈7‧1〉），並且自認為不是生來就有知識，而是「好古，敏以求之者也。」（〈7‧20〉）孔子所謂「古」，即是當時的人文遺產，當時社會的一切人文遺產，都是經年累月演變而來。而孔子之所求，則在這些現實人文中，來追求其本原與意義與價值。〔註1〕孔子雖欲保存並追求古代的人文遺產，但難免因為實際社會變遷，導致人文遺產消亡，人文遺產的「本原與意義與價值」，恐怕隨著變遷而流失。例如古代制度可以有所「損益」，可能因應時代、社會情形而發生變化。另一方面，當時諸國對於古代制度的知識已經不夠完備，孔子所處的魯國就有禮書不全的問題，例如《左傳》記載司鐸失火，子服景伯嚴令負責搶救禮書之事；再看《禮記‧檀弓》，魯哀公因恤由之喪，命孺悲向孔子學士喪禮一事，又可知魯國禮書已殘闕不全矣。〔註2〕

　　由孔子對於古代文化的態度可知，孔子思想登上中國歷史舞台並非偶然。在孔子以前，古代歷史已經經過了漫長的發展演變。今日我們見到體裁較完整的史書如《史記》，更將古代歷史溯源至五帝時代。根據《史記》的記

〔註1〕錢穆，《孔子與論語》，（臺北市：聯經，1974），99。
〔註2〕許清雲，〈儀禮概述〉，收入李曰剛等著，《三禮研究論集》，（臺北市：黎明文化，1981），52。有關子服景伯嚴令負責搶救禮書之事，詳見《左傳‧哀公三年》。（楊伯峻，《春秋左傳注》，全二冊，（臺北市：紅葉文化，1993），下冊，1620～1622。）

載，在孔子之前的東周時代，已經經過了五帝、夏、殷的重要歷史時期。五帝時代至今仍沒有明確的史料足以證實其存在；對於夏朝的歷史，仍有許多學者持保留的態度；至於商朝，由於殷墟甲骨的發掘，殷王朝後半期的存在已經被證實。地下史料的挖掘與鑑定並非哲學研究之力所能及，但我們仍然可以藉由《論語》的記載，探討孔子對於歷史的認識。茲列舉《論語》中言及早於商代的例子：

1. 子貢曰：「如有博施於民而能濟眾，何如？可謂仁乎？」子曰：「何事於仁，必也聖乎！堯舜其猶病諸！夫仁者，己欲立而立人，己欲達而達人。能近取譬，可謂仁之方也已。」（〈6・30〉）

2. 子曰：「巍巍乎，舜禹之有天下也而不與焉。」（〈8・18〉）

3. 子曰：「大哉堯之為君也！巍巍乎！唯天為大，唯堯則之。蕩蕩乎，民無能名焉。巍巍乎其有成功也，煥乎其有文章。」（〈8・19〉）

4. 舜有臣五人而天下治。武王曰：「予有亂臣十人。」孔子曰：「才難，不其然乎？唐虞之際，於斯為盛。有婦人焉，九人而已。三分天下有其二，以服事殷，周之德，其可謂至德也已矣。」（〈8・20〉）

5. 子曰：「禹，吾無間然矣。菲飲食而致孝乎鬼神，惡衣服而致美乎黻冕，卑宮室而盡力乎溝洫。禹，吾無間然矣。」（〈8・21〉）

6. 子夏曰：「富哉言乎！舜有天下，選於眾，舉皋陶，不仁者遠矣。湯有天下，選於眾，舉伊尹，不仁者遠矣。」（〈12・22〉）

7. 南宮适問於孔子曰：「羿善射，奡盪舟，俱不得其死然。禹稷躬稼而有天下。」夫子不答。南宮适出，子曰：「君子哉若人，尚德哉若人！」（〈14・5〉）

8. 子路問君子。子曰：「修己以敬。」曰：「如斯而已乎？」曰：「修己以安人。」曰：「如斯而已乎？」曰：「修己以安百姓。修己以安百姓，堯舜其猶病諸？」（〈14・42〉）

9. 子曰：「無為而治者其舜也與！夫何為哉？恭己正南面而已矣。」（〈15・5〉）

10. 堯曰：「咨！爾舜！天之曆數在爾躬，允執其中，四海困窮，天祿永終。」舜亦以命禹。（〈20・1〉）

　　《論語》的古史觀最早始於堯、舜、禹，並且孔子肯定夏、商、周三代的禮制與時俱進，沿襲舊有禮制並且有所增減。〔註3〕禮制的沿襲、損益關係，即便推到未來的世代也是如此。有些學者認為堯、舜、禹的事蹟是出自儒家的創造，目的在於與當時的諸子抗衡，〔註4〕中國疑古派學者顧頡剛提出「層累地造成的中國古史」，由《詩經》未言及堯舜、《論語》也未談論堯舜的具體事蹟，而《尚書・堯典》卻首次對於堯舜的德行和政治大加記載，〔註5〕於是論斷：聖王隨著年代的上溯方向被累加，「時代愈後，傳說的古史期愈長。」〔註6〕司馬遷早已經注意到這樣的情況，《史記・五帝本紀》：「太史公曰：學

〔註3〕子曰：「殷因於夏禮，所損益可知也；周因於殷禮，所損益可知也。其或繼周者，雖百世可知也。」（〈2・23〉）

〔註4〕這樣的質疑，從十九世紀末期到二十世紀前半，在受到西方歷史學影響的日本史學界便開始出現。例如：
1. 白鳥庫吉（1865～1942）特別著眼於堯的事蹟全都和天文曆日相關、舜的事蹟和人事、禹的事蹟和治水等與大地有關之處。白鳥氏論述堯、舜、禹的故事是根據古來的天地人三才說所創作。而且道家為了和提倡堯、舜、禹的儒家抗衡，所以稱揚黃帝。
2. 內藤湖南（1887～1964）指出將五帝分別以年代順序檢視的說法，以及配合空間方角的說法，都是從漢代以前就存在，到了東漢時，兩種說法被加以整合，形成今日所見的五帝說。……內藤氏又論斷祖述堯舜的《論語》思想，是由於面對墨家競爭而產生的。
3. 青木正兒（1887～1964）認為《論語》對堯、舜的稱賞與道家及孟子的思想相近，而且禹雖然在《詩經》中登場，但堯、舜卻未出現於《詩經》，所以堯、舜的傳說是晚於禹之後而被創造出來的。
　　詳見岡村秀典，《夏王朝》，（東京：講談社文庫，2007），68～69。

〔註5〕詳見顧頡剛，《古史辨自序》，（北京：商務印書館，2011），64。顧頡剛認為古代對於禹的觀念可分為四層：「最早是《商頌・長發》的『禹敷下土方，……帝立子生商』，把他看作一個開天闢地的神；其次是《魯頌・閟宮》的『后稷……奄有下土，纘禹之緒』，把他看作一個最早的人王；其次是《論語》上的『禹、稷躬稼』和『禹……盡力乎溝洫』，把他看作一個耕稼的人王；最後乃為《堯典》的『禹拜稽首，讓于稷、契』，把後生的人和纘緒的人都改成了他的同寅。」近年的出土文物對於顧頡剛的看法可能有許多修正，2002 年北京保利藝術博物館專家在海外文物市場發現的「遂（燹）公盨」銘文：「天命禹敷土，隨山浚川，迺差地設征，降民監德，迺自作配享民……心好德，婚媾亦唯協。天釐用考，神復用祓祿，永御於寧。遂公曰：民唯克用茲德，亡悔。」（據李學勤用通行字與假借字重寫，詳見李學勤，《中國古代文明研究》，（上海：華東師範大學出版社，2004），128。）遂公盨年代大約在公元前 900 年。遂公盨的銘文顯示大禹治水的傳說在西周就已經開始流傳，禹並未被當作開天闢地的神，而是如《論語・泰伯》所說的「致孝乎鬼神」、「盡力乎溝洫」，具備盛德的人王。

〔註6〕顧頡剛，《古史辨自序》，（北京：商務印書館，2011），1～6。

者多稱五帝尚矣。然尚書獨載堯以來；而百家言黃帝，其文不雅馴，薦紳先生難言之。」〔註7〕依司馬遷的見解，「孔子不仕，退而脩詩書禮樂」，〔註8〕《尚書》以〈堯典〉為始具有特殊意義。孔子的選材或許已經適度地顯示其政治理想的寄託。

　　雖然在任何完整而可靠的古代史料出現以前，歷史學者的研究無法被完全肯定或證偽，但是歷史學的研究方法凸顯了進行哲學研究的同時必須慎思的問題。古人發表議論常引用古時的事例以為印證，因此常把自己的議論冠於古人，但這不等於後世才知道的較詳細的古代史料，都是捏造出來的。〔註9〕孔子、孟子處於諸子爭鳴的時代，建立理論與其他學者抗衡的因素自然不能忽略，但這也同時反映了孔孟立說時面對的實際問題。由孔孟思想所提供的答案順流而上，可以使我們有效地找到當時社會所面對的問題，以及當時流傳的其他學者的思想。即使不免有學者質疑孔、孟的古代史觀含有創作的成分，但孔子、孟子若能運用適當的例子自圓其說，似乎也不妨礙其學說論述的完整性。借用孟子的話：「不以文害辭，不以辭害志」〔註10〕筆者期許自己能夠不拘泥於詞句中史實的考證而誤解《論語》、《孟子》的原意，盼能就其中所述的歷史來進行同情的理解，嘗試還原《論語》、《孟子》所欲形塑的哲學思想。

第二節　三代以前的人神關係——「絕地天通」

　　當我們研究孔孟思想的時候，同時必須思考它究竟是在什麼樣的環境中產生？孔孟的思想究竟是繼承了什麼樣的文化而發展出來的？孔孟哲學造成什麼突破？首先，我們今日對於上古史料的掌握仍然十分有限，不得不借用後代的記載回顧過去。《白虎通德論》：

> 黃帝始作制度，得其中和，萬世常存。故稱黃帝也。謂之顓頊何？顓者，專也。頊者，正也。能專正天人之道，故謂之顓頊也。謂之帝嚳者何也？嚳者，極也。言其能施行窮極道德也。謂之堯者何？

〔註7〕（日）瀧川龜太郎，《史記會注考證》，（臺北市：大安，1998），35。
〔註8〕（日）瀧川龜太郎，《史記會注考證》，（臺北市：大安，1998），730。
〔註9〕詳見許進雄，《中國古代社會——文字與人類學的透視》，（臺北市：臺灣商務，1988），27。
〔註10〕《孟子·萬章上》（〈9·4〉）。

堯猶嶤嶤也。至高之貌。清妙高遠，優遊博衍，眾聖之主，百王之
長也。謂之舜者何？舜猶僢僢也，言能推信堯道而行之。〔註11〕

《易經‧繫辭下》說明黃帝以前的聖王創造器用，改善人民的生活環境，帶
領人民對抗自然，但是仍未觸及政治與社會制度。「黃帝、堯、舜氏作，通其
變，使民不倦；神而化之，使民宜之……，黃帝、堯、舜垂衣裳而天下治，
蓋取諸乾坤。」〔註12〕黃帝、堯、舜開始由變化中找尋通則、建立制度，使
人民更進一步走出自然。《易經》與《白虎通德論》對於黃帝始作制度的描述
是一致的。人類藉由工具和對自然界變化規律的掌握，逐漸脫離原始生活的
進步過程，與現代的認識並沒有太大差異。但是在黃帝之後，「顓頊能正天人
之道」的記載不禁使人對於古人的世界觀，以及對於「人」的看法產生強烈
好奇。在《國語》中已經可見顓頊的事蹟。

一、人群走出自然的標誌

現存有關顓頊「正天人之道」的資料，最具有代表性的是《國語‧楚語
下》中的這一段對話：

昭王問于觀射父，曰：「《周書》所謂重、黎實使天地不通者，何也？
若無然，民將能登天乎？」對曰：「非此之謂也。古者民神不雜。民
之精爽不攜貳者，而又能齊肅衷正，其智能上下比義，其聖能光遠
宣朗，其明能光照之，其聰能聽徹之，如是則明神降之，在男曰覡，
在女曰巫。是使制神之處位次主，而爲之牲器時服，而後使先聖之
後之有光烈，而能知山川之號、高祖之主、宗廟之事、昭穆之世、
齊敬之勤、禮節之宜、威儀之則、容貌之崇、忠信之質、禋絜之服
而敬恭明神者，以爲之祝。使名姓之後，能知四時之生、犧牲之物、
玉帛之類、采服之儀、彝器之量、次主之度、屏攝之位、壇場之所、
上下之神、氏姓之出，而心率舊典者爲之宗。于是乎有天地神民類
物之官，是謂五官，各司其序，不相亂也。民是以能有忠信，神是
以能有明德，民神異業，敬而不瀆，故神降之嘉生，民以物享，禍
災不至，求用不匱。及少暤之衰也，九黎亂德，民神雜糅，不可方

〔註11〕　（清）陳立撰；吳則虞點校，《白虎通疏證》，全二冊，（北京：中華書局，1994），
　　　　　上冊，53～54。
〔註12〕　（宋）朱熹，《周易本義》，（臺北市：大安，1999），253～254。

物。夫人作享，家爲巫史，無有要質。民匱于祀，而不知其福。蒸
享無度，民神同位。民瀆齊盟，無有嚴威。神狎民則，不蠲其爲。
嘉生不降，無物以享。禍災薦臻，莫盡其氣。顓頊受之，乃命南正
重司天以屬神，命火正黎司地以屬民，使復舊常，無相侵瀆，是謂
絕地天通。〔註13〕

與這段對話相關的記載見於《尚書・呂刑》：「乃命重黎，絕地天通，罔有降
格」〔註14〕，但文中未見顓頊之名，觀射父對於「絕地天通」說「顓頊受之」，
恐怕是繼承如《山海經・大荒西經》的說法：「顓頊生老童，老童生重及黎，
帝令重獻上天，令黎邛下地，下地是生噎，處於西極，以行日月星辰之行次。」
〔註15〕

首先，必須說明「絕地天通」的「天」、「地」分別指的是「神」與「人」。
古代人對於自然世界的變化，經過觀察掌握一定的規律，見到日月更迭、四
時流轉，對於現象變化的神奇感到難以理解，便容易想像現象變化的神奇中
還有神奇。究竟古代人對於自然界的變化如何理解？古人利用神話解釋宇宙
萬物的現象，存在的事物充滿力量，有力量才能製造明顯的差異，山川大地
都有強大的力量在其中，神話給原初的百姓對現象的合理解釋。神話表達了
人精神的原初動向。〔註16〕《國語・楚語下》「絕地天通」這段故事描述上古
人神關係及其發展，對答之間反映出春秋時期兩種不同的人神關係與對世界
的理解。

第一種以楚昭王爲代表。楚昭王問大夫觀射父，如果沒有絕地天通一事，
是否地上的人就能夠登上天呢？這反映了時人對於人能登天的一種想像。楚
昭王對於「登天」的想像，可以由觀射父回答的最後一段話得知：「寵神其祖，
以取威于民，曰：『重實上天，黎實下地。』遭世之亂，而莫之能御也。不然，
夫天地成而不變，何比之有？」大概是以爲重能舉上天，黎能抑下地，將天
地的距離分開，使天地不能接近。若非如此，天地互相靠近，人可以登上天。

〔註13〕（周）左丘明撰；鮑思陶點校，《國語》，（濟南市：齊魯書社，2005），274～
275。

〔註14〕（漢）孔安國傳；（唐）孔穎達正義；廖名春、陳明整理；呂紹綱審定，《尚
書正義（十三經注疏）》，（北京：北京大學出版社，2000），634。

〔註15〕（清）郝懿行箋疏；范祥雍補校，《山海經箋疏補校》，（上海：上海古籍出版
社，2013），364～365。

〔註16〕關永中，《神話與時間》，（臺北市：臺灣學生，2007），27。

觀射父則否定了楚昭王的想像，指出古代的人神關係，必須依賴精明、專一的巫覡這樣的專業人員來進行祭祀等活動。楚昭王的想像雖然受到觀射父的否定，但是卻說明了古代神話的描述。雖然目前沒有明確的資料顯示古代人人都能登天，但是古代的巫覡似乎確有登高山的行爲，但不是楚昭王想像中的藉由登山而直接攀登上天，古代巫覡的登山是在特定地點感通神靈。這種說法可由《山海經》的記載得到證明：

1. 《山海經・海外西經》巫咸國在女丑北，右手操青蛇，左手操赤蛇，在登葆山，羣巫所從上下也。〔註17〕

2. 《山海經・大荒西經》大荒之中，有山名曰豐沮玉門，日月所入。有靈山，巫咸、巫即、巫盼、巫彭、巫姑、巫眞、巫禮、巫抵、巫謝、巫羅十巫，從此升降，百藥爰在。〔註18〕

3. 《山海經・海內經》華山青水之東，有山名肇山。有人名曰柏高，柏高上下於此，至于天。〔註19〕

以上兩段記載顯示「巫」或特定人士可以登高山與神溝通。通天的道路除了山以外，其二是樹。〔註20〕藉由觀射父的說明可知，「絕地天通」的說法，顯然是一種象徵的語言，而不是物理上的將天與地的距離隔開。無論古代巫者登天，或是觀射父所說的巫覡祭祀活動，都不是最終的目的，而是作爲表現媒介的觀念。〔註21〕《說文解字》：「巫：祝也。女能事無形，以舞降神者也。」

〔註17〕《山海經箋疏補校》，259。
〔註18〕《山海經箋疏補校》，360～361。
〔註19〕《山海經箋疏補校》，389。
〔註20〕有關於「通天道路」的研究，可以參考袁珂的說明：「在天地的通路沒有隔絕以前，人民自然是誰都可以登天的，而且確實也有天路可通。通天的道路是什麼呢？據《山海經》所記，其一是山，著名的有崑崙山、登葆山、靈山和華山青水之東的肇山；其二是樹，有生長在都廣之野的建木：人民就能憑藉著山和樹做天梯而登天。因而瑤族傳說的伏羲女媧兄妹結婚的神話中，就有兄妹倆攀登到天廷去遊玩的情節，說明神話中傳述的遠古時代，確實是人神交通無礙的。」（袁珂，《神話論文集》，（上海：上海古籍出版社，1982），32～33。
〔註21〕榮格（C. G. Jung，1875～1961）認爲：「祭獻是個象徵性的行動……而是作爲表現媒介的觀念。而選擇這種表現媒介時，就產生具有各種形式的擬人神論，因爲人走到神那裡，正如神也走到人那裡，因此人們或許會說，神彷彿也是一個人。人把祭品獻給神，就像獻給好朋友或是人間的統治者一樣。」（榮格（C. G. Jung）著，《人的形象和神的形象》，林宏濤譯，（臺北縣：桂冠出版，2006），125。）人民需要人外力量的啓示，並且盼望能夠主動與它溝通。人信仰神靈，神靈是無形無象的，但爲什麼信仰神靈的人看到的神啓都是有形

〔註 22〕「降」的意義，也就是說巫師能舉行儀式請神自上界下降，降下來把信息、指示交與下界。〔註 23〕

　　古代人最初的生命觀是綜合的，生命沒有區分爲類，生命被視爲一個不中斷的連續整體，各不同領域之間的沒有絕對的差異。〔註 24〕古代巫覡登天降神，或者經由特定儀式的舉行與神靈溝通的行爲，展現出「空間上突破」與生命世界的領域劃分。神話想像中隱含古人相信的活動，傳達古人的信念，巫覡登天以及舉行祭祀的場所是特殊的、異於周遭世界的，這些空間與其他地方是品質上不同的。就像天主對梅瑟說：「不可到這邊來！將你腳上的鞋脫下，因爲你所站的地方是聖地。」〔註 25〕對於相信「絕地天通」神話的古人來說，天地溝通是可能的。特定的山、樹，以及祭祀場合造成「空間的中斷」，空間並非均質的（homogeneous），神聖空間的體驗使得「建構」世界成爲可能，神聖的出現不僅在無形飄忽的世界中投入一個固定點、在渾沌中投入中心，同時也引起了地平線的突破，藉此樹立地上與天界的交流。〔註 26〕對於相信天地能夠溝通的古人來說，人們找到了和保持空間相對性的地上不同的另一個方向。天地溝通的可能性，爲後來中國古代人對於超越現世、突破現狀的渴望打開一扇窗。「沒有對它的對象的實在性的相信，神話就會失去它的根基。」〔註 27〕

有象的？因爲人有眼睛有耳朵需要看需要聽，神靈本身不像人一樣只有位格，但如果神不顯示位格的面向、不表現知情意的能力，那神對於人來說是不可知的。

〔註 22〕楊向奎將中國古代史職的演變分爲三期：
1.「神」職歷史時期，這時未「絕地天通」，人人通天爲神，神話與歷史不分。
2.「巫」職歷史時期，顓頊時代，重、黎「絕地天通」，是爲巫的開始。
3. 春秋時代，「詩亡然後《春秋》作」，是爲「史」的歷史時期開始。
同時，楊向奎指出：「原來所謂『神』（申）是巫的前身，是歌唱歷史以祭祖先及上帝的人（申），祖先即上帝，神話即歷史」（詳見楊向奎，《宗周社會與禮樂文明》，（北京：人民出版社，1992），345～346。）但由《說文解字》說明「巫」是能夠以舞降神的人可知，恐怕不能輕易將「人」與「神」視同爲一。
〔註 23〕張光直，《中國青銅器時代第二集》，（臺北市：聯經，1990），50。
〔註 24〕詳見卡西勒（Ernst Cassirer），《人論》，結構群審譯，（臺北市：結構群，1989），128。
〔註 25〕《舊約・出谷紀》3：5。
〔註 26〕Mircea Eliade（1907～1986）（Author），Willard R. Trask（Translator）*The Sacred and The Profane: The Nature of Religion*,（ New York: Harcourt Inc., 1987）:20～24.
〔註 27〕卡西勒，《人論》，結構群審譯，（臺北市：結構群，1989），118。

「絕地天通」這一段富有神話色彩的記載，不僅揭示了古代人神關係的發展，也反映出古人的世界觀，以及人在世界中的位置。既然有所謂「隔絕」，就必定也曾經經歷過「不隔絕」的階段。古代人對於以天為代表的自然界與其背後的力量有強烈嚮往，最初人們透過具有特殊資質的巫覡降神，人人都可以獲得神靈的福佑。人懂得用祭祀、獻牲等方式獲得人外力量的福佑，並且能夠區分民事與神事，造成「民神不雜」、「民神異業」的社會階段，意味著人有意識地走出自然、與自然區分。而且將自然的力量作為崇拜與祭祀的對象，可以透過展現對神明的敬畏及禮敬，得到神靈福佑，「巫術根據人底自信力：只要知道方法，便能直接控制自然」〔註28〕，人試圖與神靈溝通，獲得神意而掌握自然變化以切實用，顯示人已經和自然界中的其他動物完全不同了。其他動物服從本能與環境的限制，在有限的情況下生活；而人以為自己發現了掌握自然、獲得神意的方法，不再與其他動物混為一談。人把自己和自然界區分開來，「天地神民類物之官」五官各司其職，人和神的事不同，人便專心治理民事，以忠信為根本。

到少暤氏後期「及少暤之衰也，九黎亂德，民神雜糅，不可方物。夫人作享，家為巫史，無有要質。」對神靈展現敬畏與禮敬的祭祀活動，被轉而視為一種「互相贈予」式的〔註29〕、人人都可舉行的活動。司民和司神之官互相混雜，祭祀活動也流於形式而缺乏誠敬的內涵。直到顓頊命令重主管天事來總攝眾神的祭祀，黎主管地事來統攝土地人民的治理。顓頊命令重與黎分別司天、司地，使天人關係恢復舊常，不再使人神互相侵擾，就是所謂「絕地天通」。唯有真正區別了人與神之間的關係與職分，人才能好好管理自己的生活，專心思考人間的問題，安排人世間的活動。「絕地天通」可以說為後來帝嚳窮極道德、堯清妙高遠優游博衍、舜推信堯道而行之（《白虎通德論》）奠定了基礎。「絕地天通」標誌著人走出自然，將自己與「天」（神）明確進行區分，以及尊卑遠近等人倫關係的萌芽。雖然古代本無「人」這個普遍概念，〔註30〕但是由絕地天通區分人神事件可知，作為與神及其他自然界事物

〔註28〕　（英）布羅尼斯拉夫·馬林諾夫斯基（Bronislaw Kasper Malinowski，1884～1942），《巫術科學宗教與神話》，李安宅譯，（上海：上海社會科學院出版社，2016），6。

〔註29〕　蒲慕州，《追尋一己之福：中國古代的信仰世界》，（臺北市：允晨文化，1995），88。

〔註30〕　傅斯年：「古者本無『人』之一個普遍概念，可以兩事徵之。第一，徵之於名

相互區隔的「人」的觀念逐漸形成，不再與其他物類混爲一談，但是「個人」的觀念還不顯著。天地隔絕的反面，彰顯了古代社會如何藉神的存在整合其社群關係。「絕地天通」是一個綜合了信仰、世界觀、社會問題的事件。

二、巫覡專業化帶來的危機

　　過去的學者對於「絕地天通」問題採取了許多不同的看法。對於「絕地天通」事件，袁珂採取了「階級劃分」的解釋進路：

> 在天地的通路沒有隔絕以前，人民自然是誰都可以登天的，而且確實也有天路可通。……但是到了《山海經》的記敘，能夠緣著天梯自由上下於天的人，已經不見有普通的人民，而只有神人、仙人和巫師這三種人了（這或者是社會劃分階級以後在神話上的反映）……古神話中這種天和地有通路而不隔絕的情景，正反映了階級劃分以前原始社會的人們在經濟地位上和政治地位上的平等關係……隨著社會的發展，不可避免地，原始社會逐漸瓦解了，奴隸社會代之而產生了，出現了階級劃分和人剝削人的現象，這在神話上的反應就是天和地通路的隔絕。〔註31〕

袁珂擴大描述古代人民誰都可以登天，觀射父的說明始自「民神不雜」的階段，袁珂的說法已經超出觀射父的論述範圍。袁珂以階級劃分解釋絕地天通的問題在於他只處理了「民」這一方的問題，但是確忽略了「民」與「神」之間的關係問題。觀射父的說明中強調「民是以能有忠信，神是以能有明德，民神異業，敬而不瀆」，絕地天通的問題絕對不僅只是在「巫覡」的專業化，更強調人神關係必須基於人民的「忠信」以及虔誠敬畏的態度，神靈才會降福。人神關係的和諧必須以人對於神的恭敬忠信爲前提，這是袁珂的研究中所忽略的。

　　胡厚宣說：「史料與史觀並不是對立的兩種學說，史料與史觀是一體兩面，彼此不能脫離了另外一種而獨立。」〔註32〕考古研究的發現也爲絕地天通一事提供新的視角，張光直指出：

號。『人』、『黎』、『民』在初皆爲部落之類名，非人類之達名也。……古者並無人之普遍概念，除徵之於名號外，更可據典籍所載古昔論人諸說徵之。蓋古者以爲圓顱方趾之輩，非同類同心者，乃異類異心者。（傅斯年，《性命古訓辨證》，（臺北市：中央研究院歷史語言研究所，1992），中卷，25～28。）
〔註31〕袁珂，《神話論文集》，（上海：上海古籍出版社，1982），32～34。
〔註32〕胡厚宣，《古代研究的史料問題》，（臺北市：谷風出版社，1986），6。

> 這段記錄，將中國古代巫術和社會演進的關係說得不能再明白了：在
> 早期，巫覡專業降神，為民服務。後來，天地的門被皇帝派下來的重
> 和黎把住了，天地就不通了；其實天地對一般小民來說是不通了，對
> 皇帝來說還是通的。換句話說，巫覡後來被統治者給獨占了，通天地
> 成為統治者的特權。從現有的考古發現來看，這前一個階段就相當於
> 仰韶文化的時代，而後一個階段便為龍山文化所代表。〔註33〕

張光直的看法似乎完全認同了「絕地天通」一事具有歷史性的價值，甚至能
夠與史實相連結。〔註34〕張光直的研究中最重要的地方在於：他指出通天地
成為統治者的特權，這意味著神靈的啟示成為稀有品，過去神靈通過巫覡對
於人間的啟示，在絕地天通事件以後因為政治力的介入，統治階層如果有意
把持神啟的話，神啟很有可能變成對於巫覡以及統治者個人的啟示。人民與
神靈等人外力量的溝通面臨斷絕的危機。如果不再能夠得到來自神靈的啟示
與福佑，對於人民而言，無異於退回與其他動物一樣，必須獨自面對充滿變
化、生生滅滅的世界，失去神靈提供的對於變化之理解的可能性，而惶惶不
安。這提醒了我們研究古史時，統治者的態度對人民對於生命以及世界的看
法，造成重大的影響。

　　「絕地天通」雖然使「人」的觀念形成，不再與其他物類混為一談，顓
頊希望恢復的舊常是確立「一群人」透過媒介面對「神」的互動關係；但相
反的也帶來風險，「絕地天通」以後，人間的統治者可以藉由對於溝通天地的
媒介的獨佔，分化天地間的理想和諧，使人民退回到封閉的自然界。「絕地天
通」這一則充滿神話色彩的記載，顯示了廣大人民對於神靈的追求，以及被
斷絕分化的張力。

〔註33〕張光直，《中國考古學論文集》，（北京：生活・讀書・新知三聯書店，2013），
　　　　389。

〔註34〕楊寬也提出類似觀點：「吾人證夏以上古史傳說之出於神話，非謂古帝王盡為
　　　　神而非人也。蓋古史傳說固多出於神話，而神話之來源有純出於幻想者，亦
　　　　有真實歷史為之背景者。」（楊寬，《中國上古史導論》，（上海：上海人民出
　　　　版社，2016），5。）楊寬又引王國維之言說：「王國維《古史新證》：『傳說與
　　　　史實相混而不分，史實之中，固不免有緣飾，而傳說之中，亦往往有史實為
　　　　之素地。』近人治古史者，無不以此為金科玉律，誠哉其金科玉律也！蓋以
　　　　地下之史料參證紙上之史料，此二重論證之方法，至王氏始成立之。」（同書，
　　　　43。）

第三節 啓示的壟斷

近代學者對於古代歷史與文獻研究歷經疑古的過程，這同樣也是研究孔孟哲學的源起與突破時難免遇到的問題。但是思考孔孟哲學究竟是在什麼樣的環境中產生？孔孟思想究竟是繼承了什麼樣的文化而發展出來？這兩項問題時，我們仍應抱持樂觀的態度，雖然古代的資料有時不能滿足研究需要，但仍可以藉由古人對更早歷史的回顧，以及古人的生活方式，分析出我們需要的資訊。疑古的代表顧頡剛也肯定說：

> 即不能知道某一件事的眞確的狀況，但可以知道某一件事在傳說中的最早的狀況。我們即不能知道東周時的東周史，也至少能知道戰國時的東周史；我們即不能知道夏、商時的夏、商史，也至少能知道東周時的夏、商史。〔註35〕

在上一節對於「絕地天通」的對話中，楚昭王與觀射父的對話，爲我們留下了上古遺音，我們了解到古代人與自然界的互動，是在「民神異業，敬而不瀆」的人神區分之下追求和諧，而且人神關係的和諧必須以人對於神的恭敬忠信爲前提，這是春秋時人的上古史。藉由對「絕地天通」的分析，我們掌握了古代人與自然界、人與超越界的關係概況，獲得了古代生命觀的第一片拼圖。

一、統治者對於天命的承擔

由上一節的討論可知，顓頊「絕地天通」的結果除了正天人之道以外，也造成一些負面的風險，人間的統治者可以藉由獨佔溝通天地的媒介（巫覡），分化天地間的理想和諧，使人民退回到封閉的自然界。當溝通天地成爲統治者的特權，最直接的影響就是「啓示的壟斷」。「啓示的壟斷」使得神靈的啓示成爲對於統治者「個人」或少數握有溝通管道者的啓示。民間確實仍然存在祭祀活動，但是由於祭祀活動的層級區分逐漸明顯，物資需求並非人人皆能負擔，人民的祭祀活動的範圍受到侷限。宗教的階級儼然成爲政治階級的投射，張灝將這種區分制度稱爲「宇宙王制」：

> 王制是人世與宇宙秩序銜結的樞紐。……國王是政治領袖，也是宗教領袖，是人王也是法王。這種體制可以稱之爲『宇宙王制』

〔註35〕顧頡剛，〈與錢玄同先生論古史書〉，收入《古史辨自序》，全二冊，（北京：商務印書館，2011），上冊，2。

（cosmological kingship）……甲骨文所見的殷王祭祀，殷王不單是
上通神靈世界的管道，也是合政教於一身的君王。西周以降，以天
子爲稱號的普世王權更清楚地反映宇宙制在中國文化裡的核心地
位。〔註36〕

青銅器的使用就是一個值得參考的例子，《左傳・成公十三年》：「國之大事，
在祀與戎」〔註37〕，根據張光直的研究指出：

> 中國古代青銅器是專門服役於『國之大事』的，即是專爲統治者爭
> 取與維護政治權利發明製造的……將中國古代青銅器作爲祭器，亦
> 即巫術之法器這個功能指出來以後，它在祭祀中便是協助巫師溝通
> 天地的工具之一。〔註38〕

由於資源的取得以及製造的困難，一般民眾無法享有特定祭器，祭祀的規模
自然也與人間社會的物資分配與階層成正比。中國古人相信天是世界的眞正
主宰，天既是統治者，自然應該表現祂的意志，以號令人民。〔註39〕天特別
在周朝以降，是古人的最高信仰，天的號令稱爲「天命」。原來天命用作「使
命」的意義，其根底自古就存在，指特定的人類成爲天子，被認爲是依據天
命。也就是說，根據天的命令成爲天子，就是承受天的使命。〔註40〕得天命
以爲人間的統治者的例子如：

1. 《詩・大雅・清廟之什・昊天有成命》：「昊天有成命、二后受之。」
   〔註41〕

2. 《詩・大雅・文王之什・大明》：「有命自天、命此文王。」〔註42〕

3. 《尚書・多士》：「惟時天罔念聞，厥惟廢元命，降致罰。乃命爾
   先祖成湯革夏，俊民甸四方。」〔註43〕

〔註36〕 張灝，《時代的探索》，（臺北市：中央研究院・聯經，2004），20～21。
〔註37〕 楊伯峻，《春秋左傳注》，全二冊，（臺北市：紅葉文化，1993），上冊，861。
〔註38〕 張光直，《中國考古學論文集》，（北京：生活・讀書・新知三聯書店，2013），
393。
〔註39〕 詳見傅佩榮，《儒道天論發微》，（臺北市：聯經，2010），52。
〔註40〕 （日）森三樹三郎，《中国思想史》，（東京：第三文明社，1978），45。
〔註41〕 （漢）毛亨傳；（漢）鄭玄箋；（唐）孔穎達疏；鞏抗雲、李傳書、胡漸逵、
肖永明、夏先培整理；劉家和審定，《毛詩正義（十三經注疏）》，（北京：北
京大學出版社，2000），1524。
〔註42〕 《毛詩正義（十三經注疏）》，1140。
〔註43〕 （漢）孔安國傳；（唐）孔穎達正義；廖名春、陳明整理；呂紹綱審定，《尚
書正義（十三經注疏）》，（北京：北京大學出版社，2000），499～500。

然而「天」對於人民來說卻是又親近卻又疏離的，《詩經》與《尚書》中只有統治者可以知天命，得天命者為天子，人民無法獲得天的啟示。人間統治者對於「啟示的壟斷」，除了顯示在獨佔「祭天」的權力〔註44〕以外，也直接反映在帝王說話時的人稱詞上。〔註45〕《論語》、《孟子》中對於古代資料的引用也明確的顯示了它們究竟是在什麼樣的環境中產生、究竟是繼承了什麼樣的文化而發展出來的。例如：

1. 《論語・堯曰》堯曰：「咨！爾舜！天之曆數在爾躬，允執其中，四海困窮，天祿永終。」舜亦以命禹。曰：「予小子履敢用玄牡，敢昭告于皇皇后帝：有罪不敢赦。帝臣不蔽，簡在帝心。朕躬有罪，無以萬方；萬方有罪，罪在朕躬。」周有大賚，善人是富。「雖有周親，不如仁人。百姓有過，在予一人。」謹權量，審法度，修廢官，四方之政行焉。興滅國，繼絕世，舉逸民，天下之民歸心焉。所重：民、食、喪、祭。寬則得眾，信則民任焉，敏則有功，公則說。

2. 《孟子・梁惠王下》：「《書》曰：『天降下民，作之君，作之師。惟曰其助上帝，寵之四方。有罪無罪，惟我在，天下曷敢有越厥志？』」

這兩則引文都顯示了統治者以個人的身份承擔來自天的號令，統治者因為獲得天命，所以能夠知道自己的人生應該積極承擔某些責任，或者應該過怎樣的生活，因為掌握天命而能夠對於人生意義與努力的方向有所認識。努力追求理想的統治者勇於承擔自身及天下人的過失，掌握正義的原則，使百姓免於痛苦，更能正面的領導百姓走上正途。由上述可知，古代王權是聖與俗結合的二元形式。

二、統治者對於天命的獨佔

但是往後的歷史發展顯然不如人意，統治者掌握測知天意的工具，倚仗天命作惡多端，導致亡國時還抱怨上天，典型的例子如《尚書・西伯戡黎》：

〔註44〕《春秋公羊傳・僖公三十一年》：「天子祭天，諸侯祭土。」（（漢）公羊壽傳；（漢）何休解詁；（唐）徐彥疏；浦衛忠整理；楊向奎審定，《春秋公羊傳注疏（十三經注疏）》，（北京：北京大學出版社，2000），311。）
〔註45〕例如「余一人」、「一人」自殷武丁至帝辛時期，已為國王所專用的稱號。（詳見胡厚宣，〈釋「余一人」〉，《歷史研究》第1期（1957）：75～78。）

西伯既戡黎，祖伊恐，奔告于王。曰：「天子！天既訖我殷命，格人元龜，罔敢知吉。非先王不相我後人，惟王淫戲用自絕。故天棄我，不有康食。不虞天性，不迪率典。今我民罔弗欲喪，曰：『天曷不降威？大命不摯？』今王其如台。」王曰：「嗚呼！我生不有命在天？」祖伊反曰：「嗚呼！乃罪多，參在上，乃能責命于天？殷之即喪，指乃功，不無戮于爾邦。」〔註46〕

這段對話說明商紂王及祖伊相信「元龜」是測知吉凶的工具，可以藉由龜卜得知天意，同時商紂王也深信自己活在世上有天命在身。這段記載很清楚地說明了統治者壟斷溝通天地的工具（元龜），卻不能承擔照顧百姓的責任，最終招致滅亡。

藉由龜卜與神靈溝通的行為，在商朝以前就已經存在。由於甲骨的發掘，可知殷王生活中的大小事經常透過占卜來預測其發展。占卜者的身份主要是帝王及貴族，雖然有平民的占卜紀錄，但僅是少數。根據卜辭顯示，殷人的祭祀對象有祖先神（河、上甲等）及自然神（出日、入日）。並且祖先在人間的生命結束之後，並沒有消逝為無，而是仍然以某種形式（靈魂或其他）存在，他們不僅仍然保持著對人間種種享受的樂趣與能力，而且可以以直接或間接的方式對人世生活發生影響。

周武王拜訪箕子，請教上天照顧老百姓有沒有什麼方法，箕子所指導的內容就是「洪範九疇」。上天嘉獎禹治好洪水，所以給他洪範（大的法規、制度），說明治理國家需要考慮九方面。九方面包括瞭解自然界、端正言行、組織官員、建立法則，使得國家在正常情況下可以穩定發展。除此之外，人再怎麼思考都無法想到未來的變數，於是就用卜筮來預測。卜筮預測是測知神意、獲得啟示的方式：「謀及乃心、謀及卿士、謀及庶人、謀及卜筮。」第一是自己想清楚，第二是與官員討論，第三是與百姓溝通，第四是龜卜，第五是蓍筮。箕子的說明相當於重新解說了天人之間理想的互動方式。巫術或占卜雖然是古人認為能夠測知或控制自然的方法，但絕非面對自然的唯一途徑。〔註47〕統治者雖然享有溝通天地的特權，但是仍然需要與官員、百姓溝通。

〔註46〕《尚書正義（十三經注疏）》，306～309。

〔註47〕馬林諾夫斯基說：「初民對於自然與命運，不管是或則利用，或則規避，都能承認自然勢力與超自然勢力，兩者並用，以期善果。只要由著經驗知道某種理性的努力成有效果，他便不會忽略過去。……他永遠沒有單靠巫術的時候，然而另一方面，倒有時候完全不用巫術……凡有時候必要承認自己知識技能不夠了，便一定會利用巫術的。」（《巫術科學宗教與神話》，22～23。）

第四節　小　結

　　《論語》中，孔子認爲自己「述而不作，信而好古」（〈7‧1〉）。孔子思想登上中國歷史舞台並非偶然。在孔子以前，古代歷史已經經過了漫長的發展演變。孔子愛好古代文化，並勤奮敏捷地學習。《論語》的古史觀最早可以始於堯、舜、禹，並且孔子肯定夏、商、周三代的禮制與時俱進，沿襲舊有禮制並且有所增減。孔子的思想內涵可以追溯至堯、舜、禹，並且以堯、舜、禹作爲理想君王的典範。分析《國語‧楚語下》觀射父論「絕地天通」一事，得知這個事件標誌著人走出自然，將自己與「天」（神）明確進行區分，以及尊卑遠近等人倫關係的萌芽，爲堯舜之治奠定基礎。「人」的觀念形成，不再與其他物類混爲一談，但是「個人」的觀念還不顯著。同時，顓頊使巫覡專業化也帶來一些負面的效果。人間的統治者可以藉由對於溝通天地的媒介（巫覡）的獨佔，分化天地間的理想和諧，使人民受限於封閉的自然界。這項負面結果導致對神啟的獨佔，演變到後來發展成爲統治者對「天命」的獨佔。統治者獨佔神啟、仗天命而荒淫無道的現象在商朝滅亡時留下明確的記載。由箕子指導周武王治國綱領的內容可知，統治者自身的思考與反省，再配合與官員、百姓的溝通，仍不能決斷時再參考神意，才是人與自然界互動的理想方式。由本章的梳理可知，孔子哲學出現以前，中國歷經了「民神不雜」、「民神雜糅」、「復舊常」以致「絕地天通」的社會信仰環境發展，構成中國古代生命觀中人與自然界、人與超越界關係的基調。

第二章　死而不亡與不朽

　　「死」字在《論語》中出現三十八次，散見於二十九個段落，其中包含孔子對於學生的回答，以及時人的言論，孔子從不避諱談論死亡的問題。孔子除了對於死亡發表意見，更經常談論與死亡事件相關的禮儀。根據高明的統計：

　　　孔子所論，吉禮爲詳，凶禮次之：吉禮以祭祀爲主，凶禮以喪葬爲

　　　主，軍、賓、嘉禮僅略及之，可知孔子所重者在喪、祭也。〔註1〕

《論語‧堯曰》云：「所重：民、食、喪、祭」，對古人而言，最爲重要的事情除了民生、飲食之外，就是喪葬與祭祀。何晏《論語集解》：「重民，國之本也。重食，民之命也。重喪所以盡哀，重祭所以致敬。」〔註2〕國民是組成國家的根本結構，重視國民生計可說是持國之本。統治者的職責在於教導、照顧百姓，〔註3〕並且獲得百姓的信賴，〔註4〕如果基本的人民生活問題無法解決，社會便容易出現混亂的現象，國家自然就會難以成立。生存是生活的必要條件，而生活的目的是爲了自我修養。如果不談修養與人生理想，那麼人口眾多、生活富裕又有什麼益處呢？然而，人總要面對死亡，人們死亡以

〔註1〕高明，〈孔子之禮論〉，收入李曰剛等著，《三禮研究論集》，（臺北市：黎明，1981），19。

〔註2〕程樹德撰：程俊英、蔣見元點校，《論語集釋》，（北京：中華書局，1990），1364。

〔註3〕孔子對於民眾教育的重視可見於《論語‧子路》子適衛，冉有僕。子曰：「庶矣哉！」冉有曰：「既庶矣，又何加焉？」曰：「富之。」曰：「既富矣，又何加焉？」曰：「教之。」（〈13‧9〉）。

〔註4〕人最終總會面對死亡，若政府無法獲得百姓的信賴，國家就無法存在。（見《論語》：〈12‧7〉。）

後是否又只如一抔黃土？針對死亡的問題，在孔子以前的古代中國人便已經提出答案，甚至據《左傳》記載，與孔子同時（稍早於孔子）的人物，更提出「不朽」的觀念。

第一節　生命的來源與理想

生存與死亡是所有生命個體必須面對的課題。人再如何努力，也無法逃避衰老、疾病、死亡的來臨。海德格（Martin Heidegger，1889～1976）指出人類的特色就是其存在蘊含「時間性」（temporality），並藉此創造時間或觀看時間。〔註5〕萬物之中只有人對時間有明確的了解，所以產生特殊的焦慮。由於時間一去不復返，時間性保證有終點——即走向死亡。人類察知他自己，他的過去，他的未來——而未來是死亡。人類與一切生命個體終將面對死亡，然而人的自我察知使他處於自然，卻又因為思想的自由而超越自然。〔註6〕個人的死亡對於個人而言，就是世界的毀滅，使人面臨全面的迫切感。死亡是人類的必然遭遇及限制，與生命互為對照。人類對於死亡的觀點也同時反映出人類對其對照面——生命的認識。

人有理性需要理解，於是經常問生命有無意義。若選擇生命無意義，那麼只需要接受現狀，按照過往的生活方式過一天算一天，浮生若夢。但是仍有許多人想追求人生的意義，透過對死亡的認識驚覺生命有限制，不能再糊塗過日子，必須儘早做抉擇，以免死亡來臨時措手不及，於是設法對生命意義做徹底的說明。思索生命的根本意義在於追索人的來源與歸宿，在這層意義上，死亡實足以啟發對他界的眼光。人類自原始以來便開始對生死問題採取某種態度，留下器物、儀式、神話與宗教等明確線索。古人的行為不是起於純粹的自律作用，它們的意義與價值亦非出於粗糙的物理性質，而是有意識地重複既定的典範行徑——一個神話的範例所致，其中透露一種基本的存有論。〔註7〕由此可知，古人的儀式與神話有助於我們了解古人眼中的世界圖示和人的存在。儀式與信仰底核心都是人生底生理時期，特別是轉變時期，

〔註5〕詳見關永中，《神話與時間》，（臺北市：臺灣學生，2007），180～182。

〔註6〕詳見埃里希·佛洛姆（Erich Fromm，1900～1980），《人的心》，孟祥森譯，（臺北市：有志文庫，2007），139～140。

〔註7〕詳見 Mircea Eliade（1907～1986），《永遠回帰の神話》，堀一郎譯，（東京：未來社，1963），13～14。

如受孕、懷妊、生產、結婚、死亡等時期。〔註8〕儀式是一套具體操作，演示出它的根源神話。卡西勒（Ernst Cassirer，1874～1945）認為神話詮釋了自然的生命，說：

> 神話和宗教經常被認為只是恐懼的產物。但是人的宗教生活中，最根本的不是恐懼的事實（fact）而是恐懼的變形（metamorphosis）。恐懼是普遍的生理本能。無法完全克服或抑制，但是可以改變它的形式。神話充滿最激烈的情緒，和最駭人聽聞的場面。但是在神話裡，人開始學習一種新的而陌生的藝術——表現藝術，此意謂著組織他最根深柢固的本能，他的希望和恐懼。這種組織能力在面對最嚴重的問題——死亡——時，最能展現出它的力量。探詢死亡的原因，乃人類最初而且是最熱切的問題之一。論及死亡的神話所在都有——從人類最低級的文明到最高級的文明，無不涉及這個問題。〔註9〕

> 宗教和神話始於對生命普遍性的認知和生命的根本認同。〔註10〕

卡西勒對於死亡、神話與宗教的思維，在方法上給予我們諸多指引。研究古代生命觀，最初的著眼點可以聚焦於古代宗教、神話與其伴隨的儀式表現。中國古代以宗教觀、神話與儀式作為基礎，展現為古代社會制度。社會制度取決於文化的思維方式與心理機制，並且受制於生存環境與生產能力，顯示古人對生命與世界的理解。通過說明人類的來源與歸宿，提示人們如何在有限的一生中安頓生命展望人生理想，由此醞釀孔孟對於人生意義的完整認識。生命的來源與歸宿屬於人與自己的關係範疇，同時也與人與自然界、人與其他人、人與超越界的關係環環相扣。

　　古代中國人用充滿神話色彩的思維探討生死問題。試看《詩經》中有關商代與周代的「感生神話」：

　　1. 《詩・商頌・玄鳥》：「天命玄鳥，降而生商，宅殷土芒芒。」〔註11〕

〔註 8〕（英）布羅尼斯拉夫・馬林諾夫斯基（Bronislaw Kasper Malinowski，1884～1942），《巫術科學宗教與神話》，李安宅譯，（上海：上海社會科學院出版社），28。

〔註 9〕Ernst Cassirer，《國家的神話》，黃漢青、陳衛平譯，（臺北市：成均，1983），56～57。

〔註10〕《國家的神話》，43。

〔註11〕（漢）毛亨傳；（漢）鄭玄箋；（唐）孔穎達疏；龔抗雲、李傳書、胡漸逵、肖永明、夏先培整理；劉家和審定，《毛詩正義（十三經注疏）》，（北京：北京大學出版社，2000），1700。

2. 《詩‧大雅‧生民》:「厥初生民,時維姜嫄。生民如何?克禋克祀,以弗無子。履帝武敏歆,攸介攸止。載震載夙,載生載育,時維后稷。」〔註12〕

3. 《詩‧魯頌‧閟宮》:「閟宮有侐,實實枚枚。赫赫姜嫄,其德不回。上帝是依,無災無害,彌月不遲。是生后稷,降之百福。」〔註13〕

陳夢家指出朝鮮夫餘國和殷並有玄鳥降生始祖的神話,〔註14〕白川靜則認爲簡狄吞玄鳥卵生帝嚳,帝嚳是上帝之子而成爲殷始祖的神話分佈於中、南中國到滿州朝鮮。〔註15〕〈玄鳥〉後文讚嘆歷代祖先的爭戰功業;而周的姜嫄履帝武敏生后稷,帶領人民從事農耕。中國的神話裡面,民族的對立氣氛十分顯著,由於神話的複合性特質,《詩經》同時保留了兩則不同民族的神話。古代注解家對於商代與周代的感生神話,也不免因爲史料的錯綜複雜與不一致,擺盪於信古與疑古之間。然而,我們或許可以改變視角,由神話的眼光來剖析這兩類感生神話,便可以發現商代與周代的神話都反映出一個相似的「原型」(Archetypen)〔註16〕。天、上帝都不等於始祖,祖先也不能變成天或上帝。天或上帝與始祖之間甚至沒有血緣關係可循,只有感應關係。這兩

〔註12〕 《毛詩正義(十三經注疏)》,頁1239～1240。《毛詩正義》引用《食舊堂叢書‧鄭志》鄭玄與趙商的一段問答,說:「天下之事,以前驗後,其不合者,何可悉信?是故悉信亦非,不信亦非。」《春秋公羊》說:『聖人皆無父,感天而生。』《左氏》說:「聖人皆有父。」(《毛詩正義(十三經注疏)》,1246～1249。)可見古人對於上古史料的考證,也面臨信古與疑古的困境。鄭玄認爲對於文章意義太過深究,反而可能損害文意。神話的最低限度蘊含 1.它是象徵的表達 2.它是故事體裁 3.它寓意著超越界的臨現 4.它蘊含著莊嚴而深奧的訊息(詳見關永中,《神話與時間》,(臺北市:臺灣學生,2007),10。) 由「象徵性」的角度解讀神話,就可知神話中的人地事物都是象徵的東西。「象徵」(Symbol)就是具體事象藉「表層義」(Literal Meaning)向人傳遞「潛伏義」(Latent Meaning)。對於文字敘述與象徵物件的表層義過度深究,反而可能損害潛伏義。對於神話的解讀不應該停留在表層義的考據上而中斷對潛伏義的認識。

〔註13〕 《毛詩正義(十三經注疏)》,1655。

〔註14〕 陳夢家,《殷墟卜辭綜述》,(北京:中華書局,1988),574。

〔註15〕 白川靜,《中国の神話》,(東京:中央公論新社,2014),23。

〔註16〕 榮格:「不同民族的神話和民謠裡有某些主題以幾乎一模一樣的形式重複著。我把這些主題稱爲「原型」(Archetypen),理解爲集體自然的形式或形象,在整個世界裡顯現爲神話的構成元素以及源自潛意識的自律性個體產物。」(榮格(C. G. Jung,1875～1961),《人的形象和神的形象》,林宏濤譯,(新北市:桂冠出版,2006),51。)

則有關於民族始祖的神話告訴我們，一個民族在起初，都是借用至上神的力量，感生出民族或特定個人（始祖）。商與周民族因此而被賦予了非人的力量，不完全是由自然界自己產生出來的。如果完全採信神話故事而以為真實，是混淆了歷史敘事與神話，但神話確實也反映出古人對於人與超越界之間的關係之信念，「上帝的存在，在中國歷史的最初幾頁已經是一項備受尊崇的事實了。」〔註17〕

《詩・周頌・天作》：「天作高山，大王荒之。彼作矣，文王康之。」〔註18〕天也可以創作出高山，由人間的領袖康之、荒之。天或上帝對於人是「生」的關係，「生」是親子關係，但是卻又不是血緣的分享。血緣關係指向人的自然生命，「感生」的方式或許象徵著某種力量與性格的傳遞。由其他幾段天作為民眾生命來源的詩可知，無論是感生或是創造，都只是為了人的德行修養預備了基礎。天作為萬物的來源，天人關係的重點在於天使人與其他自然界的事物有了差異：

1. 《詩・大雅・烝民》：「天生烝民，有物有則。民之秉彝，好是懿德。」〔註19〕
2. 《詩・大雅・蕩》：「天生烝民，其命匪諶。靡不有初，鮮克有終。」〔註20〕

《詩經》描述天為民眾生命的來源以後，立刻指出人的本性有一定的規則，順著人性的規則發展，就會喜好美好的德行。人性總是有個美好的開始，但實際上人很少能夠堅持喜好美好的德行，《毛傳》便感嘆：「民始庶幾於善道，後更化於惡俗。」〔註21〕人民需要君王的領導，才能夠堅持走上正途，因此《尚書・仲虺之誥》曰：「嗚呼！惟天生民有欲，無主乃亂」〔註22〕，《尚書・泰誓》：「天佑下民，作之君，作之師，惟其克相上帝，寵綏四方。」〔註23〕由此可見，古代不樂觀認為人民能夠輕易地獨自發展德行、走上人生正途，往往需要藉由君與師的領導。人民需要「受命不殆」（〈玄

〔註17〕傅佩榮，《儒道天論發微》，（臺北市：聯經，2010），10。
〔註18〕《毛詩正義（十三經注疏）》，1520～1522。
〔註19〕《毛詩正義（十三經注疏）》，1432。
〔註20〕《毛詩正義（十三經注疏）》，1356。
〔註21〕《毛詩正義（十三經注疏）》，1357。
〔註22〕《尚書正義（十三經注疏）》，234。
〔註23〕《尚書正義（十三經注疏）》，323。

鳥〉〉承受天命，行之不懈怠的君主，「天惟時求民主，乃大降顯休命于成湯，刑殄有夏。」（《尚書・多方》）〔註24〕反映古人相信統治者以個人的身份承擔來自天的號令，同時被賦予道德要求，必須領導所有民眾走上人生的幸福。同時，所有人的人生方向也被確定下來，只有追求天生秉彝的實現，才是生活的最重要目的。

　　《詩經》、《尚書》用直述的方式說明人的來源與歸宿，指導人在有限的一生中安頓生命、展望人生理想，但是並沒有說明人「爲何」需要追求秉彝的實踐，而是將人生理想的來源安頓在「天」的權威上。《孟子・告子上》論人性時直接引用《詩經》：

　　　　《詩》曰：『天生蒸民，有物有則。民之秉彝，好是懿德。』孔子曰：

　　　　『爲此詩者，其知道乎！故有物必有則，民之秉彝也，故好是懿德。』」

　　　　（〈11・6〉）〔註25〕

孟子引用《詩經》後又提及孔子，可見孟子自覺繼承古代到孔子以來對人性的理解，由此立論，對於人性進行說明。由上述可知，古代中國人論生命的來源並同時賦予人生理想，以「天」這個穩定的基礎爲生命的來源，賦予人愛好美德的原則。孔子、孟子思想的孕育環境是源自《詩經》、《尚書》對於人的來源與人性素樸的認識，孔子認爲〈烝民〉的作者知道人生的正路，而孟子在此基礎上說明人「爲何」追求實現人性，爲古代思想所未能及處創造突破。

第二節　生命的歸宿

一、人的神化

　　商朝人早已對於死後的世界充滿想像，特別是先公先王的死去並不代表灰飛煙滅。商民族相信三類神明：帝或上帝，自然神與祖先。〔註26〕商朝人以「帝」爲至上神，卜辭中記載部分先公先王死後可以「賓于帝」，例如：

　　　1. 大甲賓于帝

〔註24〕《尚書正義（十三經注疏）》，540～541。

〔註25〕本文所見《孟子》篇章號碼、《孟子》原文句讀及新式標點符號，皆依照傅佩榮，《傅佩榮解讀孟子》，（新北市：立緒，2004）所示。

〔註26〕傅佩榮，《儒道天論發微》，（臺北市：聯經，2010），5。

2. 咸不賓于帝

3. 下乙賓于帝〔註27〕

　　周人宗祖「配天」的觀念也由殷卜辭中「賓于帝」的觀念發展而來。〔註28〕「賓」為配享、同受祭饗的意思。先人死後除了可能「賓于帝」，也作為祈年求雨的對象，甚至還可以「為祟」造成人間紛擾。

　　孔子重視詩教，曾對學生們說：「小子何莫學夫詩？詩，可以興，可以觀，可以群，可以怨。邇之事父，遠之事君；多識於鳥獸草木之名。」（〈17‧9〉）孟子立論時更經常引用《詩經》申述意見。由孔孟對於《詩經》的重視，可知《詩經》作為古代文學的代表，對當時的風俗具有深厚的影響力，也記載了古人的真情。在《詩經》中有許多緬懷、讚揚先王的記載，涉及有關人死後去向的描述，如下列對於文王等王室成員死後歸宿的記載：

1. 《詩‧大雅‧文王之什》：「文王在上，於昭于天，周雖舊邦，其命維新。有周不顯，帝命不時。文王陟降，在帝左右。」〔註29〕

2. 《詩‧周頌‧清廟》：「於穆清廟，肅雝顯相。濟濟多士，秉文之德。對越在天，駿奔走在廟。不顯不承？無射於人斯。」〔註30〕

3. 《詩‧大雅‧下武》：「下武維周，世有哲王。三后在天，王配于京。」〔註31〕

〔註27〕 胡厚宣研究指出：「從甲骨文來看，殷人以為先王死後，可以配帝。」（詳見胡厚宣，〈殷卜辭中的上帝和王帝（下）〉，《歷史研究》第 10 期（1959）：89～110。）

〔註28〕 陳夢家，《殷墟卜辭綜述》，（北京：中華書局，1988），573。森三樹三郎指出「由持續到西元前十一世紀左右為止的殷王朝遺跡發掘出大量的龜甲文字，其中沒有看見對於祭天的記載。雖然沒有祭天的記載，但是取而代之的，作為至上神的帝屢次出現。然而，這個帝是否相當於後世所說的天帝或上帝的意義，則仍有非常大的疑議。反倒是被當作部族的祖先神的可能性比較大。若果真如此，那麼在殷王朝的時代，對於天的崇拜尚未成立的確定性很大……周的部族原為中國西北部遊牧民族之說或多或少有其確實性，這個遊牧民族消滅殷王朝支配天下。那時周將遊牧民族的天的信仰帶入中國，隨著農耕生活進步，也同時強化了天作為農業神的性格。這是對於天信仰的起源，至今最為有力的說明。」（詳見（日）森三樹三郎，《中国思想史》，（東京：第三文明社，2015），31～33。）

〔註29〕 （漢）毛亨傳；（漢）鄭玄箋；（唐）孔穎達疏；龔抗雲、李傳書、胡漸逵、肖永明、夏先培整理；劉家和審定，《毛詩正義（十三經注疏）》，（北京：北京大學出版社，2000），1120～1121。

〔註30〕 《毛詩正義（十三經注疏）》，1506～1507。

〔註31〕 《毛詩正義（十三經注疏）》，1228。

「陟」在甲骨文中已經出現，依據羅振玉的解釋，「陟」字左邊從阜，示山陵形；右邊步象兩足由下向上。〔註32〕「降」字則與「陟」字方向相反，表示由上向下。白川靜則認為所謂「陟降」，是指王作為帝的嫡子，死後升天，隨侍帝的左右，由於神靈是垂直式的通過聖梯上下往來，所以稱陟降。〔註33〕無論取象山陵或聖梯，二說均指出先王可以往來上下。第一段引文描寫文王在上，「升接天，下接人」〔註34〕，文王死去以後可以升降於帝的身旁，作為人間的表率，接受天命，對人間產生具體的影響力。〔註35〕

　　《詩・大雅・文王之什》：「文王陟降，在帝左右」等段記載雖然並非是普遍對於所有人類死後的描述，而是特別針對文王而言，但至少顯示出商周時代已經存在「人的神化」，〔註36〕人死亡以後不僅沒有灰飛煙滅，甚至還可能轉變型態存續，王室死亡以後如文王更能「在帝左右」。先王死後還擁有了可以影響人類生活的能力，能夠降災作福於人，《周禮・春官・大宗伯》明確記載：「大宗伯之職，掌建邦之天神、人鬼、地示之禮，以佐王建保邦國。」〔註37〕孫詒讓謂：「禮以事神致福為本義，故五禮首吉禮。」〔註38〕《詩經》顯示周代人的神化思想，認為人於死後還能存續，並且繼續接受祭祀、享用來自人的禮贊，並且對於人類生活做出影響。《詩經》雖然未明確說明人死後於結構上有何改變，但卻顯示出人死後可以存續，並且獲得生前所沒有的、能夠影響生者的能力。

〔註32〕　李孝定編述，《甲骨文字集釋》，（臺北市：中央研究院歷史語言研究所，1970），4139。

〔註33〕　白川靜，《中国の神話》，（東京：中央公論新社，2014），39。

〔註34〕　毛亨語。（《毛詩正義（十三經注疏）》，1121。）

〔註35〕　殷人「賓帝」，所以先王在帝左右，周王為天之子，故為配天。〈召誥〉：「其自時配皇天，毖祀于上下」，〈大克鼎〉：「肆克智于皇天，敬于上下」，〈思文〉：「克配彼天」。（詳見陳夢家，《殷墟卜辭綜述》，（北京：中華書局，1988），581）但〈文王之什〉說文王「在上」，又「在帝左右」，似乎摻雜了兩個時代的口吻。保留了商朝的「帝廷」或「帝所」，先王先公可以上賓之，或賓於上帝的想法。這段記載也見證了兩個時代的信仰演變。商周雖有「在帝左右」的說法，卻沒有「在天左右」的說法，天雖然可以發號施令，像人間的帝王一般具有位格的面向，但是卻沒有任何先王與天為「左右」，顯示了「天」與人或死者終究是截然不同的存在，人與死者終究無法與天相提並論。

〔註36〕　蒲慕州：「在商代，王室祖先被認為是『在帝左右』，可以降災致福，就可以被視為是人的神化。」（蒲慕州，《追尋一己之福》，（臺北市：允晨文化，1995），278。）

〔註37〕　（漢）鄭玄注；（唐）賈公彥疏；趙伯雄整理；王文錦審定，《周禮注疏（十三經注疏）》，（北京：北京大學出版社，2000），529。

〔註38〕　孫詒讓，《周禮正義》，全十四冊，（北京：中華書局，1987），第五冊，1297。

到了春秋時期，對於人死以後的討論，發展出一個新的方向：人可以藉由樹立德行、功勞、嘉言而不朽。這個說法來自《左傳‧襄公二十四年》的一段問答：

> 二十四年春，穆叔如晉，范宣子逆之，問焉曰：「古人有言曰，『死而不朽』，何謂也？」穆叔未對。宣子曰：「昔匄之祖，自虞以上爲陶唐氏，在夏爲御龍氏，在商爲豕韋氏，在周爲唐杜氏，晉主夏盟爲范氏，其是之謂乎！」穆叔曰：「以豹所聞，此之謂世祿，非不朽也。魯有先大夫曰臧文仲，既沒，其言立，其是之謂乎！豹聞之：『大上有立德，其次有立功，其次有立言。』雖久不廢，此之謂不朽。若夫保姓受氏，以守宗祊，世不絕祀，無國無之。祿之大者，不可謂不朽。」〔註39〕

范宣子聽從前的人說「死而不朽」，就如自己的祖先在各個朝代擁有祿位。叔孫豹則認爲那只是世祿，而非不朽。叔孫豹說明眞正的「不朽」，最好的是樹立德行，次一等是樹立功勞，再次是樹立言論。這三等人就算死去很久，卻沒有人能夠廢棄他們。叔孫豹的說法是就人死後的影響力來說的，而不是針對死者本身自然生命的存續來說的。「死而不朽」是人發揮個人的德行，配合外在條件與社會地位，而對其他人有功，或留下嘉言善行，使得個人的言行受後世流傳。並未涉及死者本身的身體存續，也未涉及死者生命的轉化或變形。這是古代中國對於死亡問題的一種轉出方式，不就死者本身，而是就死者對於周遭的影響而言。

二、魂魄說

關於死者的能力，大致可分爲三種：降禍、賜福與預示未來三種。鬼神或祖先執行天的「助手」〔註40〕之能。《禮記‧表記》對於周世人神關係的檢討：「周人尊禮尚施，事鬼敬神而遠之，近人而忠焉。其賞罰用爵列，親而不尊。其民之敝，利而巧，文而不慙，賊而蔽。」〔註41〕中國古代有關死後議題的參考文獻或史料，可以追溯至甲骨文，甲骨文中已經出現有關於人與祖

〔註39〕 楊伯峻，《春秋左傳注》，全二冊，（臺北市：紅葉文化，1993），下冊，1088。

〔註40〕 傅佩榮，《儒道天論發微》，（臺北市：聯經，2010），65。

〔註41〕 （漢）鄭玄注；（唐）孔穎達疏；龔抗雲整理；王文錦審定，《禮記正義（十三經注疏）》，（北京：北京大學出版社，2000），1734。

先進行互動的各類記載,「鬼」字亦出現於甲骨文中。王祥齡於《中國古代崇祖敬天思想》中說:

> 從甲骨文推知,殷人鬼的觀念已相當發達,鬼從人身並且皆從生人遷化,然後發展到鬼字從「厶」(私),乃生人與其「鬼」是一種類屬關係,並非眾人之共,故人各有其祖先之鬼。〔註42〕

高懷民則指出鬼為人捨形軀之後的存在,即所謂人死後靈魂的存在。並認為甲骨文中有兩種不同寫法的「鬼」字,二者均表示人對祖先的頂禮致敬。〔註43〕「鬼」與所有的死者之間有直接關聯這一點是較為明顯的,「神」則是一個常與「鬼」連用的概念,兩者組合構成古代中國的生命觀與信仰結構。

　　一般民眾雖然可以修養自我,養成美好的德行,但是沒有對於人們樹立功勞、發表言論的機會,影響的範圍有限,與先公先王或有祿位者相較之下,似乎難以達到「死而不朽」。但是「周人認為人生而有魂魄,死而有鬼神」,〔註44〕見周世典籍可知,周人發展出魂魄說,用以解釋鬼神的構造。由魂魄說的發展,使得鬼神直接與所有人類產生關聯,鬼神皆可由人所化。魂魄說在春秋以後的文獻中開始頻繁出現,說明不僅君王顯要,一般人也享有死而不亡的生命存續。參見下列引文:

1. 《周易·繫辭上》:「仰以觀於天文,俯以察於地理,是故知幽明之故;原始反終,故知死生之說;精氣為物,遊魂為變,是故知鬼神之情狀。」〔註45〕

2. 《左傳·宣公十五年》:晉侯使趙同,獻狄俘于周,不敬,劉康公曰,不及十年,原叔必有大咎,天奪之魄矣。〔註46〕

3. 《左傳·襄公二十九年》:天又除之,奪伯有魄,子西即世,將焉辟之?天禍鄭久矣,其必使子產息之,乃猶可以戾。不然,將亡矣。〔註47〕

4. 《左傳·昭公七年》:及子產適晉,趙景子問焉,曰:「伯有猶能為鬼乎?」子產曰:「能。人生始化曰魄,既生魄,陽曰魂。用

〔註42〕 王祥齡,《中國古代崇祖敬天思想》,(臺北市:臺灣學生,1992),81～82。

〔註43〕 高懷民,〈中國古代文化中的鬼神思想〉,《文史哲學報》第35期(1987):4。

〔註44〕 蕭登福,《先秦兩漢冥界及神仙思想探原》,(臺北市:文津,2001),9。

〔註45〕 (宋)朱熹,《周易本義》,(臺北市:大安,1999),237。

〔註46〕 楊伯峻,《春秋左傳注》,全二冊,(臺北市:紅葉文化,1993),上冊,765。

〔註47〕 《春秋左傳注》,下冊,1168。

物精多，則魂魄強，是以有精爽至於神明。匹夫匹婦強死，其魂魄猶能馮依於人，以爲淫厲，況良霄，我先君穆公之冑，子良之孫，子耳之子，敝邑之卿，從政三世矣。鄭雖無腆，抑諺曰：『蕞爾國』，而三世執其政柄，其用物也弘矣，其取精也多矣，其族又大，所馮厚矣，而強死，能爲鬼，不亦宜乎！」〔註48〕

5. 《左傳・昭公二十五年》：樂祁佐，退而告人曰：「今茲君與叔孫其皆死乎！吾聞之：『哀樂而樂哀，皆喪心也。』心之精爽，是謂魂魄。魂魄去之，何以能久？」〔註49〕

6. 《禮記・郊特牲》：魂氣歸于天，形魄歸于地。故祭求諸陰陽之義也。〔註50〕

7. 《禮記・祭義》宰我曰：「吾聞鬼神之名，而不知其所謂。」子曰：「氣也者，神之盛也。魄也者，鬼之盛也。合鬼與神，教之至也。眾生必死，死必歸土，此之謂鬼。骨肉斃於下，陰爲野土。其氣發揚于上，爲昭明，焄蒿悽愴，此百物之精也，神之著也。因物之精，制爲之極，明命鬼神，以爲黔首則。百眾以畏，萬民以服。」〔註51〕

8. 《禮記・檀弓下》孔子曰：「延陵季子，吳之習於禮者也。」往而觀其葬焉。其坎深不至於泉，其斂以時服，既葬而封，廣輪揜坎，其高可隱也。既封，左袒，右還其封且號者三。曰：「骨肉歸復于土，命也。若魂氣則無不之也，無不之也。」而遂行。孔子曰：「延陵季子之於禮也，其合矣乎。」〔註52〕

以上引文有些記爲孔子所言，雖然無法確定是否眞爲孔子的思想，但我們可以確定那些記載必定不能早於孔子。這些記載內容互相關聯，可以構成一套完整的魂魄說，用來解釋所有人類的死後問題。

　　《禮記・祭義》中孔子對於鬼神、精、魄之間進行完整的說明。所謂氣，是神的充盛；所謂魄，是鬼的充盛；結合鬼與神兩者，是教化的完滿境界。

〔註48〕 《春秋左傳注》，下冊，1192。
〔註49〕 《春秋左傳注》，下冊，1456。
〔註50〕 （漢）鄭玄注；（唐）孔穎達疏；龔抗雲整理；王文錦審定，《禮記正義（十三經注疏）》，（北京：北京大學出版社，2000），953。
〔註51〕 《禮記正義（十三經注疏）》，1545～1546。孫希旦：「言聖人因人、物之精靈，制爲尊極之稱，謂之鬼神，以爲百姓之法則，而天下皆畏敬之也。」（（清）孫希旦，《禮記集解》，（北京：中華書局，1989），1220。）
〔註52〕 《禮記正義（十三經注疏）》，365～366。

孔子認為黎民百姓皆敬畏服從鬼神，對於死後問題的討論有助於教化百姓。人死以後，依照百物的精靈，推尊至高無上的名號給它，明確地尊稱為「鬼神」，以作為老百姓所遵守的法則與敬畏的對象，使人們懾服。「鬼神」就是對於「精」的尊稱。而所謂氣，是神的充盛；所謂魄，是鬼的充盛。《禮記・檀弓下》：「若魂氣則無不之也，無不之也」，「魂」與「氣」兩者並舉，並且顯示「魂氣」是可脫離骨肉四處遊走。《禮記・祭義》中說：「其氣發揚于上，為昭明，焄蒿，悽愴，此百物之精也，神之著也。」人死後氣發揚於上，化為顯著可見的光景、聞得到的氣味，以及使人悽愴感動的東西，這就是百物的精靈，也就是神存在的顯示；《禮記・郊特牲》：「魂氣歸于天，形魄歸于地」，〈祭義〉、〈郊特生〉、〈檀弓下〉相互參照，能夠發現「魂氣」與「神之著」具備相同的特性。由此推論，就其特性來說，魄與鬼同屬於一類，魂與神同屬於一類。由《周易・繫辭上》來看，精氣聚集就是生物，魂的遊走造成變化，由氣與魂的動向，可知鬼神的情況。

　　然而「魂」與「魄」究竟是什麼？與「鬼神」之間的關係又為何？由〈祭義〉可知「鬼神」是在死後對於死者之「精」的尊稱，但與之同屬的「魂」與「魄」卻也出現在活人身上，與活人的識知能力有關。余英時則強調「魂魄是精神的絕對要素，是知識和智慧的源泉」，[註53] 例如《左傳・昭公二十五年》：「吾聞之：『哀樂而樂哀，皆喪心也。』心之精爽，是謂魂魄。魂魄去之，何以能久」、《左傳・昭公七年》：「人生始化曰魄，既生魄，陽曰魂。用物精多，則魂魄強，是以有精爽至於神明」[註54]。又見《左傳・襄公二十九年》[註55]、《左傳・宣公十五年》[註56] 可知，喪失魂魄會危及生人心智

[註53] 余英時，〈魂歸來兮——論佛教傳入以前中國靈魂與來世觀念的轉變〉，收入余英時，《東漢生死觀》，侯旭東等譯，（臺北市：聯經，2008），171。

[註54] 楊伯峻將「化」解作「漸減」，但由「心之精爽，是謂魂魄。魂魄去之，何以能久」（《左傳・昭公二十五年》）可知，人的行止識知失常，是心喪失正常作功能所致，而魂魄是心之精爽。「顯得失魂落魄，這個人恐怕命不久矣。可以清楚看到在當時人的認識之中，（魂）魄乃人生時所有，並非死後才形成。」（周國正，〈《左傳》「人生始化曰魄」辨〉，《臺大文史哲學報》，第 57 期（2002）：211～221。）若依楊伯峻將「化」解作「漸減」，則「人生始化曰魄」便要譯成「人生下來初死時叫做魄」，「生」字顯得難解不通。但若依照孔疏，將「化」解作「生成」，則可以合理解釋魄是人生時就有的。

[註55] 楊伯峻：「《大戴禮・少閒篇》：『若夏商者，天奪之魄，不生德焉。』則為人作惡，謂之天奪魄。此謂伯有將不得善終。」（《春秋左傳注》，下冊，1168。）

[註56] 《春秋左傳注》，上冊，765。

或造成性命損傷。《左傳》、《禮記》雖記載了「魂」、「魄」與「鬼」、「神」的關係，並述及「魂」、「魄」的特性，說明魂魄與活人的識知能力有關，但是卻未對於魂魄在活人身上具有什麼功能作出更進一步的說明，直到唐代孔安國才詳細解答。《左傳正義・昭公七年》孔疏對於「魂」與「魄」的確實作用與功能進行詳細描述，並且說明「魂魄」與「鬼神」二組概念的關係：

> 人稟五常以生，感陰陽以靈。有身體之質，名之曰形。有噓吸之動，謂之為氣。形氣合而為用，知力以此而彊，故得成為人也。此將說淫厲，故遠本其初。人之生也，始變化為形，形之靈者，名之曰魄也。既生魄矣，魄內自有陽氣，氣之神者，名之曰魂也。魂魄神靈之名，本從形氣而有。形氣既殊，魂魄亦異。附形之靈為魄，附氣之神為魂也。附形之靈者，謂初生之時，耳目心識，手足運動，啼呼為聲，此則魄之靈也。附氣之神者，謂精神性識，漸有所知，此則附氣之神也。是魄在於前，而魂在於後，故云「既生魄，陽曰魂」。魂魄雖俱是性靈，但魄識少而魂識多。……聖王緣生事死，制其祭祀。存亡既異，別為立名。改生之魂曰神，改生之魄曰鬼。〔註57〕

由《左傳正義》可以整理出與魂魄相關的兩個要點如下：

1. 「魄」＝身體活動、感知活動之所以然，死後易名為「鬼」。
2. 「魂」＝精神活動、知慮活動之所以然，死後易名為「神」。

　　孔穎達認為先有魄後有魂。魄透過可見的形體直接展現為活人的身體活動；魂則是精神活動、知慮活動，較難直接察覺。魂所引起的精神活動需以身體活動與感知為基礎而來，並且精神活動也經常需要依靠身體活動才能展現為人所察。「魂」就是「精神性識」，構成「自我」，周國正研究指出「魂」與「魄」的關係：

> 魂所代表的靈覺主體，理應具備某些性格、記憶方能構成「自我」（精神性識），而這個「自我」，如果不是來自日常的耳目心識（魂）等感知思慮功能，又來自什麼？因此「耳目心識（魄）」與「精神性識（魂）」之不易區分，其實只是自然之理。〔註58〕

〔註57〕（周）左丘明傳；（晉）杜預注；（唐）孔穎達正義；蒲衛忠、龔抗雲、胡遂、于振波、陳咏明整理；楊向奎審定，《春秋左傳正義（十三經注疏）》，（北京：北京大學出版社，2000），1437～1438。
〔註58〕周國正，〈《左傳》「人生始化曰魄」辨〉，《臺大文史哲學報》第57期（2002）：219。

與現代人相較，古人對於生命的認識，在生理學方面的研究相對原始，只能藉由「魂魄說」講述人類自活著時便有「魂」與「魄」，分別作爲身體活動、精神活動兩面的原因，以便解釋人類的一切活動。待人死以後一切生理機能停止，則以魂魄脫離形軀作爲解釋。由魂魄說來看，所謂的「死亡」就是魂魄脫離形軀、不再作用於形軀，死者因此不再有任何肢體反應。也因爲魂魄可以脫離形軀單獨存在，故有魂氣「無不之」（《禮記‧檀弓下》）〔註59〕、魂魄馮依於人（《左傳‧昭公七年》）〔註60〕的說法出現。

人死後魂魄不再作用於死者身上，「死亡」的具體表現即死者的身體不再活動，魄不再作用於死者軀體，「死亡」就是「魂魄不再作用於該個體」。精神活動、思考能力必須仰賴身體的配合才得以彰顯，「魂」必須待「魄」的作用才能展現，二者互相配合造成活人的各種行動。雖然孔疏認爲「魄」與「魂」的生成有先後，但作用於人類身上，魂魄兩者俱在，並能正常運作，才能維持人類正常行爲運作。「人生始化曰魄，既生魄，陽曰魂，用物精多，則魂魄強，是以有精爽，至於神明，匹夫匹婦強死，其魂魄猶能馮依於人，以爲淫厲，況良霄。」〔註61〕魂魄雖然不再作用於原來所依附的死者，但是卻可以離開原來依附的個體，轉而作用於其他個體上，造成各種怪異現象，被稱爲「淫厲」。而生時的飲食營養也直接影響魂魄的強度，若生前飲食營養好，死後的魂魄便具更強的力量。〔註62〕死者的骨肉雖然因埋葬而復歸於土，但魂氣卻可以自由地活動，無所不至。由於魂魄離開原來所依附的個體以後尚可以存續，基於不希望親友的魂魄流離失所的心意，古人設計出葬禮，葬禮中埋葬屍體的過程是「送形而往，迎精而反也」（《禮記‧問喪》）〔註63〕將形體埋葬以後，還必須將脫離原來所依附的軀體的魂與魄接回安置。喪禮活動必是以人有「精」，即有「魂」與「魄」爲前提，才有「精」可迎回。迎回死者的魂魄以後，由於骨肉已經下葬，魂魄失去身體活動與精神活動的作用對象，

〔註59〕　《禮記正義（十三經注疏）》，366。
〔註60〕　《春秋左傳注》，下冊，1292。
〔註61〕　《春秋左傳注》，下冊，1192。
〔註62〕　余英時認爲這可能基於「身體和靈魂之間關係的唯物主義解釋」，同時也影響的古代祭祀依社會群體差異而世代數目不同。（詳見余英時，〈魂歸來兮──論佛教傳入以前中國靈魂與來世觀念的轉變〉，收入余英時，《東漢生死觀》，侯旭東等譯，（臺北市：聯經，2008），179。）貴族生前飲食營養較好，死後魂魄力量較強。
〔註63〕　《禮記正義（十三經注疏）》，1791。

所以魂魄的活動與生時已有所不同，因此於稱呼上也發生改變，人死後不再沿用生時的魂魄稱之，而改稱爲「鬼神」。「聖王緣生事死，制其祭祀。存亡既異，別爲立名。改生之魂曰神，改生之魄曰鬼。」由此可見人死後之鬼神，即是生前之魂魄。由於生死有別，故不復以生時之魂魄爲稱，而易之以鬼神爲名。〔註64〕

　　魂魄在原本依附的個體死亡以後，由親屬迎接回宗廟，改名爲「鬼神」，接受後世子孫的祭祀，成爲中國古代祭禮活動中主要的祭祀對象之一。中國古代發展出魂魄說，相信人生時具有魂與魄，而魂魄於死後被改稱爲鬼神。人死後可直接被尊稱爲鬼神，死者雖死，但卻不是化爲烏有。又生者和雖然已經死亡卻仍持續存續的親屬之間，親情仍未斷絕，生時對父母之孝也不因父母的死亡而結束，故《國語・周語下》云：「言孝必及神」。〔註65〕人死而不亡的生命觀便成爲古代喪禮與祭禮背後的基礎，喪禮與祭禮的儀式背後，實以一套完整的魂魄說與鬼神信仰爲基礎。人生時已有魂魄，有鑒於生死有別，存亡既異，故加以別名，死後「魂魄」便被尊稱爲「鬼神」。由此可知魂魄與鬼神雖然異名，但其實是指向同樣的對象。基於周世的這一套魂魄說的基礎上，「神」當具有「祖先神」的意義，祖先神無疑是由祖先之靈化生。

第三節　禮與生命觀的協調

　　古人對於世界的了解，最初是透過神話故事。故事中的複雜內容，顯示古人對自然界運作以及人類生命世界的理解。神話說明與神有關的故事，古人基於如此對世界的理解，便透過儀式把與神有關的故事演示出來。〔註66〕如前文所示，古人相信帝或上帝、自然神與祖先神，於是發展出祭祀與崇拜的儀式，這些儀式至周代發展爲系統化的禮樂。古代禮樂的發展與古人的生

〔註64〕林素英，《喪服制度的文化意義：以《儀禮・喪服》爲討論中心》，（臺北市：文津，2000），207。

〔註65〕（周）左丘明撰；鮑思陶點校，《國語》，（濟南市：齊魯書社，2005），46。

〔註66〕李亦園研究指出：「人類學大師克羅孔（Clyde Kluckhohn）就喜歡把神話和儀式放在一起看，他認爲神話和儀式都是利用象徵的方式來表達人類心理或社會的需要。儀式是行動象徵，藉戲劇化的行動來表達某種需求；而神話是語言象徵，藉語言或文字的表達來支持、肯定，或合理化了儀式中所要表達的同一種需要。換而言之，儀式與神話經常是互爲表裡，而用不同的象徵手法來表達同樣的意願。」（李亦園，《信仰與文化》，（臺北市：Airiti Press，2010），143～144。）

命觀有相當的關聯性，周代發展出大量的禮儀，其中吉禮、凶禮與人的死亡及死後最有關係，參看《周禮・春官・大宗伯》：

> 以吉禮事邦國之鬼神示：以禋祀祀昊天上帝，以實柴祀日月星辰，以槱燎祀司中、司命、風師、雨師。以血祭祭社稷、五祀、五岳，以貍沈祭山林川澤，以副辜祭四方百物。以肆獻裸享先王，以饋食享先王，以祠春享先王，以礿夏享先王，以嘗秋享先王，以烝冬享先王。以凶禮哀邦國之憂：以喪禮哀死亡，以荒禮哀凶札，以弔禮哀禍災，以禬禮哀圍敗，以恤禮哀寇亂。〔註67〕

凶禮內容中包含處理人由瀕死、初死至下葬以後的一連串事宜，「虞而立尸，有几筵，卒哭而諱。生事畢而鬼事始已。」〔註68〕虞而卒哭，到了舉行卒哭之祭時，便進入吉禮。虞祭的作用在於使死者安息順利成爲鬼神，〔註69〕當死者由生至死、順利成爲鬼神以後，禮配合生命過程的經歷而有所轉變，可見周代禮儀的設立實在無法脫離一套人由生至死、死而不亡的完整生命觀架構。

此外，由禮的作法也可以窺見周人對於死者去處的看法，見《儀禮・士喪禮》：「復者一人，以爵弁服，簪裳于衣，左何之，扱領於帶。升自前東榮，中屋，北面招以衣，曰：『皋某復！』三。降衣于前。受用篋，升自阼階，以衣尸。復者降自後西榮。」〔註70〕首先，復禮以有「魂魄」可復爲前提，〔註71〕而復禮的執行需要復者爬到屋頂上，體現了周代死者可以升到天上的思想。

禮樂與鬼神兩者的作用相配合，使社會合同有序，見《禮記・樂記》：

> 大樂與天地同和，大禮與天地同節。和，故百物不失；節，故祀天祭地。明則有禮樂，幽則有鬼神。如此，則四海之內，合敬同愛矣。禮者，殊事合敬者也。樂者，異文合愛者也。禮樂之情同，故明王以相沿也。故事與時並，名與功偕。〔註72〕

〔註67〕 《周禮注疏（十三經注疏）》，529～545。

〔註68〕 《禮記・檀弓下》。（見《禮記正義（十三經注疏）》，359。）

〔註69〕 「等到虞祭舉行過後，死者的靈魂以適其先祖，得到安息之所而成了鬼神。」，見章景明〈喪之禮吉凶觀念之分別〉，收入李曰剛等著，《三禮研究論集》，（臺北市：黎明文化，1981），178～179。

〔註70〕 （漢）鄭玄注；（唐）賈公彥疏；彭林整理；王文錦審定，《儀禮注疏（十三經注疏）》，（北京：北京大學出版社，2000），761～763。

〔註71〕 鄭玄的解釋，復禮的目的乃是「招魂復魄也」。（鄭玄語。見《禮記正義（十三經注疏）》，1441。）

〔註72〕 《禮記正義（十三經注疏）》，1267。

可見周人認爲糅合禮樂教人的作用與鬼神助成天地的作用，可以使社會達到理想和諧的狀態，所以歷代先王皆承續以禮樂維繫人類的生活。

《易・豫卦・大象》：「先王以作樂崇德，殷薦之上帝，以配祖考。」〔註73〕古代帝王舉行祭祀，殷薦上帝、祖先。執行禮應有的適當態度如《尙書・說命》：「黷于祭祀，時謂弗欽。禮煩則亂，事神則難。」〔註74〕但基於祭祀的具體作用之一是使鬼神作福，古人相信可以透過祭祀帶來福佑，祭者不免產生「祭祀求福」的心態，於是鬼神的形象也漸漸改變成可以接受人賄賂賜福的狀態，參考《詩・小雅・楚茨》：「神保是格，報以介福，萬壽攸酢！……神嗜飲食，使君壽考。」〔註75〕人神關係變成一種宛如可以互相收買的關係，鬼神的公正性與神聖性也開始下降。

由於春秋時人相信鬼神可以直接等於死者，那便會出現許多問題。降災作福的鬼神主要源自死者，鬼神具有人格性，生者可以藉由祭祀祈福撫慰甚至討好鬼神，而且能夠預知鬼神的喜好。如果一般人死後可以直接成爲鬼神，而且鬼神又有降災作福於人的能力，那麼有些生前爲惡的死者該以什麼判準來降災作福？鬼神的降災作福是否可能出錯？善惡的判準爲何？於《左傳》中出現許多死者復仇的事件，由事件可以發覺，春秋時代的鬼神復仇或者影響人類生活時，經常需要以「天」或「帝」的允許爲前提，訴諸「天」或「帝」才能遂行。〔註76〕似乎顯示出人的鬼神信仰又逐漸轉回以「天」或「帝」統攝鬼神的人神關係。鬼神復仇事件一方面顯示古人希望人死後還能存續，並完成生前未能達成的目的；另一方面，死後復仇仍需要「天」或「帝」的允許，死後世界彷彿成爲存在著統治者與被統治者的人間世界之延長。《左傳》所記載的鬼神活動，顯示春秋時代歷經迷信化的鬼神觀，逐漸回歸至以「天/帝」統攝鬼神活動的過程。天或上帝的權柄不僅限於人世間，甚至還擴及死後的世界。

另外還出現以「民」爲「神之主」的思想，見《左傳》：

1. 《左傳・桓公六年》：天方授楚，楚之嬴，其誘我也，君何急焉，臣聞小之能敵大也，小道大淫，所謂道，忠於民而信於神也……

〔註73〕（宋）朱熹，《周易本義》，（臺北市：大安，1999），87。

〔註74〕《尙書正義（十三經注疏）》，299。

〔註75〕《毛詩正義（十三經注疏）》，953～963。

〔註76〕詳見李隆獻，〈先秦至唐代鬼靈復仇事例的省察與詮釋〉，《文與哲》第 16 期（2010）：139-202。

夫民，神之主也，是以聖王先成民，而後致力於神……故務其三
時，脩其五教，親其九族，以致其禋祀，於是乎民和而神降之福，
故動則有成，今民各有心，而鬼神乏主，君雖獨豐，其何福之有，
君姑脩政而親兄弟之國，庶免於難，隨侯懼而脩政，楚不敢伐。
〔註77〕

2. 《左傳・莊公十年》：對曰，小惠未遍，民弗從也，公曰，犧牲
玉帛，弗敢加也，必以信，對曰，小信未孚，神弗福也，公曰，
小大之獄，雖不能察，必以情。〔註78〕

3. 《左傳・僖公十九年》：夏，宋公使邾文公用鄫子于次睢之社，
欲以屬東夷。司馬子魚曰：「古者六畜不相為用，小事不用大牲，
而況敢用人乎？祭祀以為人也。民，神之主也。用人，其誰饗之？
齊桓公存三亡國以屬諸侯，義士猶曰薄德，今一會而虐二國之
君，又用諸淫昏之鬼，將以求霸，不亦難乎？得死為幸。」〔註79〕

4. 《左傳・襄公十四年》：師曠侍於晉侯。晉侯曰：「衛人出其君，
不亦故？」對曰：「或者其君實甚。良君將賞善而刑淫，養民如
子，蓋之如天，容之如地；民奉其君，愛之如父母，仰之如日月，
敬之如神明，畏之如雷霆，其可出乎？夫君，神之主而民之望也。
若困民之主，匱神乏祀，百姓絕望，社稷無主，將安用之？弗去
何為？天生民而立之君，使司牧之，勿使失性。」〔註80〕

引文（1）中，根據杜注：「言鬼神之情，依民而行。」；而引文（3）依據前
後文可知，祭祀的主要目的是為了人，且民為神之主，情感上與存有結構上
皆息息相關，祭馬先尚且不用馬，〔註81〕更何況是人祭鬼神，不應以人牲。
由以上引文可知，天生民，為民設立君主，使君主愛護人民、勿使失性。教
化百姓，經營民生、使民和樂，緊接著事奉神，祭祀時犧牲玉帛等祭神之物

〔註77〕《春秋左傳注》，上冊，111～112。
〔註78〕《春秋左傳注》，上冊，182～183。
〔註79〕《春秋左傳注》，上冊，381～382。
〔註80〕《春秋左傳注》，下冊，1016。
〔註81〕鄭玄云：「……以外牛、羊之等，其祖不知為何神也。若謂祭馬先，不用馬，
略舉一隅，據有文者言之耳……以馬祖類之，此等各有其祖。」（見（周）左
丘明傳；（晉）杜預注；（唐）孔穎達正義；蒲衛忠、龔抗雲、胡遂、于振波、
陳詠明整理；楊向奎審定，《春秋左傳正義（十三經注疏）》，（北京：北京大
學出版社，2000），452。）

必依禮為之，祭祀必誠，則能受神降福。由君主擔任天與民之間承上啓下的身份，同時負責祭祀神明使神降福於人。將這連串的人神關係往回推，「鬼神之情，依民而行」〔註82〕，而民是由天所生，整體關係由「天」作統攝。

第四節　小　結

「生命」是具有「活動」、「活力」，從「生來」就有的、以生長或適應環境為表現形式的東西。〔註83〕「生命」也指生物生存的壽命，指向特定人類活動延續的期間。〔註84〕生命除了與環境互動的特性，還佔有時間擴延，以出生與死亡作為開始與結束。在孔子以前的人們已經開始思索生命的來源，生命來自父母祖先，而古人認為祖先與萬物的最初來源可以推源於天，於是產生感生神話，並且留下《詩經》與《尚書》中各種以天為生命本源的記載。天作為萬物的來源，天與人之間的關係著重於：天使人與其他自然界的事物有了差異。人與自然界中其他存在的差異在於：人的本性有一定的規則，順著人性的規則發展，就會喜好美好的德行。人性總是有個美好的開始，但實際上人很少能夠堅持喜好美好的德行。因此，大多數人需要國君與老師的帶領，才能走上人生的正途，順著人性的規則發展。如此一來百姓的人生方向也被確定下來，只有追求天生秉彝的實現，才是生活的最重要目的。古人透過對於實際情況的觀察，說明生命發展的趨勢，指導人在有限的一生中安頓生命、展望人生理想。古人對於生命起源的說法，遺留下一個核心的問題：沒有沒有說明人「為何」需要追求秉彝的實現，無法使人清楚理解美好的德行與人的關聯，而是將人生理想的來源安頓在「天」的權威上。

另一方面，古人也十分關注代表生命歸宿的死亡議題。早在甲骨文中，商朝人已經指出部分先公先王死後可以升到天上，甚至還擁有可以影響人類生活的能力，能夠降災、作福於人。到了春秋時期，對於人死以後的討論，發展出一個新的方向：人可以藉由樹立德行、功勞、嘉言而不朽。「死而不朽」是人發揮個人的德行，配合外在條件與社會地位，而對其他人有功，或留下嘉言善行，使得個人的言行受後世流傳。死而不朽並非所有人都可以實現的，

〔註82〕《春秋左傳正義（十三經注疏）》，（北京：北京大學出版社，2000），201。

〔註83〕（美）孟旦，《早期中國「人」的觀念》，丁棟、張興澤譯，（北京：北京大學出版社，2009），71～72。

〔註84〕例如《戰國策・秦策三》：「萬物各得其所，生命壽長，終其年而不夭傷。」

而且「不朽」並未涉及死者本身的身體存續，也未涉及死者生命的轉化或變形，是古代中國對於生命歸宿問題的一種轉出。直至春秋時代，文獻中大量出現「魂」、「魄」等語，發展出一套用以說明所有人死後的「魂魄說」以後，才使得鬼神直接與所有人類產生關聯，說明所有人都享有死而不亡的生命存續。

古人基於對生命來源與歸宿的理解，藉由儀式演示出其生命觀。古人相信帝或上帝、自然神與祖先神，於是發展出祭祀與崇拜的儀式，這些儀式至周代發展為系統化的禮樂。同時因為人死而不亡，需要適當的儀式安頓死者的魂魄，於是發展出喪葬、祭祀等相關禮儀。社會制度取決於文化的思維方式與心理機制，並且受制於生存環境與生產能力，顯示古人對生命與世界的理解。然而，人可以藉由祭祀活動與鬼神溝通，甚至討好鬼神，導致鬼神的神聖性減弱。而魂魄說則導致死後的魂魄成為死前生命的延長，這種對於生命歸宿的解釋，似乎只是將死前未遂的欲求，及對於賞罰報應的渴求投射於死後，似於一種對此生延長的願望。

第三章 《論語》中以人爲核心的生命觀

第一節 《論語》中的禮與人類社會

　　探討生命的意義與人的尊嚴並非孔孟的特權，而是人類社會自古以來逐漸發展演進的問題。古人對於生命的觀看角度，包含人與自然界、人與人、人與自己，以及人與超越界的關係四種面向，筆者將這四種關係合稱爲「生命觀」。孔子對於古代文化的態度是：「述而不作，信而好古」（〈7・1〉），[註1] 並且自認爲不是生來就有知識，而是「好古，敏以求之者也。」（〈7・20〉）孔子之所謂「古」，即是當時的人文遺產，當時社會的一切人文遺產，都是經年累月演變而來。

　　孔孟哲學出現以前，中國古代生命觀的圖像歷經漫長歲月積累逐漸演變，前文探討孔孟以前的時代，中國歷經了「民神不雜」、「民神雜糅」、「復舊常」以致「絕地天通」的社會信仰環境發展。「絕地天通」標誌著人走出自然，將自己與「天」（神）明確進行區分，以及尊卑遠近等人倫關係的萌芽。自「絕地天通」以後「人」的觀念形成，人不再與其他物類混爲一談，人與自然界及超越界的關係雛形產生，但是「個人」的觀念還不顯著。人與自然界及超越界的理想關係模型穩固以後，人才能好好管理自己的生活，專心思考人間的問題，安排人世間的活動，爲人與人之間的關係奠定發展基礎。

〔註 1〕本文所見《論語》篇章號碼、《論語》原文句讀及新式標點符號，皆依照傅佩榮，《傅佩榮解讀論語》，（新北市：立緒，1999）所示。

此外，由《詩經》中所記載的商周時代的感生神話可知，古人將天視爲萬物的來源。人與自然界皆源自天，但人與其他自然界的物類之間存在差異。人與自然界的其他物類之差異在於：人的本性有一定的規則，順著人性的規則發展，就會喜好美好的德行。在生命歸宿方面，春秋時代出現「不朽說」與「魂魄說」，同時配合相應的禮儀來說明人死以後的問題，紓解人類對於生命的來源與歸宿的求知欲。人的生死與人性問題屬於人與自己的關係範疇。孔孟以前，古人雖設法說明了人的來源與歸宿，指導人在有限的一生中安頓生命、展望人生理想，但是卻沒有說明人「爲何」需要追求秉彝的實現。直至孔孟哲學出現以後，才提供一套完整的生命觀，對於所有人的生命意義進行完整說明。

孔孟哲學說明人的來源、人的歸宿，以及人的理想，對於生命的觀點涵蓋了人與自然界的關係、人與人的關係、人與自己的關係，以及人與超越界的關係四種面向，在人與自己、人與超越界的關係方面有卓越的洞見。特別是在生死議題的探討中，孔孟哲學由具體事例扣緊這兩種關係進行發揮，因此本章首先將界定《論語》書中自然界的範圍，分析孔子如何面對自然界，並說明人與人的關係如何整合，進一步由《論語》中的生死議題出發，剖析孔子哲學如何由具體事例申述人對於人與自己、人與超越界的關係之洞見。

一、《論語》書中所見的自然界

萬有可以分爲三個世界：一是人類世界，二是人以外的自然界，三是超越界。〔註2〕本章研究《論語》的生命觀，首先必須說明孔子對於當時社會環境的基本認識與關心範圍。在〈微子〉中，孔子表明了他活在世界上的主要關心範圍：

1. 夫子憮然曰：「鳥獸不可與同群，吾非斯人之徒與而誰與？天下有道，丘不與易也。」（〈18·6〉）

2. 子路從而後，遇丈人，以杖荷蓧。子路問曰：「子見夫子乎？」丈人曰：「四體不勤，五穀不分。孰爲夫子？」植其杖而芸。子

〔註2〕 存有秩序中，超越性（Transcendence）指超出有形世界之特性，超出有形世界之物則總稱超越者（Transcendent）。人的精神靈魂已有某種超越性，因爲它雖然和肉體相結合，其精神性卻超越可見世界。純粹的精神尤其超越此可見世界，它根本不屬於這一世界。認識論中，超越性指不繫於認識者之意識。對象超越認識行爲而獨立，而非認識行爲所「設置」。（詳見布魯格（Walter Brugger）編著，《西洋哲學辭典》，項退結編譯，（臺北市：先知出版社，1976），426。）

路拱而立。止子路宿，殺雞爲黍而食之，見其二子焉。明日，子
路行以告。子曰：「隱者也。」使子路反見之。至，則行矣。子
路曰：「不仕無義。長幼之節不可廢也；君臣之義，如之何其廢
之？欲潔其身而亂大倫。君子之仕也，行其義也。道之不行，已
知之矣。」（〈18‧7〉）

孔子申明自己與隱者的立場完全不同，界定了儒家哲學的基本立場。孔子帶
著學生企圖從事改革，是由於天下政治不上軌道。由子路的說法可知，不從
政是不合乎道義的，有能力的君子從事政治活動，是君子在道義上所應該做
的事。人類無法和飛禽走獸一同生活，知識份子的責任在於爲世人指示生命
的方向，引導社會上的人走上正途，所關心的範圍以人類社會爲核心。因此，
當孔子家中馬廄失火，孔子最優先關心的是人，而不是馬匹的損失，[註3] 可
見其思想不僅在與學生及時人對話中呈現，同時也在生活中落實。人類雖然
可以運用自然界的資源改善生活，但是與自然界相較，孔子所關心的對象是
人。《論語》屢次使用自然界的物象作爲比喻說明人類世界，[註4] 但是關於
自然界的描述並不多，列舉如下：

1. 子釣而不綱，弋不射宿。（〈7‧27〉）
2. 子在川上，曰：「逝者如斯夫，不舍晝夜。」（〈9‧17〉）
3. 子曰：「譬如爲山，未成一簣，止，吾止也。譬如平地，雖覆一
   簣，進，吾往也。」（〈9‧19〉）
4. 子曰：「歲寒，然後知松柏之後彫也。」（〈9‧28〉）
5. 廄焚。子退朝，曰：「傷人乎？」不問馬。（〈10‧17〉）
6. 迅雷風烈必變。（〈10‧25〉）

[註3]「廄焚。子退朝，曰：『傷人乎？』不問馬。」（〈10‧17〉）這次事件也載於《禮
記‧雜記下》：「廄焚，孔子拜鄉人爲火來者。拜之，士壹，大夫再。亦相吊之
道也。」（（漢）鄭玄注；（唐）孔穎達疏；龔抗雲整理；王文錦審定，《禮記
正義（十三經注疏）》，（北京：北京大學出版社，2000），1428。）
[註4] 例如：
子曰：「爲政以德，譬如北辰，居其所而眾星共之。」（〈2‧1〉）
子曰：「飯疏食飲水，曲肱而枕之，樂亦在其中矣。不義而富且貴，於我如浮
雲。」（〈7‧16〉）
季康子問政於孔子曰：「如殺無道，以就有道，何如？」孔子對曰：「子爲政，
焉用殺？子欲善而民善矣。君子之德風，小人之德草。草上之風，必偃。」（〈12‧
19〉）

7. 色斯舉矣，翔而後集。曰：「山梁雌雉，時哉時哉！」子路共之，三嗅而作。（〈10・27〉）

8. 子曰：「然，有是言也。不曰堅乎，磨而不磷；不曰白乎，涅而不緇。吾豈匏瓜也哉？焉能繫而不食？」（〈17・7〉）

9. 子曰：「驥不稱其力，稱其德也。」（〈14・33〉）

10. 子曰：「小子何莫學夫詩？詩，可以興，可以觀，可以群，可以怨。邇之事父，遠之事君；多識於鳥獸草木之名。」（〈17・9〉）

11. 子曰：「予欲無言。」子貢曰：「子如不言，則小子何述焉？」子曰：「天何言哉？四時行焉，百物生焉，天何言哉？」（〈17・19〉）

自然界包括天象、山川、飛禽走獸、植物、日月星辰等。對於自然界資源的取用應有節制，不宜趕盡殺絕。自然界事物有一定的規律，變化更迭流轉不息，使孔子興起面對日月飛逝的感嘆。古人相信天為萬物的來源，天雖然不說話，對人類而言，人雖然無法直接聽見天的號令，更不能測知其本體，但是透過觀察萬物變現的現象，可以得知天所展現的功能。遇見風雷等自然現象的劇烈變化時，為了生命安全起見，孔子一定設法避難。伴隨四季變化，自然界的動植物同樣變化紛呈，植物的凋零有先後，可以藉以比喻人類面臨考驗時，足以分辨人生修養的高下。孔子又藉堆土成山為喻，凸顯人的主體性，強調人必須為自己的行為與生命負責，持續努力進取。《論語》書中對於自然界的描寫不多，自然界的動物只有本能，子路向雌雉拱手，恐怕只能表現人類看見動物時所興發的感悟，只有人類具有判斷時機的智慧與選擇的自由。《論語》對於自然界的描寫，除了說明對於自然界的觀察以外，主要是用於比喻人生修養。與自然界相較，《論語》所著墨的重點，顯然在於人類世界。

二、以禮整合人類社會

人與自然界的萬物同樣來源自天，自然界的事物遵循一定規律，人類以外的動物依據本能生活，而人類則有選擇的認知與自由。古人認為天是萬物的來源，天使人與其他自然界的事物有了差異：

1. 《詩・大雅・烝民》：「天生烝民，有物有則。民之秉彝，好是懿德。」〔註5〕

〔註5〕（漢）毛亨傳；（漢）鄭玄箋；（唐）孔穎達疏；龔抗雲、李傳書、胡漸逵、肖永明、夏先培整理；劉家和審定，《毛詩正義（十三經注疏）》，（北京：北京大學出版社，2000），1432。

2. 《詩・大雅・蕩》:「天生烝民,其命匪諶。靡不有初,鮮克有終。」
[註6]

《詩經》描述天爲民眾生命的來源以後,立刻指出人的本性有一定的規則,順著人性的規則發展,就會喜好美好的德行。人性總是有個美好的開始,但實際上人很少能夠堅持喜好美好的德行。因此《尚書・仲虺乃作誥》曰:「嗚呼!惟天生民有欲,無主乃亂」[註7],《尚書・泰誓》:「天佑下民,作之君,作之師,惟其克相上帝,寵綏四方。」[註8] 由此可見,古人不樂觀認爲人民能夠輕易地獨自發展德行、走上人生正途,往往需要藉由君與師的領導。

孔子接受了古代思想,由《論語・堯曰》可以瞭解孔子教學時如何使用古代經典,〈堯曰〉將《尚書》的材料進行整合,並且發揮心得,完成《論語》承先啓後的事業。《論語・堯曰》:

> 堯曰:「咨!爾舜!天之曆數在爾躬,允執其中,四海困窮,天祿永終。」舜亦以命禹。曰:「予小子履敢用玄牡,敢昭告于皇皇后帝:有罪不敢赦。帝臣不蔽,簡在帝心。朕躬有罪,無以萬方;萬方有罪,罪在朕躬。」周有大賚,善人是富。「雖有周親,不如仁人。百姓有過,在予一人。」謹權量,審法度,修廢官,四方之政行焉。興滅國,繼絕世,舉逸民,天下之民歸心焉。所重:民、食、喪、祭。寬則得眾,信則民任焉,敏則有功,公則說。(〈20・1〉)

由本段可知,《論語》所傳承的古代思想,在政治與社會方面,統治者以個人的身份承擔來自天的號令,同時被賦予道德要求,必須領導所有民眾走上人生的正途。擔任統治者的責任就是保持絕對的正義,帶領百姓走向幸福。統治者若不能實現帶領百姓走上人生正途的責任,百姓的罪過都必須由統治者一個人承擔,源自天的使命與祿位也將終止。基於這樣的認識,孔子指出使國家興盛的關鍵在於瞭解「爲君難,爲臣不易。」(〈13・1〉)統治者帶領百姓,除了寬厚、信實、勤快、公平以外,更需要審定人民生活所需的度量衡、整頓官職與工作,以及使具體的政令規範得以通行。此外,古代社會生活重視百姓、糧食、喪禮、祭祀。可知古人對於生命所能觸及的範圍,並不囿於眼前的生活所需,

---

[註6] 《毛詩正義(十三經注疏)》,1356。

[註7] (漢)孔安國傳;(唐)孔穎達正義;廖名春、陳明整理;呂紹綱審定,《尚書正義(十三經注疏)》,(北京:北京大學出版社,2000),《尚書正義(十三經注疏)》,234。

[註8] 《尚書正義(十三經注疏)》,323。

《論語・堯曰》展現的生命世界，可以聯繫到過去的祖先、日常生活、延續人倫。人的生命具有延續性，人們安頓日常生活，藉由喪禮逐漸走出故人逝去的傷痛，並且透過祭祀延續親緣世系。古人重視民、食、喪、祭，正顯示了古人對於過去、現在、未來的時間延續之重視，以及報本反始〔註9〕的精神。

　　《論語》對於政治與社會生活的理解植根於〈堯曰〉所整合的思想，並由孔子承先啟後加以發展。孔子所處的春秋時代諸侯國林立，時人希望藉由政治力來治理人群，統治者也向孔子請教政治的做法，參考以下篇章：

　　1. 齊景公問政於孔子。孔子對曰：「君君，臣臣，父父，子子。」
　　　　公曰：「善哉！信如君不君，臣不臣，父不父，子不子，雖有粟，
　　　　吾得而食諸？」（〈12・11〉）

　　2. 或謂孔子曰：「子奚不為政？」子曰：「《書》云：『孝乎惟孝，友
　　　　于兄弟，施於有政。』是亦為政，奚其為為政？」（〈2・21〉）

齊景公詢問孔子政治的做法，孔子的回答顯示當時政治與社會的根本結構由君臣、父子兩種關係構成。君臣關係屬於社會生活，父子關係屬於人倫生活。同時在〈為政〉中，孔子引用《尚書・君陳》說明由孝順父母、友愛兄弟，推廣到政治方面，就是參與政治。由此可知，孔子認為在當時的時空環境中，一個人可以同時具備多重的身份與相應的責任，除了作為一個個人以外，人同時是社會的、家庭的一分子，孔子並不贊成離開群眾索然獨居的生活，人除了必須對自身負責，還必須對自己與他人之間的關係負責。

　　統治者承擔來自天的號命，帶領百姓走上人生的正途、整頓人與人之間的關係時，需要具體規範以作為行政所依據的標準。於是周公「制禮作樂」，據事以制範。〔註10〕春秋時代以前，人類社會的主要整合力量是「禮」。許倬雲的研究指出：

〔註9〕「報本反始」出於《禮記・郊特牲》：「萬物本乎天，人本乎祖，此所以配上帝也。郊之祭也，大報本反始也。」（（漢）鄭玄注；（唐）孔穎達疏；龔抗雲整理；王文錦審定，《禮記正義（十三經注疏）》，（北京：北京大學出版社，2000），934。）

〔註10〕《逸周書・明堂解》：「故周公建焉，而朝諸侯於明堂之位，制禮作樂，頒度量而天下大服，萬國各致其方賄，七年致政於成王。」（牛鴻恩注譯，《新譯逸周書》，（臺北市：三民，2015），478。）《禮記・明堂位》：「昔殷紂亂天下，脯鬼侯以饗諸侯。是以周公相武王以伐紂。武王崩，成王幼弱，周公踐天子之位，以治天下。六年，朝諸侯於明堂，制禮作樂，頒度量，而天下大服。七年，致政於成王。成王以周公為有勳勞於天下。是以封周公於曲阜，地方七百里，革車千乘。命魯公世世祀周公，以天子之禮樂。」（《禮記正義（十三經注疏）》，1088～1090。）

中國是以『禮』作爲整合的力量，禮出現在國家之前，法則出現在
國家之後，春秋戰國以前禮大於法，禮與親緣組織有很密切的關係。
〔註11〕

根據《論語・爲政》記載，領導百姓的方式大致可以分爲四種：刑治、〔註12〕
法治（政令）、禮治、德治。刑治與法治是消極地約束人民避免罪過，禮治與
德治是積極地教化百姓走上正途。由《論語・堯曰》可知，就具體的統治方
法來說，從政者檢核度量標準、整頓官職、恢復被滅亡的國家、延續斷絕的
世系、提拔人才，就能夠使政令通行、百姓心悅誠服。〔註13〕孔子所注重的
「禮治」，是對於人類生活大小事的具體規範。禮可以運用的範圍遍及人與人
之間的應對進退，以及個人的生活起居。

　　子曰：「周監於二代，郁郁乎文哉！吾從周。」（〈3・14〉）孔子遵從周代
的禮樂文化，周文參酌了夏商二代，展現三代人文化成的理想。根據《左傳》
的記載，春秋時代已有「夫禮，天之經也」（〈昭公二十五年〉）〔註14〕、「禮
以順天，天之道也」（〈文公十五年〉）〔註15〕這樣的說法存在，甚至將禮視爲
「人之幹」（〈昭公七年〉）〔註16〕、「死生存亡之體」（〈定公十五年〉）〔註17〕，
並直言禮的功能在於「所以整民也」（〈莊公二十三年〉）〔註18〕。於春秋時代，
「禮」的效果統攝所有人倫道德，孔子以「禮」爲「仁」的工夫之所本。〔註19〕

〔註11〕許倬雲，《中國古代文化的特質》，（臺北市：聯經，1988），47。
〔註12〕相傳在舜的時候已經用刑治來處罰有罪，使百姓順服。《尚書・舜典》「象以
　　　　典刑，流宥五刑，鞭作官刑，扑作教刑，金作贖刑。眚災肆赦，怙終賊刑。
　　　　欽哉，欽哉，惟刑之恤哉！流共工于幽洲，放驩兜于崇山，竄三苗于三危，
　　　　殛鯀于羽山，四罪而天下咸服。」（（漢）孔安國傳；（唐）孔穎達正義；廖名
　　　　春、陳明整理；呂紹綱審定，《尚書正義（十三經注疏）》，（北京：北京大學
　　　　出版社，2000），77～78。）
〔註13〕「謹權量，審法度，修廢官，四方之政行焉。興滅國，繼絕世，舉逸民，天
　　　　下之民歸心焉。」（〈20・1〉）
〔註14〕楊伯峻，《春秋左傳注》，全二冊，（臺北市：紅葉文化，1993），下冊，1457。
〔註15〕季文子曰：「齊侯其不免乎？己則無禮，而討有禮者，曰：『女何故行禮？』
　　　　禮以順天，天之道也。己則反天，而又以討人，難以免矣。（《左傳・文公十
　　　　五年》，（《春秋左傳注》，上冊，614。）。《左傳》中已經直接用「反天」一詞
　　　　代指「反禮」，可見當時「反禮」的行爲就被視爲是一種「反天」的作爲。
〔註16〕《春秋左傳注》，下冊，1295。
〔註17〕《春秋左傳注》，下冊，1601。
〔註18〕《春秋左傳注》，上冊，226。
〔註19〕詳見徐復觀，《中國人性論史——先秦篇》，（臺北市：臺灣商務，1969），48
　　　　～49。

「禮」在春秋時代備受強調,但是「禮壞樂崩」的局勢還是無可否認的史實。
〔註20〕在禮壞樂崩的實況下,孔子對於禮的詮釋,給予面臨危亡的禮制堅實
的基礎與調整的空間。

　　《史記‧太史公自序》述春秋時代:「春秋之中,弒君三十六,亡國五十
二,諸侯奔走不得保其社稷者,不可勝數。」〔註21〕司馬遷將孔子所處的春秋
時代定調為動盪變化與死亡的時代。在春秋末期「禮壞樂崩」的局勢中,各種
禮制紛紛面臨挑戰,禮制的毀棄除了表示社會整合力量的喪失,更造成世界觀
危機。人雖難免一死,但亂世使得人無法追求正義與公平的願景,生命歷程只
剩下莫可奈何的種種遭遇,善惡報應失準,生命的意義與人的尊嚴於焉失落。

　　春秋時代世衰道微的現象,具體而言即「社會整合力量的喪失」。〔註22〕
《孟子‧滕文公下》:「世衰道微,邪說暴行有作,臣弒其君者有之,子弒其
父者有之。孔子懼,作《春秋》。」(〈6‧9〉)〔註23〕顯示當時的社會亂象至
少發生於兩個層面:一是文化層面,二是人與人的關係層面。孔子嚮往的周
代,維繫人際關係與倫理道德的總綱領以「禮」為主,關於禮的應用範圍《禮
記‧曲禮上》云:

　　　道德仁義,非禮不成,教訓正俗,非禮不備。分爭辨訟,非禮不決。
　　　君臣上下父子兄弟,非禮不定。宦學事師,非禮不親。班朝治軍,
　　　莅官行法,非禮威嚴不行。禱祠祭祀,供給鬼神,非禮不誠不莊。
　　　是以君子恭敬撙節退讓以明禮。〔註24〕

本段引文顯示「禮」的內容廣及個人修養、社會風俗、社會公義或法律規範、
名分倫理、宗教生活。同時「禮」具有區別遠近親疏、階級屬性差異的功能,
並且可以作為辨明是非的標準,〔註25〕「禮」與政治教化的關係是至為密切
的,見下列引文:

〔註20〕　傅佩榮,《儒道天論發微》,(臺北市:聯經,2010),96。
〔註21〕　(日)瀧川龜太郎,《史記會注考證》,(臺北市:大安,1998),1337。
〔註22〕　以「禮」為「整合力量」的用法參考許倬雲先生的說法:「中國是以「禮」作
　　　　　為整合的力量,禮出現在國家之前,法則出現在國家之後,春秋戰國以前禮
　　　　　大於法,禮與親緣組織有很密切的關係。」(許倬雲,《中國古代文化的特質》,
　　　　　(臺北市:聯經,1988),47。)
〔註23〕　本文所見《孟子》篇章號碼、《孟子》原文句讀及新式標點符號,皆依照傅佩
　　　　　榮,《傅佩榮解讀孟子》,(新北市:立緒,2004)所示。
〔註24〕　《禮記正義(十三經注疏)》,16~17。
〔註25〕　《禮記‧曲禮上》:「夫禮者,所以定親疏,決嫌疑,別同異,明是非也。」(《禮
　　　　　記正義(十三經注疏)》,14。)

1. 《論語・里仁》子曰：「能以禮讓爲國乎，何有？不能以禮讓爲國，如禮何？」（〈4・13〉）

2. 《論語・爲政》子曰：「道之以政，齊之以刑，民免而無恥。道之以德，齊之以禮，有恥且格。」（〈2・3〉）

3. 《禮記・哀公問》「爲政先禮。禮，其政之本與！」〔註26〕

4. 《禮記・禮運》「故聖人以禮示之，故天下國家可得而正也。」〔註27〕

上列《論語》引文顯示以德行、禮制來教化、約束人民是孔子所推崇的，「禮」具有端正國家的功用，且孔子以禮治優於法治。〔註28〕《禮記》雖成書於漢代，在推崇禮治的觀點仍繼承了《論語》的理想。

綜合前述，在孔子以前，古人已經指出人的本性有一定的規則，順著人性的規則發展，就會喜好美好的德行。雖然人性總是有個美好的開始，實際上卻很少有人能夠自始至終執守人生正途、堅持喜好美好的德行。於是古人便進一步認爲一般人民需要君與師的引導，才能避免混亂順利走上人生正途。〔註29〕使人民蕃庶而富有，是爲了教育他們，〔註30〕使人之秉彝得以伸展。《左傳》記載「夫禮，天之經也」（〈昭公二十五年〉）〔註31〕、「禮以順天，天之道也，天，天之道也，……詩曰，胡不相畏，不畏于天，君子之不虐幼賤，畏于天也，在周頌曰，畏天之威，于時保之，不畏于天，將何能保，以亂取國，奉禮以守，猶懼不終，多行無禮，弗能在矣。」（〈文公十五年〉）〔註32〕

〔註26〕 《禮記正義（十三經注疏）》，1607。

〔註27〕 《禮記正義（十三經注疏）》，773。

〔註28〕 杜預注《左傳・昭公六年》「鄭人鑄刑書」一段時云：「臨事制刑，不豫設法也。法豫設，則民知爭端。」（（（周）左丘明傳；（晉）杜預注；（唐）孔穎達正義；蒲衛忠、龔抗雲、胡遂、于振波、陳咏明整理；楊向奎審定，《春秋左傳正義（十三經注疏）》，（北京：北京大學出版社，2000），1411。）未有成文法出現以前，刑罰輕重依統治者視違禮情結輕重而定，一旦明文法確立以後，人民就會懂得鑽探法規漏洞，雖能免罪，但不知羞恥，故孔子云：「道之以政，齊之以刑，民免而無恥」。

〔註29〕 參考《詩・大雅・烝民》、《詩・大雅・蕩》、《尚書・仲虺乃作誥》、《尚書・泰誓》。

〔註30〕 〈13・9〉子適衛，冉有僕。子曰：「庶矣哉！」冉有曰：「既庶矣。又何加焉？」曰：「富之。」曰：「既富矣，又何加焉？」曰：「教之。」

〔註31〕 楊伯峻，《春秋左傳注》，全二冊，（臺北市：紅葉文化，1993），下冊，1457。

〔註32〕 季文子曰：「齊侯其不免乎？己則無禮，而討於有禮者，曰：『女何故行禮？』禮以順天，天之道也。己則反天，而又以討人，難以免矣。（《左傳・文公十

可見「禮」是天命的具體展現，統治者藉由禮治領導百姓走上人生正途，可以說是順從並承擔了天命。

　　《論語・爲政》所提及的德治、禮治、法治、刑治，大概是沿襲古代思想，參見《周禮・地官司徒》：

1. 而施十有二教焉：一曰以祀禮教敬，則民不苟。二曰以陽禮教讓，則民不爭。三曰以陰禮教親，則民不怨。四曰以樂禮教和，則民不乖。五曰以儀辨等，則民不越。六曰以俗教安，則民不愉。七曰以刑教中，則民不虣。八曰以誓教恤，則民不怠。九曰以度教節，則民知足。十曰以世事教能，則民不失職。十有一曰以賢制爵，則民慎德。十有二曰以庸制祿，則民興功。〔註33〕

2. 以五禮防萬民之偽而教之中。以六樂防萬民之情而教之和。〔註34〕

鄭玄注云：「樂所以蕩正民之情思，使其心應和也。」〔註35〕對照《禮記・樂記》：「致禮以治躬，則莊敬，莊敬則嚴威。心中斯須不和不樂，而鄙詐之心入之矣。外貌斯須不莊不敬，而易慢之心入之矣。故樂也者，動於內者也。禮也者，動於外者也。」〔註36〕古代以禮和樂相互配合，導正人民的情感與思緒。孔子認爲不了解禮的規範，無法在社會上立足，〔註37〕而古代士大夫更不離音樂生活，《禮記・曲禮下》：「君無故玉不去身；大夫無故不徹縣，士無故不徹琴瑟。」〔註38〕至漢代甚至有以禮樂爲「防奢淫」的說法，〔註39〕顯示古代禮樂作爲教化的具體內容，目標在於使人民依照身份行事，不得奢侈僭偽、舉措得當，情感展現內外合宜。有子曰：「禮之用，和爲貴，先王之道斯爲美，小大由之。有所不行，知和而和，不以禮節之，亦不可行也。」（〈1・12〉）禮在應用的時候展現出和諧有序之美。子在齊聞《韶》，三月不知肉味

　　　　五年》，（《春秋左傳注》，上冊，614。）。《左傳》中已經直接用「反天」一詞代指「反禮」，可見當時「反禮」的行爲就被視爲是一種「反天」的作爲。

〔註33〕　（漢）鄭玄注；（唐）賈公彥疏；王文錦審定，《周禮注疏（十三經注疏）》，（北京：北京大學出版社，2000），290。

〔註34〕　《周禮注疏（十三經注疏）》，317。

〔註35〕　《周禮注疏（十三經注疏）》，318。

〔註36〕　《禮記正義（十三經注疏）》，1329～1330。

〔註37〕　孔子曰：「不知禮，無以立也。」（〈20・3〉）

〔註38〕　《禮記正義（十三經注疏）》，140。

〔註39〕　《白虎通德論・禮樂》：「琴者，禁也。所以禁止於邪，正人心也。」（（清）陳立撰；吳則虞點校，《白虎通疏證》，全二冊，（北京：中華書局，1994），上冊，125。）「夫禮樂所以防奢淫。」（《白虎通疏證》，上冊，98。）

（〈7・14〉），樂引發感動，甚至使孔子暫時忽略其他官能。〔註40〕古代以禮樂教導人民，樂感動人的內心情思，禮作爲具體規範調節人的行爲。孔子「十有五而志於學，三十而立，四十而不惑」（〈2・4〉）孔子自述其人生的修養，三十歲可以立身處世，應是依據禮而立。對於以禮爲核心的具體規範嫻熟以後，可以免於迷惑。「惑」在《論語》中除了作爲難以理解、覺得困惑的意思〔註41〕之外，有受情緒干擾的意思。〔註42〕孔子立於禮，對於情感思緒能夠調節得宜，爲四十歲可以免於迷惑、不受情緒干擾奠定修養的基礎。

　　禮是儒家在政治組織、社會構成上的主要工具，同時也是儒家處事的具體規範。在古代社會中，由於人際之間存在血緣關係、親疏遠近、情感差異濃淡等差異，此差異在人群生活中直接造成影響，故因勢立禮而成含有等差的禮制，並倡導對祖先的尊敬與崇拜，以及對子孫的愛護與承先啓後的精神，促使部族乃至國家產生向心力，發展出各種倫理觀念。禮是根據親緣關係的遠近與情感的深淺，找出人際間彼此對待的適當方法，故禮包含名分、秩序的觀念。要求人在自己的名分上盡義務責任，因爲有這樣約定俗成的規範與評判基準，使人能安分守己，致使存有差異的社會能夠和諧進步。古人將此基本精神抽出，形成倫理規範、社會秩序，即所謂修己治人等事，皆包含於禮。古代，禮主要可以區分爲五種：吉禮、凶禮、軍禮、賓禮、嘉禮。〔註43〕吉禮如祭祀求福之事；凶禮如遭家有變故、天災人禍、大夫去國等情況時舉行；軍禮則關於軍事制度、武器制度、兵器製作、糧餉等；賓禮運用於賓主往來、君臣上下交往等；嘉禮則關於美事、婚禮等。

　　不同社會、民族、地區、時代，都存在著不盡相同的禮儀規範。禮的內容，從個人修養、家庭倫理、君臣關係、公務生活、社會習俗、國家的典章制度，以至宗教生活，都包含其中。禮使人有機會適當地抒發情感，同時文飾人情，更具有使人趨善避惡、教訓正俗的功能，同時可以作爲斷絕疑慮的

〔註40〕傅佩榮：「人的感官功能有相通的作用，若是其中一種受到強烈震撼，其他的就退居幕後。這也可以說是：『用心』所在，可以使人暫時忽略其他官能。」（傅佩榮，《傅佩榮解讀論語》，（新北市：立緒，1999），165。）

〔註41〕如：「互鄉難與言，童子見，門人惑。」（〈7・29〉）、「赤也惑，敢問。」（〈11・22〉）

〔註42〕如：子張問崇德辨惑。子曰：「主忠信，徙義，崇德也。愛之欲其生，惡之欲其死，既欲其生又欲其死，是惑也。」（〈12・10〉）、樊遲從遊於舞雩之下，曰：「敢問崇德，脩慝，辨惑。」子曰：「善哉問！先事後得，非崇德與？攻其惡，無攻人之惡，非脩慝與？一朝之忿，忘其身以及其親，非惑與？」（〈12・21〉）

〔註43〕鄭司農云：「五禮謂吉、凶、賓、軍、嘉。」（《周禮注疏（十三經注疏）》，317。）

標準。禮可以在邪惡尚未發生之前就防範於未然。反觀隨著逆行而來的刑罰，百姓往往畏懼刑罰的傷害，選擇配合規範以求免罪，但是主張禮治者的憂慮正在於此，刑罰輕重應視實情而定，不需預設法律條文，因為一旦法律條文公布，人民便知道如何鑽法律漏洞。

　　「禮」絕不是一成不變、不可改易的不變標準，「隨時」是禮的重要標準之一，孔子對於禮的觀點明確顯示出對於現行禮制的反省與調節：

1. 《論語・為政》子張問：「十世可知也？」子曰：「殷因於夏禮，所損益可知也；周因於殷禮，所損益可知也；其或繼周者，雖百世可知也。」（〈2・23〉）

2. 《論語・子罕》子曰：「麻冕，禮也；今也純，儉。吾從眾。拜下，禮也；今拜乎上，泰也。雖違眾，吾從下。」（〈9・3〉）

3. 《論語・衛靈公》顏淵問為邦。子曰：「行夏之時，乘殷之輅，服周之冕，樂則《韶》、《舞》。放鄭聲，遠佞人。鄭聲淫，佞人殆。」（〈15・11〉）

孔子推崇的禮，根據具體時空環境可以有所損益，禮並非絕對不可改易的律令，可以參酌時勢人情而有所調整。《論語》中禮有損益的精神又向下影響了後世儒者。漢代的《禮記》進一步說明禮的流傳，參見《禮記・禮器》：「禮，時為大，順次之，體次之，宜次之，稱次之。堯授舜，舜授禹；湯放桀，武王伐紂，時也。」〔註44〕點出禮的首要原則以「時為大」，禮根據不同的時代、不同的情況可以有所調整，《禮記・樂記》：「五帝殊時，不相沿樂；三王異世，不相襲禮。」〔註45〕指出禮與時有高度關聯，這與孔子對於禮的詮釋相符。

　　禮一方面可能因應時代、社會情形而有所變化「損益」。另一方面當時諸國對於禮的知識恐怕已經不夠完備，孔子所處的魯國就有禮書不全的問題。如《左傳》曾載司鐸失火，子服景伯嚴令負責搶救禮書之事。再觀《禮記・檀弓》，魯哀公因恤由之喪，命孺悲向孔子學士喪禮一事，又可知魯國禮書已殘闕不全矣。〔註46〕在關於禮的詳細記載可能不夠完備的情況之下，孔子對禮的詮釋與應用又增加了困難與增補空間。

〔註44〕　《禮記正義（十三經注疏）》，838～839。

〔註45〕　《禮記正義（十三經注疏）》，1272。

〔註46〕　許清雲，〈儀禮概述〉，收入李曰剛等著，《三禮研究論集》，（臺北市：黎明文化，1981），52。有關子服景伯嚴令負責搶救禮書之事，詳見《左傳・哀公三年》，《春秋左傳注》，下冊，1620～1622。）

第二節　以死教生的喪禮

一、禮壞樂崩的局勢

　　《論語》論禮，吉禮爲詳，凶禮次之；吉禮以祭祀爲主，凶禮以喪葬爲主，軍、賓、嘉禮僅略及之，可知孔子所重者在喪、祭也。〔註47〕孔子哲學言及以禮整合的人與人之間的關係，除了指出政治與社會以君臣、父子關係爲基礎，更扣緊死亡議題立論，從不避諱談論死亡。由「所重：民、食、喪、祭」（〈20‧1〉）可知，使人們走出故人逝去的傷痛的祭禮，以及追思先人、延續親緣世系的祭禮等，環繞死亡的禮儀是古人生活的重心。

　　古人以爲「禮」是天命的具體展現，統治者藉由禮治領導百姓走上人生正途。然而孔子身處「禮壞樂崩」的時空環境，各項禮儀規範漸漸不被正確地實踐。與禮相配合的樂也逐漸流失，《論語‧微子》便記載了魯國樂官們流散各國的情形：「大師摯適齊，亞飯干適楚，三飯繚適蔡，四飯缺適秦，鼓方叔入於河，播鼗武入於漢，少師陽、擊磬襄入於海。」（〈18‧9〉）春秋時代的禮壞樂崩展現爲社會整合力量的喪失，而更深刻的問題在於禮的內涵發生變質。

　　禮本身有內在心意、外在儀節之分，由於人們行禮心意的缺乏，導致禮逐漸流於空虛的形式。「禮」與「儀」的區分問題，在孔子身處的時代，已經成爲知識份子之間討論的議題，參考《左傳‧昭公五年》：

> 公如晉，自郊勞至于贈賄，無失禮。晉侯謂女叔齊曰：「魯侯不亦善於禮乎？」對曰：「魯侯焉知禮！」公曰：「何爲？自郊勞至于贈賄，禮無違者，何故不知？」對曰：「是儀也，不可謂禮。禮，所以守其國，行其政令，無失其民者也。今政令在家，不能取也；有子家羈，弗能用也，姦大國之盟，陵虐小國，利人之難，不知其私。公室四分，民食於他。思莫在公，不圖其終。爲國君，難將及身，不恤其所。禮之本末將於此乎在，而屑屑焉習儀以亟。言善於禮，不亦遠乎？」君子謂叔侯於是乎知禮。〔註48〕

〔註47〕高明，〈孔子之禮論〉，收入李曰剛等著，《三禮研究論集》，（臺北市：黎明，1981），19。

〔註48〕《春秋左傳注》，下冊，1266。

依女叔齊之解，禮是用來保護國家、推行政令、不失去百姓的。由本段記載可知，魯昭公五年，相當於孔子十五歲時，魯國公室軍隊一分爲四，百姓仰賴三家大夫生活，民心已經不在國君。禮的功能首先在建立政治與社會的秩序。魯昭公雖然從郊外慰勞一直到贈送財貨都沒有違背禮節，卻不能維護禮用以保護國家、推行政令、維繫民心的根本作用，顛倒禮的根本和枝節，還瑣瑣屑屑地急於學習枝節的儀式，可以說是遠離了禮的基本精神。

統治階層行禮往往流於重視具體儀節的鋪張，更由於物力的豐盛而導致行禮排場超越身份地位的問題。西周末葉，由於生產能力的提升，使生活的層級差異相對減少，下級貴族也可以「僭越」享用以前只保留給上層人物的東西。〔註49〕這樣的風氣肇端於西周，至春秋時期則更加顯著，《論語》中有關魯國三家大夫僭禮的情況如：

1. 三家者以《雍》徹。子曰：「『相維辟公，天子穆穆。』奚取於三家之堂？」（〈3‧2〉）

2. 季氏旅於泰山。子謂冉有曰：「女弗能救與？」對曰：「不能。」子曰：「嗚呼，曾謂泰山不如林放乎？」（〈3‧6〉）

禮制根據血緣關係、親疏遠近、情感濃淡等差異，找出人際間彼此對待的適當方法，使人安分守己。三家僭越禮制的行爲，意味著統治階層內部的秩序受到破壞，同時也反映了天子、國君乃至大夫之家間勢力消長的趨勢。若無統一秩序，則無統一規範，而權利義務亦將隨時間條件而變異；既然一切訴諸實力，則將無是非曲直可言。〔註50〕所以孔子認爲治國務求「正名」：「名不正，則言不順；言不順，則事不成；事不成，則禮樂不興；禮樂不興，則刑罰不中；刑罰不中，則民無所措手足。」（〈13‧3〉）唯有端正名分，才能使禮樂政刑的實施有一定的標準，「正名」的說法可說是孔子對於當時統治階層間禮儀的不當執行所做的反省。根據許倬雲先生的研究：

> 禮儀的系統化與制度化，一方面意味著一個統治階層的權力已由使用武力作強制性的統治，逐步演變到以合法的地位象徵。另一方面，規整的禮儀也代表統治階層內部秩序的固定，使成員間的權利與義務有明白可知的規律可以遵循，減少了內部的競爭與衝突，增加了統治階層本身的穩定性。相對的，統治階層也爲了安定而犧牲其靈

〔註49〕許倬雲，《西周史》，（臺北市：聯經，1984），277。

〔註50〕詳見蔡仁厚，《孔孟荀哲學》，（臺北市：學生書局，1984），57。

活適應的能力。西周中期開始的禮儀系統化，在春秋時代演變得更繁瑣，同時周東遷以後，王權失去了原有的威望，僭越的事也更常見。在西周的後半期，殆是封建禮儀走向系統化的階段。〔註51〕

禮儀的系統化與制度化，代表社會各個階層內外整合力量的鞏固，也是親緣組織的重要鍵結。有形可見的禮儀發生混亂，可說是以社會國家為單位的大規模人際關係瓦解。然而，更嚴重的問題則是出現在人們行禮心意的缺乏，導致禮逐漸流於空虛的形式。春秋時代「禮壞樂崩」的情況主要展現在三個方面：

1. 禮儀的不當執行
2. 行禮的心意喪失，禮流於形式化
3. 禮的宗教意義流失

前文所列舉的「三家者以《雍》徹」、「季氏旅於泰山」的例子屬於禮壞樂崩的第一種典型，孔子仍希望可以藉由政治力量來挽救頹勢。至於第二類的禮壞樂崩，行禮的心意喪失，如果缺乏了人的主動性與自覺，便無真正的道德可言。第二類的禮壞樂崩使作為具體倫理規範的禮，喪失了道德價值，而淪為僵化的形式，這正是孔子所憂心的。禮儀需要物力的配合，為求節省，權衡社會經濟情況可能有所改變，然而行禮的真誠心意卻不應隨之減損。《論語・陽貨》便記載了宰我請教孔子三年之喪的對話，宰我從人文世界與自然世界兩方面，對於三年之喪提出質疑。「禮壞樂崩」一詞取自孔子與宰我的這段對話，孔子對於宰我的回答，正顯示了孔子面對第二類禮壞樂崩所持的態度，以及孔子對於禮的根本意義闡釋。第三類禮壞樂崩的情勢，則涉及人與超越界之間的關係變革，由孔子曰：「非其鬼而祭之，諂也。」（〈2・24〉）可知，當時以事神致福為其根源意義，具有宗教性涵義的禮儀，已經被一部分的人當作諂媚鬼神的工具。

二、禮與情感調節

人類置身於自然界中，相處於人際之間。人類面對各種情景現象、與其他人互動之際，有感而發，自然產生各種情感反應。或出於聲色，或現於容貌，人的情感流露視情節輕重、親疏遠近，自然有強弱不同的表現。情感的強弱，不免有過或不及；展現於聲色言辭、容貌行動，往往淪於虛偽誇張。

〔註51〕許倬雲，《西周史》，（臺北市：聯經，1984），164。

外在的行為、表情可能與內心的真實情感不一致，孔子批評這樣的人是「巧言令色，鮮矣仁」（〈1·3〉、〈17·17〉）。相較之下，「剛、毅、木、訥，近仁」（〈13·27〉）外表樸實、謹慎言語則接近「仁」。另一方面，「好信不好學，其蔽也賊；好直不好學，其蔽也絞」（〈17·8〉）自以為誠實、直率卻不愛好學習，難免令人感覺缺乏修養。因此，人需要一套情感表露的標準，一方面消極地調節修飾情感表達；另一方面積極地引導人展現情感。孔子認為人需要學習的這個標準就是禮，子曰：「恭而無禮則勞，慎而無禮則葸，勇而無禮則亂，直而無禮則絞。」（〈8·2〉）恭、慎、勇、直都是好的表現，但是若無適當規範而陷於極端，則後果難以預料。〔註52〕孔子的說法也正好與《周禮》的說法相互呼應，《周禮·地官司徒》：「以五禮防萬民之偽而教之中。以六樂防萬民之情而教之和。」〔註53〕

　　人的生命是一連串連續發展的過程，自然與人類都沒有必然的理由可以存在，只靠人類自己無法給予自己存在的基礎。就自然界的萬物與人的生命而言，有開始就有結束。人的生命展現為連續發展的過程，其中可能歷經成年、結婚、生子等轉變時期，最終不免經過死亡的關卡。儀式與信仰的核心都是人生的生理時期，特別是轉變時期，如受孕、懷妊、生產、結婚、死亡等時期，〔註54〕部分轉變時期並非所有人都會經歷，但是出生與死亡則是人類普遍會面臨的事件，《論語》對於死亡問題也展現了高度的關心。由前文討論可知，禮作為具體的倫理規範，展現於有形可見的器物、行為上的部分，稱為「儀」。禮儀除了用以區分親疏遠近及社會階層秩序，禮儀的根本意義還包括具體的行為所表現的情感與態度。禮是內在心意與外在儀節互相配合。

　　首先，就喪禮作為具體的儀節而言，相應於生命死而不亡的認識，古代社會針對死亡事件孕育出細緻繁瑣的禮儀制度。出生是生命的開始，死亡是此世形體生命的結束，開始與結束都處理得很好，那麼人道就完備了。因此古人嚴肅對待開始而謹慎對待結束，對待結束與開始都保持一貫的態度。《禮記·檀弓下》：「虞而立尸，有几筵，卒哭而諱，生事畢而鬼事始已。」〔註55〕，

〔註52〕　傅佩榮，《傅佩榮解讀論語》，（新北市：立緒，1999），191。

〔註53〕　《周禮注疏（十三經注疏）》，317。

〔註54〕　（英）布羅尼斯拉夫·馬林諾夫斯基（Bronislaw Kasper Malinowski，1884～1942），《巫術科學宗教與神話》，李安宅譯，（上海：上海社會科學院出版社，2016），28。

〔註55〕　《禮記·檀弓下》，《禮記正義（十三經注疏）》，359。

人死亡以後下葬以前以生人之禮事奉之；下葬以後形體掩藏，就轉而以鬼神之禮事奉之。古人相信人死爲鬼，隨著生理時期的轉變，適用的禮儀也發生改變。

關於中國古代的喪禮喪服制度的設計，主要保存於《儀禮》與《禮記》。其中包含《儀禮》〈士喪禮〉、〈既夕禮〉、〈士虞禮〉三篇，《儀禮》保存先秦最早期喪葬資料。〔註56〕《禮記》則記載了諸多關於春秋時代人物行事的記錄，除舉述多種禮儀之外，並闡明禮儀的意義。其中大量篇幅與喪禮喪服制度有關，亦包含針對特殊情況而產生的變禮。根據李曰剛的統計，《小戴禮》四十九篇中有十一篇是關於喪服記載。〔註57〕資料完整緻密，篇幅龐大，足見古人對於喪禮的重視。《論語》本身雖未詳細描述喪禮的具體儀式過程，但是仍然可以藉由《儀禮》與《禮記》等文獻瞭解先秦喪禮喪服的情況。

《儀禮·士喪禮》對士喪禮程序記載十分繁瑣，從始死到既殯，約包括四十三道程序。〔註58〕《禮記·喪大記》則簡單將下葬前各種程序簡略區分爲五個部分：始卒、小斂、大斂、殯、葬，《論語》雖未詳言喪禮的具體儀式流程，卻有關於部分儀式內容的記載。子曰：「出則事公卿，入則事父兄，喪事不敢不勉，不爲酒困，何有於我哉！」（〈9·16〉）由這段記載可見孔子對於喪禮極爲重視，甚至將執行喪禮是否盡力當做自我省察的項目之一，甚至認爲如果能做到這些事項，其他瑣事又與我有什麼關係呢？盡到自己該盡的本分，又何必太過在意其他事情呢？傅佩榮則認爲孔子曾以爲人辦理喪事爲業；〔註59〕白川靜也將儒者分爲君子儒、小人儒，認爲孔子將記錄喪禮事宜的男子視爲「小人儒」。〔註60〕《論語》中未詳談喪禮儀節，恐怕是由於喪禮對儒者而言十分熟悉，是當時儒者謀生的基本常識與過往通則，不需要再多

〔註56〕詳見周何，《古禮今談》，（臺北市：萬卷樓，1992），124。

〔註57〕分別是〈曾子問〉、〈喪服小記〉、〈雜記上〉、〈雜記下〉（合喪服大記）、〈奔喪〉、〈問喪〉、〈服問〉、〈間傳〉、〈三年問〉、〈喪服四制〉十一篇，記喪服之義，以明輕重之所由也。詳細分類見李曰剛〈禮記名實考述〉，收入李曰剛等著，《三禮研究論集》，（臺北市：黎明，1981），8。此外，〈檀弓上〉、〈檀弓下〉也有許多關於喪服的記載，值得參考。

〔註58〕詳見陳來，《古代宗教與倫理：儒家思想的根源》，（北京：生活·讀書·新知三聯書店，2009），278～279。

〔註59〕「孔子除了親自接觸的親友之死以外，還遠較一般人更有機會認識與死亡相關的事物。這是就他長期從事的職業而言。」（見傅佩榮，〈孔子對死亡的某種定見〉，《哲學與文化》第三十二卷第四期（2005）：64。）

〔註60〕詳見白川靜，《孔子伝》，（東京：中央公論新社，1991），74～75。

加說明。對一般不以治喪爲業的學生，則因爲術業有專攻，不需傳授繁雜的治喪事宜。所以《論語》中談論喪事總是以論參與喪禮的情感與態度爲主。

另一方面，由禮儀能夠表現內心情感來說，孔子則明確指出相較於周全的儀式，眞誠的心意才是禮的根本，《論語・八佾》：

> 林放問禮之本。子曰：「大哉問！禮，與其奢也，寧儉；喪，與其易也，寧戚。」（〈3・4〉）

古人制禮作樂，根據血緣、情感差異，找出人際間彼此對待的適當方法，要求人在自己的名分上盡義務責任，以禮整合人與人之間的關係。禮儀應時而變、隨時而制，其根本道理在於人與人之間眞誠的情感。而喪禮作爲生命歷程中重要的轉折，對於眞誠情感的強調，更甚於其他的禮。外在的儀式物力與內在的心意並不矛盾，而且可以相輔相成。但是若不能兩全其美，則以眞誠的情感爲根本。

面對喪禮的情感以哀戚之情爲主。《論語》中「哀」字總共出現過六次，五處與死（及喪）有關，[註61] 大部分都是因爲求生意志或使死者生命繼續存續的意志不得遂，因而產生的哀怨情感，或是用於喪禮中，以哀情表現對逝去的生命無限的不忍、惋惜、與尊重之意。其中《論語》所載於喪禮場合中所展現的「哀」如下：

1. 子曰：「居上不寬，爲禮不敬，臨喪不哀，吾何以觀之哉？」（〈3・26〉）
2. 子張曰：「士見危致命，見得思義，祭思敬，喪思哀，其可已矣。」（〈19・1〉）
3. 子游曰：「喪致乎哀而止。」（〈19・14〉）

三段有關喪禮中所展現的「哀」的篇章，雖分屬孔子與弟子的發言，但三者立場是一致的，皆以「哀」爲喪禮參與者所應具備的根本情感表現，喪禮以哀情爲根本。

親友的亡故往往最能夠撼動人的情感，觸發內心情感流露。因哀傷而哭泣是人很自然的反應，尤其面對親友的死亡，難掩哀情，人自然而然地便會藉由哭泣這種生理活動展現內心的悲傷哀戚之情。孔子面對親近的學生亡故，也不吝於展現哀情：

〔註61〕見傅佩榮，〈孔子情緒用語的兩個焦點：怨與恥〉，《哲學雜誌》第 36 期（2001）：12。

> 顏淵死，子哭之慟。從者曰：「子慟矣！」曰：「有慟乎？非夫人之
> 爲慟而誰爲？」（〈11‧10〉）

有關顏淵的死，除《論語》之外，另外可以參照《禮記》的記載。孔子死後，
學生們回憶起過去孔子面對顏淵喪禮時的作法：

> 孔子之喪，門人疑所服。子貢曰：「昔者夫子之喪顏淵，若喪子而無
> 服；喪子路亦然。請喪夫子，若喪父而無服。」〈檀弓上〉〔註62〕

孔子死後，門人們不知該爲老師服什麼服，注曰：「無喪師之禮」〔註63〕。子
貢說：「從前老師對顏回的死，就好像自己的兒子死了，只是沒有穿上喪服。
子路死後也是如此。請大家對夫子的死，就像對父親的喪事一樣而不著喪服。」
顏淵死後隔年，子路死於衛國內亂，《禮記‧檀弓上》也留下孔子哭泣的記載：
「孔子哭子路於中庭。」〔註64〕顏淵死前，孔子的兒子孔鯉已經去世，但是
未見孔子爲子喪而哭的記載，孔鯉死時孔子是否也曾痛哭，則不得而知。顏
淵死了，孔子哭得非常傷心，甚至引來其他學生懷疑是否傷心過度。如何判
斷情感表現的適當與否？對於情感的表現，有來自旁人的觀察，以及個人內
心的眞誠心意爲斷。孔子認爲自己爲顏淵的死而哭，是發自內心、出於眞誠
的情感。學生質疑孔子傷心過度可能失禮的記載，還可見於《禮記‧檀弓上》：

> 孔子之衛，遇舊館人之喪，入而哭之哀。出，使子貢說驂而賻之。
> 子貢曰：「於門人之喪，未有所說驂，說驂於舊館，無乃已重乎？」
> 夫子曰：「予鄉者入而哭之，遇於一哀而出涕。予惡夫涕之無從也。
> 小子行之。」〔註65〕

孔子到衛國，正好碰上舊時居停主人的喪事。提供孔子居所，可見與孔子有
相當交情。孔子到了舊居停主人家中哀悼哭泣得非常哀傷，出來後命子貢解
下一匹驂馬給喪家作爲助喪的禮物。子貢說：「老師您從前對門人弟子的死，
都沒有解開驂馬送禮的舉動，這下解開驂馬送給舊居停主人家助喪，這禮豈
不是送得太重了嗎？」孔子說：「我剛才進去爲我的朋友哀悼，感到非常哀傷
而哭泣。我不喜歡我剛剛那一把眼淚沒有可以適當應合陪襯的東西，你還是
照我的話去做。」一車有四匹馬駕車，左右兩邊的馬叫做「驂」。車馬在古代
屬於貴重物品，孔子行禮立中制節，認爲行禮應使眞實情感表裡如一，強烈

〔註62〕《禮記正義（十三經注疏）》，243。
〔註63〕《禮記正義（十三經注疏）》，243。
〔註64〕《禮記正義（十三經注疏）》，202。
〔註65〕《禮記正義（十三經注疏）》，238～239。

的情感應用相應的物力陪襯。禮儀與內心的情感相應，為之調節。孔子是禮的專家，對於禮儀與情感的調節可以盡善盡美，又懂得對應特殊情況使用正確的禮儀，這不是任何人都可以做到的。就連子思也曾自嘆弗如：「昔者吾先君子無所失道；道隆則從而隆，道污則從而污。汲則安能？」〔註66〕孔子做事謹守分寸，禮儀規範該隆重舉行時就隆重舉行，禮儀該節約減降時就減降。

喪禮以內心真誠的哀戚之情為基礎，同時作為哀戚之情的宣洩場合。面對親友逝世的事實，生者雖然無以挽回，卻能藉由喪禮的流程體察死者已經逐漸遠去，在一道道治喪程序中逐步化解心中對死亡莫可奈何的情感。死亡是人與人之間的關係中最巨大的轉折，生者與死者無法再以過往的言語、動作互動，只能轉由以祭祀為主的禮儀進行交流。面對親友死亡的劇烈關係轉變，生者產生強烈的情感反應自然無可避免，但是過度的情感宣洩可能有害身心，所以應該有所調節，居喪充分表現哀戚就可以了。孔子的弟子中不乏精通六藝者，但是在實際遭遇重大事故的當下，往往不能實踐所學。實踐所學的力量人人平等，但是判斷的智慧則千差萬別，例如「子夏喪其子而喪其明。」〔註67〕子夏因為兒子去世，難過到把眼睛哭瞎，還因此引來曾子的指責。

禮的作用在於調節情感，以展現和諧之美，〔註68〕在禮儀中因情緒表現過度而傷害身體則有違禮的本義，孔子針對這一點，特別指出：「哀則哀矣，而難為繼也。夫禮，為可傳也，為可繼也，故哭踊有節。」（《禮記·檀弓上》）〔註69〕禮的制訂是配合大眾所能行的程度，是人人都能行、都能達到的標準節度。一個人不能約束自己、不擇手段，或者口不擇言，往往造成失誤與誤會。所以孔子警惕說：

　　1. 子曰：「以約而失之者鮮矣。」（〈4·23〉）

　　2. 子曰：「君子博學於文，約之以禮，亦可以弗畔矣夫！」（〈6·27〉）

即便是有志於成為君子、成就德行的人，也有可能背離人生正途，需要不斷學習文獻知識以及言行規範，在行為的過程之中不斷警惕自己。〔註70〕有鑒

〔註66〕《禮記正義（十三經注疏）》，199。

〔註67〕《禮記正義（十三經注疏）》，236。

〔註68〕有子曰：「禮之用，和為貴。先王之道斯為美，小大由之。有所不行，知和而和，不以禮節之，亦不可行也。」（〈1·12〉）

〔註69〕《禮記正義（十三經注疏）》，259。

〔註70〕顏淵喟然歎曰：「仰之彌高，鑽之彌堅，瞻之在前，忽焉在後。夫子循循然善誘人，博我以文，約我以禮，欲罷不能。既竭吾才，如有所立卓爾。雖欲從之，末由也已。」（〈9·11〉）

於此，孔子弟子們說明了各自的心得：

1. 子張曰：「士見危致命，見得思義，祭思敬，喪思哀，其可已矣。」
（〈19‧1〉）

2. 子游曰：「喪致乎哀而止。」（〈19‧14〉）

居喪時充分表現哀戚的情感就可以了。在禮儀中雖然需要充分表現哀情，但喪禮最高原則為不以死傷生，因此凡有危及生者生命的，均在權宜行事的範圍之列，〔註71〕故禮另一方面還積極防治因過度的哀情而造成對生者的傷害，以「不以死傷生」〔註72〕為原則。後世儒者據此統論喪禮：

> 喪有四制，變而從宜，取之四時也。有恩有理，有節有權，取之人情也。恩者仁也，理者義也，節者禮也，權者知也。仁義禮智，人道具矣。〔註73〕（《禮記‧喪服四制》）

喪禮規範了居喪時的行為標準，超過禮儀規定的期限之後，就應該收拾感傷的情緒重新振作，回到往日的日常生活，喪禮實為一種對於生者合乎節制的情感與身體安頓。

第三節　喪禮與身心整合

《論語》中記載許多有關喪禮的記載，並且可以由《禮記》等後世儒者的追述得知以孔子為首的儒家學者對於死亡禮儀具有強烈的關心。喪禮是生命歷程中的重要轉折，死亡是生命終將面臨的最大問題。但是由於生命歷程的一去不復返，在親自面對自身的死亡以前，人往往只能透過別人的死亡來對於死亡的問題進行間接的認識，並且藉以反省自身的生命。孔子與宰我論三年之喪的對話，顯現了人如何藉由至親的亡故，反省個人的生命，並且說明處置死亡的生命禮儀如何發揮整合生命的生理、心理與倫理三種面向的作用。參與親友的喪禮原是人與人之間關係的重要環節，在《論語》中更成為孔子教育學生與讀者認識人與自己的關係之重要關鍵。

孔子身處禮壞樂崩的時空環境，各種禮儀除了有僭禮或失禮的情況發生，部分禮儀的文獻記載也付之闕如。同時為了順應時空、社會經濟條件

〔註71〕林素英，《古代生命禮儀中的生死觀：以《禮記》為主的現代詮釋》，（臺北市：文津，1997），132。

〔註72〕語出《禮記‧喪服四制》。《禮記正義（十三經注疏）》，1953。

〔註73〕《禮記正義（十三經注疏）》，1952。

的變遷，部分禮儀逐漸發生改變。在禮壞樂崩的局面下，面對固有禮制的逐漸崩解，三年之喪的制度也遭受質疑。古人將禮儀建立在真誠情感的基礎之上，孔子更強調：「居上不寬，為禮不敬，臨喪不哀，吾何以觀之哉？」（〈3‧26〉）孔子將喪禮的基礎建立在人人皆有的情感要求上，對喪禮的根本意義進行建構，並且藉由三年之喪的討論展開教化。使人瞭解執行禮儀的根本意義與由來，並且認識自己生理與心理之間的聯繫，說明人與自我關係的理想。

《論語》中對於喪禮的描述，可以用孔子與宰我論三年之喪的對話作為代表。《論語‧陽貨》：

> 宰我問：「三年之喪，期已久矣。君子三年不為禮，禮必壞；三年不為樂，樂必崩。舊穀既沒，新穀既升，鑽燧改火，期可已矣。」子曰：「食夫稻，衣夫錦，於女安乎？」曰：「安。」「女安，則為之！夫君子之居喪，食旨不甘，聞樂不樂，居處不安，故不為也。今女安，則為之！」宰我出。子曰：「予之不仁也！子生三年，然後免於父母之懷。夫三年之喪，天下之通喪也，予也有三年之愛於其父母乎！」（〈17‧21〉）

宰我是孔門言語科的首要代表。[註74] 宰我對於孔子的提問，主要針對兩個方面：人文世界與自然界。「禮樂」代表人文世界，「穀火」代表自然界的週期。《周禮‧夏官司馬》：「司爟：掌行火之政令，四時變國火以救時疾。」[註75] 鄭玄注云：「春取榆柳之火，夏取棗杏之火，季夏取桑柘之火，秋取柞楢之火，冬取槐檀之火。」根據賈公彥疏的解釋：「火雖是一，四時以木為變，所以禳去時氣之疾也。」[註76] 依據古制，鑽木取火隨季節改用取火木材。一年之中，隨的季節的變換，取火用的木材也隨之改變，以祈求解除災禍與季節性的流行疾病。宰我說為父母守喪，舊穀吃完，新穀也已收成，在時間上歷經一輪改火的週期就可以了，也就是為父母服喪一年足矣。

[註74] 德行：顏淵，閔子騫，冉伯牛，仲弓。言語：宰我，子貢。政事：冉有，季路。文學：子游，子夏。（〈11‧3〉）宰我擅長辯論，對於孔子的提問總是能夠引發孔子的明確教誨。例如〈3‧21〉、〈5‧9〉、〈6‧26〉。孔子甚至因為宰我的巧言，而公開說自己因為宰我而改變對待別人的原則，子曰：「始吾於人也，聽其言而信其行；今吾於人也，聽其言而觀其行。於予與改是。」（〈5‧9〉）可見善於說話的人不見得能夠做到言行合一。

[註75] 《周禮注疏（十三經注疏）》，935。

[註76] 《周禮注疏（十三經注疏）》，936。

　　首先，宰我考量人文世界與自然世界，計算爲父母服喪的時間應以一年爲限，對於服喪時間進行考察，《禮記・三年問》、《荀子・禮論》、《公羊・閔公二年傳》，〔註77〕皆以「三年之喪」二十五個月爲期。依據不同的親疏遠近關係，除以不同喪服作爲區別，亦配合不同喪期。〔註78〕父母之喪，悲傷哀痛最爲深重，爲期一年的「期」仍不足以表示，於是以最重的「三年之喪」配合。三年之喪的目的是在於使子女無限的哀情可以在固定的期間內抒展，在一定的期間內抒發情感。如前文所論的「哭」在喪禮中也有一定的規則。鄭志明指出：

> 葬前的祭祀稱爲「奠」，葬後的祭祀稱爲「祭」，二者的祭祀作用是有所不同的，「奠」是屬於喪禮的凶祭，「祭」則是葬後祀祖的吉祭，在情感的認同上是大不相同的，在奠禮時喪親者可以無顧忌地痛哭無數，盡情地宣洩悲傷，到了卒哭祭或稱百日祭，標誌著喪禮的生事已畢，進入到祭祖的鬼事之禮，哀悼的情緒也要隨之緩和，不能再隨時痛哭，改爲早晚祭祀時盡情地哭，其它時間要有所節制。〔註79〕

殯葬禮儀的目的，不只是用來規範外在的行爲，更重要的是用來調節人的心理情感。喪禮的設計使生者在禮儀中學會適度地調節情緒，於喪期結束後可

〔註77〕　《禮記・三年問》：「三年之喪，二十五月而畢；哀痛未盡，思慕未忘，然而服以是斷之者，豈不送死者有已，復生有節哉？」(《禮記正義（十三經注疏）》，1816。)

　　　　《荀子・禮論》所記同《禮記・三年問》。(見（清）王先謙撰；沈嘯寰、王星賢點校，《荀子集解》，（北京：中華書局，1988），372。)

　　　　《公羊・閔公二年傳》：「夏，五月乙酉，吉禘于莊公。其言吉何？言吉者，未可以吉也。曷爲未可以吉？未三年也。三年矣，曷爲謂之未三年？三年之喪，實以二十五月。其言于莊公何？未可以稱宮廟也。曷爲未可以稱宮廟？在三年之中矣。吉禘于莊公，何以書？譏。何譏爾？譏始不三年也。」((漢)公羊壽傳；(漢)何休解詁；(唐)徐彥疏；浦衛忠整理；楊向奎審定，《春秋公羊傳注疏（十三經注疏）》，（北京：北京大學出版社，2000），225～227。)

〔註78〕　據周何的考察，降等的計算方式就是減半，一年之喪謂之「期」，半年的稱爲「功」。「功」之中分出一部分比較疏遠的親屬關係，歸之於再減半的「緦麻」，喪期三個月，是爲最低的等級。然而已經分出一部分的「功」服裡，仍涵容著過多而親疏不等的親屬，於是再將「功」分爲「大功」和「小功」等。「大功」喪期九個月，「小功」原則上仍是六個月。於是由「期」以下喪期劃分爲：「期」喪一年，「大功」九個月，「小功」六個月，「緦麻」三個月。這四等的劃分差距各爲三個月，正好與一年四季，每季三個月的等分相合。(詳見周何，《古禮今談》，（臺北市：萬卷樓，1992），142～143。)

〔註79〕　鄭志明，《中國殯葬禮儀學新論》，（北京：東方出版社，2010），287。

以順利回歸日常生活，而不至因為親喪而一蹶不振，喪禮實質上的目的是避免因哀情過度，導致禮樂等社會功能崩解。宰我質疑三年之喪可能導致禮壞樂崩，但禮儀的設計卻是試圖協助服喪者遠離喪親的傷痛，重新回到社會活，不因哀情而一蹶不振，用長期漸進的方式安頓生者的哀痛。三年之喪的執行時間長度出於古人對於喪失至親需要的療癒時期而制定，走出喪親之痛的時間因人而異，時間長短確實可能有爭論空間。但是宰我質疑三年之喪可能破壞以禮樂為主的人文社會，恰與制定喪禮避免哀情過度導致社會功能崩解的本義相違。

哀痛之情的恢復時間確有爭議的空間，但是宰我卻忽略了三年之喪作為倫理規範，是順應為人子女的心理要求而設。對於親友的亡故，即使制度上沒有相應的禮儀，生者感於哀戚之情而行心喪，對於沒有親緣牽繫的故人死亡尚可以引發生者的劇烈情感需求，〔註80〕更何況最親近的親屬逝世？

人與人相處時，往往不能真誠地展現自己內心的真實情感，將情感表現為外顯的神色更是困難。即使是面對與自己最親近的父母，子女也很難隨時保持和悅的顏色。子夏向孔子請教什麼是孝，孔子認為比起事奉父母與年長者飲食，子女內心自然流露愛心並展現於神色是相對困難的。〔註81〕可見有許多人即便與親近的父母相處時，也無法展現真情。更嚴重的問題在於，有些人不僅不能自然展現內心真實情感，還虛偽地擺出討好熱絡的神態。《論語》幾次提到人的言行、表情可能與內心的真實情感不一致，孔子批評這樣的人是「巧言令色，鮮矣仁」（〈1‧3〉、〈17‧17〉）。相較之下，「剛、毅、木、訥，近仁」（〈13‧27〉）外表樸實、謹慎言語則接近「仁」。

由前文的討論可知，禮可區分為內在的心意與外在的儀節。人們行禮時如果缺乏真誠的心意，那麼禮就只剩下空虛的形式。行禮者的一舉一動、每一個神情展現，都可能是誇大的、與內心情感不符的，這樣就造成孔子所批評的「巧言令色」（〈1‧3〉、〈17‧17〉）的情況，欠缺內心真誠的情感徒具外在討好的儀態，這樣的人鮮少具有「仁」的品質。「人而不仁，如禮何？人而不仁，如樂何？」（〈3‧3〉），不具「仁」品質的人，即使行為符合禮制，也是沒有用的。由此可知，行禮過程中如果不具內在真誠心意為基礎，而僅只是

〔註80〕例如孔門弟子對孔子之死。詳見《禮記‧檀弓上》。
〔註81〕子夏問孝。子曰：「色難。有事，弟子服其勞；有酒食，先生饌；曾是以為孝乎？」（〈2‧8〉）

展現出符合禮儀規範、討好的行爲舉止，也是沒什麼用處的。禮兼重內在情感基礎與表現情感的外在儀節，而以情感基礎爲根本，欠缺內在情感、虛僞造作的行爲與儀式是孔子所反對的。禮不僅是由那些外在的器物、動作、儀節所構成的，子曰：「禮云禮云，玉帛云乎哉？樂云樂云，鐘鼓云乎哉？」（〈17‧11〉）禮有其外在具體的儀節與器物層面，具體的儀節與器物可能流於造作勉強卻不具心意的外在形式，參與者可能僅是爲了配合禮節而行禮卻不具內在情感品質。孔子曾經批評這類不具內在情感品質的行爲：「居上不寬，爲禮不敬，臨喪不哀，吾何以觀之哉？」（〈3‧26〉）凡爲禮，必心存誠敬，而後其容始有可觀。〔註82〕行禮不恭敬、參與喪禮卻不哀傷，這種人沒有可觀之處。禮是表達人情的形式，形式是空洞而缺乏具體內容的，必以眞誠情感作基礎。

　　死亡往往最能撼動人的情感，特別是與自己最親近的父母死亡時，人難掩思慕之情，易使平日難以暢發的眞情流洩於外，於父母喪最能見到人情之實。〔註83〕曾子曰：「吾聞諸夫子：『人未有自致者也，必也親喪乎！』」（〈19‧17〉），「致」就是做到盡人情之極，充分展現情感而不能自已。〔註84〕在日常生活中，人與人之間的關係可能流於形式，甚至矯揉造作。人很少能夠充分展現眞實情感，於親喪時則難掩內心哀痛的眞實情感。父母的「死亡」不僅觸發了人的眞情，更是使子女對「孝」產生自覺的最大契機。〔註85〕喪禮藉由過程中的種種儀節，協助人們充分抒發與調適內心的哀情與眞誠心意，達到禮儀所追求的外在形式與內在情感的兼具調和之理想，喪禮可以說是《論語》中用以展現禮的形式與情感、禮的本末兼具的一種禮。因此，孔子屢屢論及父母喪，並且對於居喪子女的內在情感品質相當重視，無非是由於父母喪是觸發情感展現的關鍵，於此關鍵事件中爲人子女者應謹愼檢視自己是否充分顯示內心情感。

　　人與自己的關係之中，在意識到自己內心眞實情感的基礎上，人才有眞誠與否的問題。選擇面對自己的情感採取行動就是眞誠，選擇逃避自己的情

<hr>

〔註82〕 高明，〈孔子之禮論〉，收入李曰剛等著，《三禮研究論集》，（臺北市：黎明文化，1981），17～18。

〔註83〕 《禮記‧問喪》「成壙而歸，不敢入處室，居於倚廬，哀親之在外也。寢苫枕塊，哀親之在土也。故哭泣無時，服勤三年，思慕之心，孝子之志也，人情之實也。」（《禮記正義（十三經注疏）》，1791～1792。）

〔註84〕 尹焞：「致，盡其極也。蓋人之眞情所不能自已者。」（見（宋）朱熹《四書章句集注》，臺北市：大安，1999》，267。）

〔註85〕 加地伸行，《儒教とは何か》，（東京：中央公論新社，1990），63。

感就是不眞誠。眞誠不是一廂情願以爲自己很眞誠,還需要參考社會規範。孔子與宰我論三年之喪時,指出人與人之間的關係有外在的規範加以調節,而人與人之間的各種規範,都是出於人內心的要求。因此孔子論三年之喪時,論辯的方式不是正面由宰我所針對的人文世界與自然世界的方向回答,而是聚焦於人的內心需求。孔子談到整合人與人之間關係的禮時,將禮的核心意義連接人與自己的關係。孔子說明人與人之間的關係發展,從最初親子身體的依賴,發展至情感依賴,而後展現爲倫理規範。一個人能夠在社會上正常成長發展,是由於父母的關心照顧。任何人的生命都是始於生物本能,由身體依賴產生心理的需求。選擇面對自己的情感採取行動,還是選擇逃避自己的情感,完全取決於個人面對自己的態度。

孔子把喪禮作爲外在規範的問題轉向,聯繫心理層面,孔子提示倫理規範是順乎心理情感要求而設。孔子聚焦於人的內心需求回應宰我的提問,子曰:「食夫稻,衣夫錦,於女安乎?」(〈17・21〉),稻、錦皆爲珍貴資源,宰我認爲在喪葬無暇從事產業活動期間,使用貴重資源也可安心。在父母喪期中,人難得展現眞情,眞誠面對內心情感不能自已。由於內心的哀傷,無心修飾儀容,吃美食也覺得乏味,聽見音樂演奏也不覺快樂,住在家中也不感舒適。物質生活的享受不僅不能帶來愉悅的情緒,反而會引發內心的強烈「不安」,使服喪者自覺地避免物質生活的逸樂,孔子認爲這才是人性的正常表現。面對眞誠展現出的情感以後就會發覺自己內心有著「安」與「不安」兩種情緒相互激盪,感到「安」與「不安」就是對於內心要求的「自覺」。有了這份自覺的同時,人發現倫理規範與我的心理需求若合符節。由於倫理規範是心理需求的展現,於是我順從我自覺的要求去實踐禮儀規範,正視源於自我的要求,才是三年之喪的核心精神。人與自己的關係在於自覺心理要求並且眞誠面對它。

宰我放棄了人的特殊內心情感表現,〔註86〕忽略了人有情感層面的需

〔註86〕成中英認爲儒家基本上區分兩種情緒,一個是道德的感情,一個是生活的感情。道德情感是指社會道德,是人倫關係的基礎。惻隱之心、仁愛之心、不忍心、不安屬之,皆發自人的本性,是自然情感,形成一種社會的道德基礎,這種認識把它變成一種自覺的要求,就變成一種德行。德就是自覺的要求,變成一種規範或規律就是社會道德。而生活情感則如悲傷、憤怒,這種發自內心的感覺和生活上的遭遇所造成的感情,儒家講求「發而皆中節」,一方面發出自己的感情,另一方面又合乎人類一般可以接受的表達方式,須找到一個好的形式和方法來進行表達,做到「無過而無不及」。(詳見(美)成中英,《美的深

求，食稻衣錦也安心，甚至認爲「鑽燧改火，期可已矣」。孔子以食稻衣錦「安」或「不安」質問宰我，點出人的特別之處便是在於心理情感要求，人會在安與不安之間掙扎。父母亡故使得情感有顯露的機會。當人眞誠面對自身的情感時，就會自然地產生對於內心情感要求的自覺，亦即是在喪期中享受逸樂所帶來的「不安」的情緒。人與自然界的萬物同樣來源自天，自然界的事物遵循一定規律，人類以外的動物依據本能生活，而人類則有選擇的自由。人的自由就讓人有選擇的壓力。自覺內心有明確的需求指向，可以選擇逃避或者接受它並身體力行，顯示自覺安與不安的心理需求帶來實踐的力量，同時人面對行爲有選擇的自由。人因爲自由而可以選擇自己的言行，同時人因爲擁有自由，所以可能犯錯，在選擇面對或逃避不安的情緒時這種緊張的掙扎，顯示出一種張力。由另一個角度來看，子女爲了安頓消弭心中不安，而眞誠面對不安的情緒，選擇放棄逸樂、依照倫理規範，自然地由內心湧現爲父母服喪的內在動力。人與其他人的關係，以及人與自己的關係都是在動態中發展的。

　　孔子最後駁斥宰我「予也有三年之愛於其父母乎！」（〈17・21〉）宰我已經能夠在社會上正常成長發展，可以合理推論宰我必定曾經受父母長時間的身體照護。宰我明明曾受父母三年之愛，卻沒有正常人性表現的不安情緒，那只能推斷宰我沒有眞誠面對內心的情感要求，故孔子斥宰我「不仁」。由孔子駁斥宰我的脈絡可以得知，不能眞誠面對內心情感要求則是「不仁」，不仁是欠缺眞誠面對內心情感。

　　不眞誠面對內心情感要求→不仁

　　仁→眞誠面對內心情感要求

　　「眞誠面對內心情感要求」是「仁」的必要條件，由眞誠面對心理要求，可以引發行動的力量。梁漱溟說：「他以爲裡面之情要是充實眞摯，實無閒話可說，於此可知仁是一種很眞摯敦厚充實的樣子。」〔註87〕梁漱溟說情感是由我們所固有的生命發出來的，所以仁不可以說是後天的條件。誠然，行仁

　　處——本體美學》，（浙江：浙江大學出版社，2011），108～109。）前文所述的「哀」、「戚」情感屬於「生活的感情」，生活的感情需要禮儀規範加以節制，以免造成哀毀傷生的情況。但是「安」、「不安」屬於「道德的感情」則需要眞誠面對，並且使之發揮，變成一種自覺的要求，作爲促成行爲的動力。

〔註87〕李淵庭、閻秉華整理，《梁漱溟先生講孔孟》，（上海：上海三聯書店，2008），22。

的動力條件是源自於己的，只要面對內心情感要求產生行動動力，便隨時可以行仁。〔註88〕真誠與否遂成「仁」的重要判準之一。

在人的生命中能夠自覺、能夠選擇的部分，孔子稱之為「心」，子曰：「回也，其心三月不違仁，其餘則日月至焉而已矣。」（〈6‧7〉）顏回因為心可以長時間內不違背仁，所以受到孔子稱讚，明顯地說明心是可以違背仁的，心可以選擇為仁或不為仁。選擇以知道為前提，必須知道仁，才能主動選擇仁，並且才可能堅持行仁。由孔子對於顏淵的評價可知，「心」具有意志，所以必須面對選擇，可以選擇仁，可以選擇不仁，或者不選擇仁。而且「心」能知，所以需要學習。至於是否能夠主動選擇行仁的關鍵，就在於是否真誠面對內在情感要求。〔註89〕例如與孔子論三年之喪的宰我，由於算計外在利害，導致不能面對內心的情感。物質生活的享受非但不能帶給服喪者身體的享受，反而引致心理的不安，不安就是心對於行為的不滿，可見《論語》認為身體（生理）與心理兩者是相互緊密關聯、不可二分的結構。宰我不能面對內心情感要求，正是大多數人的寫照。大多數人需要進行努力才可以使心不違背仁，即便是孔子自己，也是到了七十歲才能夠達致「從心所欲不踰矩」的修養（〈2‧4〉）。因此不能直接說「心」便是「仁」。

面對眼前的處境，觸動內心情感自然流露，由內而發出對於行為進行選擇的要求，若能夠真誠面對自己的心理需求，便構成為仁的必要條件與基礎。故馮友蘭對仁的基礎說明時強調真實情感：

> 孔丘不說宰予的主張是不孝，而說他是不仁。因為孔丘認為，人的最真實的情感是對於其父母的情感。「子生三年，然後免於父母之懷」，對於父母，自然有最真實的愛慕。父母死了，這種愛慕之情就表現為「三年之喪」。這並不是算帳，只是說，這是人的性情的真的流露。孔丘認為，這是「仁」的根本。〔註90〕

〔註88〕子曰：「仁遠乎哉？我欲仁，斯仁至矣。」（〈7‧30〉）

〔註89〕孟旦（Donald J. Munro）說：「在早期中國，『心』這一詞語可以表示很多東西，包括『意圖』和『感覺』，也是欲望、認知活動及評價活動的場所。」（（美）孟旦著；丁棟，張興澤譯，《早期中國「人」的觀念》，（北京：北京大學出版社，2009），54。）孟旦對於「心」的研究，十分符合《論語》中對於「心」的看法。

〔註90〕馮友蘭，《中國哲學史新編》，全三冊，（北京：人民出版社，1998），上冊，84。

三年之喪並非一種報恩或算計，孔子將三年之喪的根源建立在三年之愛上，真情流露展現於行動便促成三年之喪。三年之愛所生的內心情感要求引致安、不安的情緒，刺激人對行為進行選擇是第一義，而達成「報恩」的效果則是第二義的。〔註91〕

真誠面對內心的情感要求是仁的根本，安與不安的心理要求源於人的「心」。真誠面對心所發出的指向，可以刺激人對行為進行選擇。行仁的動力是由內而發的，只要自覺來自心的動力，隨時都可以選擇行仁。所以孔子說：「仁遠乎哉？我欲仁，斯仁至矣。」（〈7‧30〉）然而行仁仍需要配合長久堅持，曾子曰：「士不可以不弘毅，任重而道遠。仁以為己任，不亦重乎？死而後已，不亦遠乎？」（〈8‧7〉）行仁是為學者的終生目標，堅持行仁到死後才停下腳步，努力行仁至死才能算是人生目標的完成。大多數人若不能日日勉勵，至多也僅能「日月至焉而已矣」（〈6‧7〉）。

另一方面，由「仁」與喪禮的關係來考察。「禮云禮云，玉帛云乎哉？」（〈17‧11〉）禮有內在心意、外在儀節區別，禮的根本不在於一切外在的器物、儀節，亦不是欠缺情感內涵的儀式動作。凡事虛偽造作的行為，孔子皆不以為然，「巧言令色，鮮矣仁。」（〈1‧3〉）只是用動聽的言語、熱絡的表情討好的人，欠缺內心的真誠情感，這樣的人鮮能夠符合「仁」的標準，這般「巧言令色」的行為，是孔子引以為恥的。〔註92〕可知，真誠情感不僅是禮的根本，更經常是達到「仁」的必要條件，「人而不仁，如禮何？人而不仁，如樂何？」（〈3‧3〉）禮、樂只是人情自然之表示，用以表達人真誠的心意，欠缺內心真誠情感這一項「仁」的必要條件，再多的禮樂形式都形同虛設。關於禮的根本道理，傅佩榮認為：「有重外與重內之分。喪禮對真誠心意的強調，

〔註91〕 參考章景明的說法：喪服的禮俗既然是源於祖先崇拜的一種宗教行為，其原始意義又是基於對鬼神的恐懼心理。為什麼到後來竟被說成為「飾情之章表」（鄭玄語）呢……孔子一方面承襲了舊有的習俗，一方面卻又根據他的思想賦予新的理論——情感的作用。實有屏除迷信，託古改制的意味；他將基於恐懼鬼魂作祟的心理的原始意義，說成「子生三年然後免於父母之懷，……予也，亦有三年之愛於其父母乎？」的報恩之義。（章景明，《先秦喪服制度考》，（臺北市：臺灣中華書局，1971），4～5。）章氏雖然指出了孔子對於舊有習俗進行轉變的要點，並表明《論語》根據情感的作用賦予三年之喪新意，卻將情感作用視為一種「報恩」，未發覺孔子對情感作用的重視是在於充分展現的情感可以帶來要求行為的動力。

〔註92〕 子曰：「巧言、令色、足恭，左丘明恥之，丘亦恥之。」（〈5‧24〉）

更甚於其他的禮，所以孔子特別加以說明……奢與儉無法並取，易與戚卻可以兼顧，只是須分本末。」〔註93〕，由此可見喪禮對於眞誠情感的重視，超過其他的禮，因而被孔子再三提出討論。

大多數人很少充分顯露內心情感的機會，面對越親近的親屬之死，內心的哀戚之情也就越強烈，自然的情感也就越容易表現出來，「人未有自致者也，必也親喪乎」（〈19‧17〉），父母過世是使人有機會充分展現眞誠情感的關鍵事件。孔子屢次論及喪禮應展現哀戚之情，想必是由於眞誠面對內心的情感要求是行「仁」的必要條件，而父母喪禮便是一般人行「仁」的開端吧。緣此，《論語》著重喪禮，實是因爲喪禮有「啓仁」之功，孔子欲藉以教導弟子行仁之開端。又「生，事之以禮；死，葬之以禮，祭之以禮。」（〈2‧5〉），爲父母舉行合禮的喪禮是孝的條件之一，眞誠面對內心情感要求爲父母行喪構成孝之一重要開端，也因此孔子弟子有子發表其跟從孔子所學時，特別窺見親族孝弟一隅：「孝弟也者，其爲仁之本與。」（〈1‧2〉）面對父母亡故所舉行的三年之喪，是內在動力配合禮儀的指導，合宜地展現子女內心的哀戚之情，被《論語》作爲主動實踐倫理規範之起點。《論語》中所見的三年之喪一方面觸及對生者內心不安情感的調節，另一方面又由此向上發展連結「仁」概念。

沒有人的主體性的活動，便無眞正地道德可言，具有「主動性」、「自覺性」的愛，爲三年之喪的禮儀實踐賦予道德價值。〔註94〕人由於父母的關心照顧，能夠在社會上正常成長發展。親子之間由身體依賴產生心理的需求，子女眞誠面對內心的要求，主動實踐倫理規範，成爲三年之喪的核心意義。三年之喪實際上展現了行禮者生理、心理與倫理的整合，行爲與內心眞誠的道德要求配合。人在自覺地實踐由內而發的道德要求及心理需求同時，遵守

〔註93〕 《傅佩榮解讀論語》，47。

〔註94〕 徐復觀認爲：「順著生理作用所發出的自私之愛缺少了道德性的自覺，不能表現道德價值。必須加上了道德理性自覺以後的自然之情，在其自覺的要求下，同時即超越了自己的生理限制，突破個人的自私，而成爲一種道德理性的存在。」（詳見徐復觀，《中國思想史論集》，（臺北市：臺灣學生，1959），160。）又說：「沒有人的主體性的活動，便無眞正地道德可言。」（見徐復觀，《中國人性論史——先秦篇》，（臺北市：臺灣商務，1969），37。）基於父母在孩提時的身體照顧所產生的親子之愛，導致父母亡故時出現對於內心情感要求的自覺，引發行動力，不計較物質生活的利害，企求由自己實踐對父母的關懷，這就是徐復觀先生所言的由生理轉向理性。（詳見同書，160）

禮儀的規範，以內心眞誠的情感爲中心出發，再配合適當的禮儀運作，更可以達致「審美」的效果，這個觀點可以見於〈八佾〉中孔子與子夏的對話。

> 子夏問曰：「『巧笑倩兮，美目盼兮，素以爲絢兮。』何謂也？」子曰：「繪事後素。」曰：「禮後乎？」子曰：「起予者商也。始可與言詩已矣！」（〈3‧8〉）

人的內心情感自然鮮活，自成色彩，由原詩素粉爲飾的意涵開展了另一個關涉道德生命開顯的視域，〔註95〕「五采待素而始成文也」〔註96〕，鮮活多彩的人性在統一的素白文飾妝點下表現合宜，即所謂「文質彬彬」（〈6‧18〉）。

第四節 《論語》中的生理、心理與人性

前一節藉由《論語》對於禮的看法，說明《論語》認爲人至少可以區分爲兩個部分，即身與心。「心」在《論語》中的用法已經於前一節討論過，「心」在《論語》中最重要的用法應是〈雍也〉：「回也，其心三月不違仁，其餘則日月至焉而已矣。」（〈6‧7〉）由此可知「心」是人的生命中能夠自覺、能夠選擇的部分，而且「心」能知，所以需要學習，同時「心」具有意志，所以必須面對選擇。

至於「身」在《論語》中的用法需要進一步釐清。首先就《論語》中的「身」字來看，「身」在《論語》中出現十七次。茲舉「身」字出現段落如下：

1. 曾子曰：「吾日三省吾身：爲人謀而不忠乎？與朋友交而不信乎？傳不習乎？」（〈1‧4〉）

2. 子夏曰：「賢賢易色，事父母能竭其力，事君能致其身，與朋友交言而有信。雖曰未學，吾必謂之學矣。」（〈1‧7〉）

3. 子曰：「我未見好仁者，惡不仁者。好仁者，無以尚之；惡不仁者，其爲仁矣，不使不仁者加乎其身。有能一日用其力於仁矣乎？我未見力不足者。蓋有之矣，我未之見也。」（〈4‧6〉）

〔註95〕 詳見蔡瑜，〈從「興於詩」論李白詩詮釋的一個問題〉，收入楊儒賓編，《中國經典詮釋傳統（三）文學與道家經典篇》，（臺北市：喜瑪拉雅基金會，2001），124。

〔註96〕 凌廷堪語。參見凌廷堪：《校禮堂文集》，引自《論語集釋》，58。（程樹德撰；程俊英、蔣見元點校，《論語集釋》，（北京：中華書局，1990。）凌廷堪的詮釋與鄭玄類同。由繪畫手法來看，先畫上各種顏色，在以白色分間之，加以文飾，使種色彩分明。以白色爲裝飾的說法亦可見於《易經‧賁‧上九》：「白賁無咎」（（宋）朱熹：《周易本義》，（臺北市：大安，1999），106。）。

4. 子曰：「衣敝縕袍，與衣狐貉者立，而不恥者，其由也與？『不忮不求，何用不臧？』」子路終$身$誦之。子曰：「是道也，何足以臧？」（〈9‧27〉）

5. 必有寢衣，長一$身$有半。（〈10‧6〉）

6. 樊遲從遊於舞雩之下，曰：「敢問崇德，脩慝，辨惑。」子曰：「善哉問！先事後得，非崇德與？攻其惡，無攻人之惡，非脩慝與？一朝之忿，忘其$身$，以及其親，非惑與？」（〈12‧21〉）

7. 子曰：「其$身$正，不令而行；其$身$不正，雖令不從。」（〈13‧6〉）

8. 子曰：「苟正其$身$矣，於從政乎何有？不能正其$身$，如正人何？」（〈13‧13〉）

9. 子曰：「志士仁人，無求生以害仁，有殺$身$以成仁。」（〈15‧9〉）

10. 子貢問曰：「有一言而可以終$身$行之者乎？」子曰：「其恕乎！己所不欲，勿施於人。」（〈15‧24〉）

11. 佛肸召，子欲往。子路曰：「昔者由也聞諸夫子曰：『親於其$身$爲不善者，君子不入也。』佛肸以中牟畔，子之往也，如之何？」子曰：「然，有是言也。不曰堅乎，磨而不磷；不曰白乎，涅而不緇。吾豈匏瓜也哉？焉能繫而不食？」（〈17‧7〉）

12. 子路曰：「不仕無義。長幼之節不可廢也；君臣之義，如之何其廢之？欲潔其$身$，而亂大倫。君子之仕也，行其義也。道之不行，已知之矣。」（〈18‧7〉）

13. 逸民：伯夷、叔齊、虞仲、夷逸、朱張、柳下惠、少連。子曰：「不降其志，不辱其$身$，伯夷、叔齊與！」謂：「柳下惠、少連，降志辱$身$矣，言中倫，行中慮，其斯而已矣。」謂：「虞仲、夷逸，隱居放言，$身$中清，廢中權。我則異於是，無可無不可。」（〈18‧8〉）

《論語》中「身」的用法大概分爲：人的軀幹，以及指自身。〔註97〕軀

〔註97〕根據王力的整理，「身」字古漢語中的意義可以初步分爲三類：1. 人的軀幹，頸以下大腿以上的部分。……又指頭以外的部分，或泛指整個身體。……引申指動物的軀體或物體的主幹部分。2. 自身，本身。……又爲親自，自己。……又指自己的生命。……用作動詞。親自實行，親自擔任。3. 〔身毒〕古印度的音譯。（王力，《王力古漢語字典》，（北京：中華書局，2011），1385。）其中前二類可以見於《論語》。

幹則可以引申指身長，這樣的用法在《論語》中只出現過一次：「長一身有半」（〈10‧6〉）。《論語》中的「身」多指「自身」，如：1、3、6、7、8、12、13。自身又可以用來指自己的生命，如：2、9。又爲親自，如：11。此外「身」還用於「終身」，作爲時間複詞，表示時間長久，如：4、10。〔註98〕「身」指「自身」時，所指的內容還可以詳細區分爲自己的言行、自己的處境、自己的人格等。〔註99〕由此可知，《論語》中的「身」字並不單純指現代用語中的「身體」或「生理」。

　　前文中說明禮有整合身心的作用，「身心」中的「身」之範圍，包含身體、行爲、動作、容貌、聲色等，泛指人所展現的言行與生理機能，並且指出在《論語》中，身體（生理）與心理兩者是相互緊密關聯、不可二分的結構。《論語》中與身體或生理有關的重要詞彙，還有「血氣」，參見〈季氏〉：

　　　孔子曰：「君子有三戒：少之時，血氣未定，戒之在色；及其壯也，

　　　血氣方剛，戒之在鬬；及其老也，血氣既衰，戒之在得。」（〈16‧7〉）

由本段引文可知，孔子直接說明「血氣」可以影響人的思慮與選擇。人的身體是血氣的來源，隨著人有身體，身體伴隨著本能、欲望與衝動。〔註100〕由於本能、欲望與衝動的影響，人很容易一不小心就違背來自心的要求。血氣的作用隨時都會產生，所以人如果立志修養，從年輕時到老年都不能鬆懈，因爲人從出生至死亡都不能擺脫身體而生存。而由生至死，其中的一切言行與修養都無法完全擺脫身體。《論語》中確實有單純指「軀體」的部分，如〈微子〉：「四體不勤，五穀不分，孰爲夫子？」（〈18‧7〉）「體」在此指「四肢」，確實是指出軀體的一部分，但是卻不具有任何思想上的意義。至於耳、目、口、鼻等器官，在《論語》中並未特別講述這些器官獨自有特別的作用，不曾用它們形塑某種理論。綜合以上所論，我們可以明確地結論，孔子談人的言行與修養，從來不曾將身體（生理）與心理獨立而論，未曾說明身體器官有什麼特殊運作模式，而且身體（生理）與心理無法完全獨立。

〔註98〕何永清，《論語語法通論》，（新北市：臺灣商務，2016），107。

〔註99〕彙整傅佩榮對於《論語》中的「身」的語譯：1 自己、2 奮不顧身、3 自己身上、4 一整天、5 身長、6 自己的處境、7 本身的行爲、8 自身的行爲、9 生命、10 終身、11 自己動手（親自）、12 潔身自愛 13 人格。（詳見傅佩榮，《傅佩榮解讀論語》，（新北市：立緒，1999）。）

〔註100〕詳見傅佩榮，《傅佩榮解讀論語》，（新北市：立緒，1999），428。

　　說明了《論語》中的身心整合論，立刻就有一個段落引起筆者的注意，〈陽貨〉子曰：「性相近也，習相遠也。」（〈17‧2〉）雖然子貢曾經說：「夫子之文章，可得而聞也。夫子之言性與天道，不可得而聞也。」（〈5‧12〉）但是由本段引文可知孔子確實曾經論及「性」，因此子貢的說法只能理解為：1. 孔子曾經談論性，但是子貢沒有聽到；2. 子貢沒有聽懂孔子所論之性。第一種解釋，我們無法證實當孔子說「性相近也，習相遠也」時子貢不在現場。但是歷代的注釋中，許多學者傾向認為子貢曾經聽過孔子談論有關性與天道的說法，不論直接聽說或間接得知，但子貢卻沒有辦法聽懂，於是產生第二種解釋方向。何晏注：「性者，人之所以受生也。天道者，元亨日新之道。深微，故不可得而聞也。」〔註101〕邢昺疏：「此章言夫子之道深微難知也。……言人稟自然之性，及天之自然之道，皆不知所以然而然，是其理深微，故不可得而聞也。」〔註102〕第二種解釋方向顯然給與讀者更大的詮釋空間，肯定孔子確實有關於「性」的論述，而且「不知所以然而然」。而「天道」一詞在《論語》中僅出現在子貢所說的這一次，成為孤證。但是參考其他先秦儒家相關的文獻，《周易‧謙卦‧彖傳》：「天道虧盈而益謙，地道變盈而流謙，鬼神害盈而福謙，人道惡盈而好謙。」〔註103〕可知天道指向天的運行法則，重視天的規律，例如賞善罰惡之類，但是在《論語》中孔子並沒有特別研究天的規律本身。

　　同樣的，關於「性」，配合「性相近也，習相遠也」來看，「性」與「習」相對，「習」是透過見聞學習而所造成的影響，每個人所接觸的環境各不相同，自然造成各種不同的人格發展。而「性」根據何晏的解釋，可以理解為「人之所以受生」，或者邢昺所說的人之所以然的原因。又根據皇侃《論語義疏‧陽貨》引用王弼《論語釋疑》，王弼曰：

　　　孔子曰：性相近也。若全同也，相近之辭不生；若全異也，相近之辭亦不得立。今云近者，有同有異。取其共是無善無惡，則同也；有濃有薄，則異也。雖相異而未相遠，故曰近也。〔註104〕

〔註101〕（魏）何晏注；（宋）邢昺疏；朱漢民整理；張豈之審定，《論語注疏（十三經注疏）》，（北京：北京大學出版社，2000），67。

〔註102〕《論語注疏（十三經注疏）》67～68。

〔註103〕（宋）朱熹，《周易本義》，（臺北市：大安，1999），84。

〔註104〕（梁）皇侃，《論語義疏》，全十卷，（大阪：懷德堂記念会，1923），卷第九，4。

從王弼的辨析可以很清楚地知道，孔子說「性」是人人相似但是不相同的東西，既然說相似，就表示每個人的「性」也並非完全不相同，所以每個人的「性」是「相異而未相遠」。至於王弼說性是「無善無惡」，則必須就《論語》其他篇章來檢視。

考察《論語》，孔子並沒有其他篇章對「性」字獨立建構理論。但是孔子基於經驗的觀察，對於人的活動歸納出一種相似的趨向，特別是由前文所論述的內容可知，孔子認爲一般人面對親友的死亡，可以激發人的內心產生安或不安的狀態，要求人進行選擇。人的心可以發出要求，而且要求似乎有一個人人相近的方向。人所展現出的要求都是相近的，但在其力量表現的程度上有弱有強。一般人很少有能夠充分顯露內心情感的機會，面對越親近的親屬之死，內心的哀戚之情也就越強烈，自然的情感也就越容易表現出來，「人未有自致者也，必也親喪乎」（〈19‧17〉），父母過世是使人有機會充分展現眞誠情感的關鍵事件。孔子將眞誠情感視爲「仁」的必要條件，「仁」是在人與人之間才可能完成的，〔註105〕而「仁」的道德價值以人內心的自覺爲前提。孔子對於人的行爲觀察，不脫離人的具體存在及成長處境而論，談倫理規範與人的道德要求都合乎一般人的經驗。因此學生們對於孔子有關人性或倫理的論述，只能看見其應用的層次，而不容易得知孔子的學習方法或求知途徑，更不容易理解孔子所追求的各種倫理規範應用背後的依據。倫理規範的背後根據就是一般人所相近的道德要求及心理需求，倫理規範是其展現。因此學生才會認爲孔子所論的「性」是「不可得而聞也」。孔子對於人性的看法完全展現在生理與心理緊密結合的生命整體中，從來不曾分割生理與心理兩面各

〔註105〕根據梁漱溟對於「仁」的意義所進行的整理：

1. 阮、梁的說法：阮元在〈論仁篇〉說，仁者人也。在春秋時，所謂之人也者，以此一人與彼一人相人偶而盡其禮義忠恕等事之謂也。相人偶謂人之偶之也。仁須有事始表現，始謂之仁。如人在屋內獨坐，不得謂之爲仁，蓋必有兩人始能表現出來，所以他批評宋明人之靜坐不算仁。梁任公的說法也如此……鄭玄曰：「人相偶謂仁。」若人不與人相偶則仁不成……阮元的〈論仁篇〉裡，由相人偶的意思找出關於仁的三個重要態度：（一）一人不成仁（二）非行爲表示不成仁（三）仁不就是心。

2. 蔡、胡的說法：蔡先生（蔡孑民）說仁就是統攝諸德完成人格之名。胡適大概也是根據這種意思……照蔡、胡兩先生之意，仿佛人是一個理想的空空蕩蕩的好名詞……他們若明白時，就知仁是躍然可見確乎可指的了。（李淵庭、閻秉華整理，《梁漱溟先生講孔孟》，（上海：上海三聯書店，2008），21～22。）

自立說。雖然孔子明確說明人有「血氣」，血氣可以影響人的判斷，但是人的判斷也可以反過來主導人的血氣，兩者是彼此互動、不各自獨立的，不能脫離身心整體來分裂生理與心理。〔註106〕

　　至於《論語》中有沒有論及人的天生資質呢？答案是肯定的。《論語》將人對於道德的「知」的能力區分爲四種等級，參見《論語・季氏》：

　　　　子曰：「生而知之者，上也；學而知之者，次也；困而學之，又其次
　　　　也。困而不學，民斯爲下矣。」（〈16・9〉）

實際情況中人的資質與態度皆有所不同，或生而知之，或學而知之，或困而知之，或困而不學。所知的對象，並不是一般對事物的物理知識，否則「生而知之」如何可能？〔註107〕雖然生而知之者不需要透過教育的協助就能夠知

〔註106〕反省朱熹對於「性相近也，習相遠也」的解釋：「此所謂性，兼氣質而言者也。
　　　　氣質之性，固有美惡之不同矣。然以其初而言，則皆不甚相遠也。但習於善
　　　　則善，習於惡則惡，於是始相遠耳。程子曰：『此言氣質之性。非言性之本也。
　　　　若言其本，則性即是理，理無不善，孟子之言性善是也。何相近之有哉？』」
　　　　（〔宋〕朱熹，《四書章句集注》，（臺北市：大安，1999），246。）朱熹置入
　　　　了「氣質之性」與「理」等《論語》中所沒有的概念，而「氣質」應該是屬
　　　　於「軀體」這一類，由本文的論述可知，孔子本無意區別軀體而獨立論述，
　　　　孔子所論的人性是配合生命整體而展現。

〔註107〕傅佩榮認爲：「所知的，是人生正途而不是一般的知識，否則如何可能『生而
　　　　知之』？並且也只有在人生正途方面才可以說『下』。」（見《傅佩榮解讀論
　　　　語》，430。）《中庸》中曾經出現類似的句子：「天下之達道五，所以行之者
　　　　三。曰：君臣也，父子也，夫婦也，昆弟也，朋友之交也，五者天下之達道
　　　　也；知仁勇三者，天下之達德也；所以行之者一也。或生而知之，或學而知
　　　　之，或困而知之，及其知之，一也。」（《中庸・第二十章》，《四書章句集注》，
　　　　37。）《中庸》文中提出人處於社會中共同行走的「五達道」——五種具體的
　　　　人與人之間的交際之道、行此五種交際之道的「三達德」——三種使人能夠
　　　　妥當進行人與人之間交際之道的方法。依據「三達德」爲方法可以恰當地行
　　　　「五達道」。《中庸》明確地以「五達道」、「三達德」作爲所有人「知」與「行」
　　　　的對象。「五達道」、「三達德」所指的並不單純是指對於事物的物理知識，並
　　　　且雖有部分的人能夠生下來就知道，但大多數人須透過學習或遇到困難才能
　　　　理解。《中庸》對於人「知」的能力進行區分時，談及五種道的具體展現——
　　　　「天下之達道」（君臣、父子、夫婦、昆弟、朋友）與三種「天下之達德」（知、
　　　　仁、勇），顯示《中庸》用「或生而知之，或學而知之，或困而知之」所欲區
　　　　分的是人對於道德知識的認識能力。此外，值得注意的是相對於《中庸》強
　　　　調「知」，《論語・季氏》中第三等的人是「困而『學』之」，且更多出了「困
　　　　而不學，民斯爲下矣」一語。可以見得相較於《中庸》，孔子欲闡述：人除了
　　　　依據道德認識能力可以分爲「生而知之者」與透過「學習」才知道道德知識
　　　　者之外，是否願意開始學習也是造成人有所不同的關鍵，是否願意開始學習
　　　　也是造成人有所不同的關鍵。

道，但是大多數的人都是屬於「學而知之」或「困而學之」。不能夠生下來就明白道德知識與善惡的人，仍然可能透過學習或經驗的積累，獲得對於道德知識的認識。即便對於道德知識的認識能力有所不同，只要確實地透過學習理解以後，既然已經知道了，那麼就知識而言無高下可言。可見孔子重視教化與學習，因為藉由後天的教化與學習可以增進道德知識。就算多數人不能天生具備對道德的認識，但是透過學習的協助，仍然可以獲得對於道德知識的認識。只怕人遇到困難還不肯去學習。孔子肯定學習有助獲得對於道德知識的認識，而是否願意去學習也造就對道德知識認知與否的分歧。子曰：「性相近也，習相遠也。」（〈17‧2〉）大多數的人都是屬於「學而知之」或「困而學之」，不能夠生下來就明白道德知識或分辨善惡，所以對於「習」不得不特別慎重。而遭遇如親友亡故等特殊事件足為啟發「行仁」的必要條件，更是不得不真誠以對。人所展現出的道德要求都是相近的，但在其力量表現的程度上有弱有強，因此人與自己的關係核心在於自覺內心的道德要求，並且真誠面對，更能夠透過學習而增加對於知識的認識，並且作為實踐的輔助。孔子對於人性的觀察根據經驗為基礎，卻不受限於經驗。在經驗的基礎之上，指點可以改善現狀的途徑。

第五節　小　結

　　早在孔子與《論語》出現以前的時代，古人走出自然界，和其他物類區分，也與超越界區隔，形成自成一類的「人類」觀念。人與其他物類區別，生活的重心聚焦於人類自身的生命，專心思索人間的問題，為人與人之間的倫理發展奠定基礎。天生人，使人與自然界的其他物類之間存在差異，人的本性有一定的規則，順著人性的規則發展，就會喜好美好的德行。《尚書》與《詩經》等古代文獻中雖然已經反映出古人相信人的本性有一定規則，但是卻未能詳細說明人為何需要實現本性所具有的規則。直到孔子出現以後，孔子才開始對於這個問題進行全面的反省。

　　孔子為儒家哲學的基本立場進行界說。儒家所關心的對象以「人」為主，人類以外的其他自然界物類依據本能生活，而人類則有選擇的認知與自由。春秋時代以前，人類社會以「禮」為整合力量，但是到了孔子所處的春秋時代，面臨禮壞樂崩的局勢，禮制不僅不被適當執行，而且行禮者的真誠心意喪失，也使禮流於空虛的形式。禮制作為維繫人與人之間關係的倫理規範，

根據血緣關係、親疏遠近，規定人與人之間互動的適當方法。人際互動自然產生情感，發於行為、聲色。言行可能有過與不及，禮制作為調節言行的標準，可以使表現超過標準的人表現和緩以合乎標準；使做不到的人勉勵達到標準。倫理規範是根源於人的心理需求而設。人類可以認知自己內心的要求，並且付諸行動，而以禮加以文飾調節。如果缺乏人的主動性與自覺實踐倫理規範的內在要求，那麼禮制便會成為僵化的教條。人雖然有情感的反應，但是人際交往很少能夠做到盡人情之極，鮮能充分展現情感，甚至因為計較厲害，而不能真誠面對內心對於倫理的需求，導致行禮淪為形式，引來人們對於傳統禮儀規範的質疑。

《論語・述而》雖然明確記載子曰：「述而不作，信而好古，竊比於我老彭。」（〈7・1〉）孔子遵從周代的禮樂文化，周文參酌了夏商二代，展現三代人文化成的理想，但「禮」絕不是一成不變、不可改易的不變標準，「隨時」是禮的重要標準之一，孔子對於禮的觀點明確顯示出對於現行禮制的反省與調節。除了禮儀規範本身可能有所損益，個人當下對於禮儀細則的實踐也根據其所面對的處境而有所轉變。孔子也認為如果只是勉強配合儀節，卻缺乏內心的哀情，那麼禮儀也僅是空虛的儀式而已。因此，孔子在討論禮的根本道理時說：「禮，與其奢也，寧儉；喪，與其易也，寧戚。」（〈3・4〉），孔子以喪禮為例，喪禮與其只是配合鎖碎的繁文縟節、儀式周全，卻沒有情感的依據，不如心中哀戚。喪禮對真誠心意的強調，更甚於其他的禮。親人的亡故往往最能夠撼動人的情感，觸發內心情感流露。真誠心意是喪禮的根本，除了強調儀節的實踐，也應重視內心情感的基礎。「人而不仁，如禮何？人而不仁，如樂何？」（〈3・3〉），不具「仁」品質的人，即使行為符合禮制，也是沒有用的。若在行禮過程中不具內在真誠心意為基礎，只是展現出合禮討好的行為舉止，也是沒什麼用處的。

孔子對於禮的詮釋必須配合「仁」來理解，並且以仁為禮的根本，將外在儀節的基礎根植於行禮者內在真誠心意之上。孔子面對禮壞樂崩的局勢，作為具體倫理規範的禮，喪失了道德價值，而淪為僵化的形式，這正是孔子所憂心的。禮儀應時而變、隨時而制，其根本道理在於人與人之間真誠的情感。孔子藉由論三年之喪，說明「真誠面對內心情感要求」是「仁」的必要條件。人一旦真誠，面對父母亡故的重大事件，如果不為父母善理後事，心理就會產生不安的強烈情感，要求人採取行動。由真誠面對心理產生的不安

的要求，可以引發行動的力量。孔子繼承古代禮制的同時，也對「仁」這個概念進行開發。孔子承禮啓仁的做法，突顯了孔子「述而不作」的「述」不止於繼承過去的文獻，更進一步賦予形式性的禮制根源於行禮者內心誠意的情感基礎。

各種禮制紛紛面臨挑戰，禮制的毀棄突顯了社會整合力量的喪失。孔子藉由將「仁」視爲禮的根本，重建逐漸崩解的禮制，並且由此說明禮作爲具體的倫理規範，如果缺乏個人的自覺與主動性，就會失去道德意涵，而成爲空虛的形式。孔子描繪人有安與不安的心理要求，強調人對於實踐倫理規範具有「主動性」與「自覺性」，爲三年之喪的禮儀實踐賦予道德價值。人由於父母的關心照顧，能夠在社會上正常成長發展。親子之間由身體依賴產生心理的需求，子女眞誠面對內心的要求，主動實踐倫理規範，成爲三年之喪的核心意義。三年之喪實際上展現了行禮者生理、心理與倫理的整合，行爲與內心眞誠的道德要求相互配合，是行禮的根本。

在《論語》中，人與人之間的關係由禮整合，而行禮的基礎則奠基於人與自己的關係。人與人之間的關係發展，從最初親子身體的依賴，發展至情感依賴，而後展現爲倫理規範。一個人能夠在社會上正常成長發展，是由於父母的關心照顧，子女對於父母由身體依賴產生心理的需求。子女面對父母亡故，選擇面對自己的情感而爲父母服喪，還是選擇逃避自己的情感，完全取決於個人面對自己的態度。禮制是心理需求的具體展現，順從自覺的要求去實踐禮儀規範，正視源於自我的要求，才是三年之喪的核心精神。自覺道德要求內在於己，並且主動實踐倫理規範，就是人與自己關係的核心。孔子透過對於倫理規範的說明，不僅整合人類的身理、心理與倫理，更回答了人「爲何」需要實現本性的規則。倫理規範是配合人性的規則而設，人如果違背心裡對於實現倫理規範的要求，就會經歷不安的狀態。

選擇面對或逃避不安的情緒，顯示出一種張力，這種張力來自於人類對於選擇的認知與自由。人類可以依據本能生活，也可以選擇犧牲部分本能需求而實踐倫理規範。由孔子論禮可知，人的生命包含生理、心理、倫理三種層面，三者互相影響，不能各自獨立。人有身體就有本能、衝動與欲望，一不小心就會違反社會規範與理性的判斷。人的身體是血氣的來源，血氣一旦發揮作用，就會帶來各種後遺症。因此孔子特別重視理性判斷的作用，強調自我的覺醒以及當下的覺察。同時，人的生命還有某種能思的部分，個人透

過安與不安的情緒，自覺道德要求內在於己。這樣的自覺正是個人生命的生理、心理，以及倫理三種面向整合的關鍵，也是《論語》中人與自己的關係之根本。

第四章 《論語》中人與超越界的關係

第一節 孔子對人神關係的主張

上一章談論到喪禮，筆者指出由於生命歷程的一去不復返，在親自面對自身的死亡以前，人往往只能透過別人的死亡來對於死亡的問題進行間接的認識，並且藉以反省自身的生命。然而，自身的死亡是所有人最終必須面對的問題，在有限的生命中，人應該如何自處，成為古人最大的疑問之一。古人雖設法說明了人的來源與歸宿，指導人在有限的一生中安頓生命展望人生理想，但是卻沒有說明人「爲何」需要追求人性規則的實現。到了孔子才藉由人面對其他人的死亡，說明人在正常的成長發展之下，自然會產生「安」與「不安」的道德要求，人與自己的關係核心在於自覺心理要求並且眞誠面對它。禮整合人與人的關係，孔子藉由人與自己的關係說明人與人的關係，同時導正行禮的心意喪失、禮流於形式化的缺失。

古人相信人死爲鬼，隨著生理時期的轉變，適用的禮儀也發生改變。禮除了作爲整合人與人之間關係的力量之外，也規定了人與死者的關係，同時反映了古人對於死後歸宿的認識。《禮記·檀弓下》：「虞而立尸，有几筵，卒哭而諱，生事畢而鬼事始已。」〔註1〕人死亡以後，下葬以前用生人之禮事奉之；下葬以後形體掩藏，就轉而用鬼神之禮事奉之，事奉鬼神的禮以祭祀爲主，祭祀活動展現了古人對於祖先崇拜的信仰。春秋時代面臨「禮壞樂崩」

〔註1〕 〔（漢）鄭玄注；（唐）孔穎達疏；龔抗雲整理；王文錦審定，《禮記正義（十三經注疏）》，（北京：北京大學出版社，2000），359。

的局勢，各種禮制紛紛面臨挑戰，除了攸關養生送死的喪禮以外，關涉古代信仰生活的祭祀禮儀也發生動搖。孔子面對禮壞樂崩的時代，禮制的毀棄除了表示社會整合力量的喪失，也顯示出春秋時代的世界觀危機與人神關係的變遷。由禮的字源意義來看，禮以事神致福為其根源意義，具有宗教性涵義。禮除具有宗教性涵義外，作為具體規範的禮儀，也成為社會整合力量。「禮云禮云，玉帛云乎哉？」（〈17‧11〉）〔註2〕禮有內在心意、外在儀節、禮器的區別，禮的根本不在於一切外在的器物、儀節，而在於行禮的心意。由於禮具有宗教性的涵義，是人神關係的重要溝通管道，人透過禮求事神致福，容易導致互相贈與式的人神關係變質為互相收買的關係，禮與鬼神的公正性與神聖性遂開始下降。僭越的禮、對象不當的禮儀在孔子的時代屢見不鮮，禮的神聖性流失以後，禮制也僅剩下空虛的形式，這正是孔子所憂慮的。孔子面對禮壞樂崩的局勢，試圖重整適當的人神關係，強調現世人的生活，並以「天」為其最終的祈禱與獲罪的對象。本節將分析《論語》，並參考上海博物館藏楚國竹書〈魯邦大旱〉，由禮儀的不當執行、禮流於形式化、禮的宗教意義流失三個層面，研究面臨禮壞樂崩的局勢，孔子如何面對人與超越界的關係。相對於子貢認為應該去除固有的事鬼神之禮並對傳統的禮儀與人神關係提出質疑，孔子對於固有禮制不輕易廢除、對百姓的信仰予以尊重。孔子面臨禮壞樂崩的基本立場是：在接受舊有禮俗的同時，將舊有禮俗、民俗色彩濃厚的儀式與人道的解釋相配合。

一、孔子以前禮的宗教性基礎

「禮」由字源意義看，說文：「禮：履也。所以事神致福也。从示从豊，豊亦聲。」段注：「履，足所依也。引伸之，凡所依皆曰履……禮有五經，莫重於祭，故禮字從示。」依據《周禮‧大宗伯》記載大宗伯之職，五禮應為「吉」、「凶」、「賓」、「軍」、「嘉」。〔註3〕段玉裁所說的「禮有五經」，即五禮，「莫重於祭，謂以吉禮為首也。」〔註4〕古人相信神祇與至上神並存，神祇享

〔註2〕本文所見《論語》篇章號碼、《論語》原文句讀及新式標點符號，皆依照傅佩榮，《傅佩榮解讀論語》，（新北市：立緒，1999）所示。

〔註3〕（漢）鄭玄注；（唐）賈公彥疏；趙伯雄整理；王文錦審定，《周禮注疏（十三經注疏）》，（北京：北京大學出版社，2000），529。

〔註4〕鄭玄語。（漢）鄭玄注；（唐）孔穎達疏；龔抗雲整理；王文錦審定；李學勤主編，《禮記正義（十三經注疏）》，（北京：北京大學出版社，2000），1570。

受人間獻祭，作爲天人中介，[註5] 現世的人可以透過神祇的中介與至上神取得溝通，溝通管道除「禱」[註6] 以外，還有向鬼神獻祭等方式。祭禮的對象很多，廣及昊天上帝、日月星辰、社稷山川百神、以及人鬼祖先等等。[註7]《禮記‧祭法》中記載了古人舉行祭禮的各種對象：

> 燔柴於泰壇，祭天也。瘞埋於泰折，祭地也。用騂犢。埋少牢於泰昭，祭時也。相近於坎、壇，祭寒暑也。王宮，祭日也。夜明，祭月也。幽宗，祭星也。雩宗，祭水旱也。四坎、壇，祭四方也。山林、川谷、丘陵能出雲爲風雨，見怪物，皆曰神。有天下者祭百神。諸侯在其地則祭之，亡其地則不祭。[註8]

可見諸神種類、數量龐雜。現出不常見的現象者，古人將之統稱爲「神」。古人爲求方便起見，將諸神大致區分爲三種類別：天神、地示（祇）、人鬼。[註9]以此三類區分諸神的文獻記載又可見於《周禮》，參見《周禮‧大宗伯》：

> 大宗伯之職，掌建邦之天神、人鬼、地示之禮，以佐王建保邦國。以吉禮事邦國之鬼神示，以禋祀祀昊天上帝，以實柴祀日、月、星、辰，以槱燎祀司中、司命、飌師、雨師，以血祭祭社稷、五祀、五嶽，以貍沈祭山林、川澤，以疈辜祭四方百物。以肆獻祼享先王，以饋食享先王，以祠春享先王，以禴夏享先王，以嘗秋享先王，以烝冬享先王。[註10]

由於諸神的職能各不相同，所以古人爲了因應不同的要求，以不同的方式於適當的時機對於諸神進行祭祀獻饗。古人更認爲禮樂與鬼神兩者的作用相配合，使社會合同有序，見《禮記‧樂記》：

[註5] 詳見傅佩榮，《儒道天論發微》，（臺北市：聯經，2010），90。
[註6] 「禱」也出現於《論語》。例如：
    1.「子疾病，子路請禱。」（〈7‧35〉）
    2. 子曰：「不然，獲罪於天，無所禱也。」（〈3‧13〉）
[註7] 章景明，〈喪之禮吉凶觀念之分別〉，收入李曰剛等著，《三禮研究論集》，（臺北市：黎明文化，1981），172。
[註8] 《周禮注疏（十三經注疏）》，1509～1510。
[註9] 蕭登福認爲天神、地祇以所屬的空間位置而異，天神屬於空中與天象有關，地祇屬於地上與大地有關，而人死爲鬼。「屬於空中的，如天帝、日、月、星、辰、風、雨、雷、電等神，皆歸於天神，凡是在地上的，如大地、山、川、河、澤、社、稷等，皆屬於地示。凡是人死後之魂魄，皆稱爲人鬼。」（蕭登福，《先秦兩漢冥界及神仙思想探原》，（臺北市：文津，2001），37～38。）
[註10] 《周禮注疏（十三經注疏）》，529。

大樂與天地同和，大禮與天地同節。和，故百物不失；節，故祀天
祭地。明則有禮樂，幽則有鬼神。如此，則四海之內，合敬同愛矣。
禮者，殊事合敬者也。樂者，異文合愛者也。禮樂之情同，故明王
以相沿也。故事與時並，名與功偕。〔註11〕

可見古人認爲糅合禮樂教人的作用與鬼神助成天地的作用，可以使社會達到
理想和諧的狀態，所以歷代先王皆承續以禮樂維繫人類的生活。禮樂與鬼神
相輔，周代理想的禮制，其根源意義實在不脫人神關係的實踐。孫詒讓謂：「禮
以事神致福爲本義，故五禮首吉禮。」〔註12〕周代存在人的神化思想，〔註13〕
認爲人於死後還能存續，並且繼續接受祭祀、享用來自人的禮贊，並且對於
人類生活做出影響。

《易・豫卦・大象》：「先王以作樂崇德，殷薦之上帝，以配祖考。」〔註14〕
古代帝王舉行祭祀，殷薦上帝、祖先。執行禮應有的適當態度如《尚書・說
命》：「黷于祭祀，時謂弗欽；禮煩則亂，事神則難。」〔註15〕但基於祭祀的
具體作用之一是使鬼神作福，古人相信可以透過祭祀帶來福佑，祭者不免產
生「祭祀求福」的心態，於是鬼神的形象也漸漸改變成可以接受人賄賂賜福
的狀態，參考《詩・小雅・楚茨》：「神保是格，報以介福，萬壽攸酢……神
嗜飲食，使君壽考。」〔註16〕人神關係變成一種宛如可以互相收買的關係，
鬼神的公正性與神聖性也開始下降，〔註17〕漸漸地甚至發展出「民」爲「神

〔註11〕 《禮記正義（十三經注疏）》，1267。
〔註12〕 孫詒讓，《周禮正義》，全十四冊，（北京：中華書局，1987），第五冊，1297。
〔註13〕 周代人的神化思想可見於以下段落：
　　　　1. 《詩・大雅・文王之什》：「文王在上，於昭于天，周雖舊邦，其命維新。
　　　　　有周不顯，帝命不時。文王陟降，在帝左右。」（（漢）毛亨傳；（漢）鄭玄
　　　　　箋；（唐）孔穎達疏；鞏抗雲、李傳書、胡漸逵、肖永明、夏先培整理；劉
　　　　　家和審定，《毛詩正義（十三經注疏）》，（北京：北京大學出版社，2000），
　　　　　1120～1121。）
　　　　2. 《詩・周頌・清廟》：「於穆清廟，肅雝顯相。濟濟多士，秉文之德。對越
　　　　　在天，駿奔走在廟。不顯不承？無射於人斯。」（同書，1506～1507。）
　　　　3. 《詩・大雅・下武》：「下武維周，世有哲王。三后在天，王配于京。」（同
　　　　　書，1228。）
〔註14〕 （宋）朱熹，《周易本義》，（臺北市：大安，1999），87。
〔註15〕 （漢）孔安國傳；（唐）孔穎達正義；廖名春、陳明整理；呂紹綱審定，《尚
　　　　書正義（十三經注疏）》，（北京：北京大學出版社，2000），299。
〔註16〕 《毛詩正義（十三經注疏）》，953～963。
〔註17〕 例如古代祭祀雖用幣爲祭品，但原來的意思不是爲了賄賂鬼神，而是如與人

之主」的思想，參見：

1. 《左傳・桓公六年》：夫民，神之主也，是以聖王先成民而後致力於神。〔註18〕

2. 《左傳・莊公十年》：對曰，小惠未遍，民弗從也，公曰，犧牲玉帛，弗敢加也，必以信，對曰，小信未孚，神弗福也，公曰，小大之獄，雖不能察，必以情。〔註19〕

3. 《左傳・襄公十四年》：師曠侍於晉侯。晉侯曰：「衛人出其君，不亦甚乎？」對曰：「或者其君實甚。良君將賞善而刑淫，養民如子，蓋之如天，容之如地；民奉其君，愛之如父母，仰之如日月，敬之如神明，畏之如雷霆，其可出乎？夫君，神之主而民之望也。若困民之主，匱神乏祀，百姓絕望，社稷無主，將安用之？弗去何為？天生民而立之君，使司牧之，勿使失性。〔註20〕

引文（1）中，根據杜注：「言鬼神之情，依民而行。」〔註21〕天生民，為民設立君主，使君主愛護人民、勿使失性。教化百姓，經營民生、使民和樂，緊接著事奉神，祭祀時犧牲玉帛等祭神之物必依禮為之，祭祀必誠，則能受神降福。由君主擔任天與民之間承上啟下的身份，同時負責祭祀神明使神降福於人。將這一連串的人神關係往回推，「鬼神之情，依民而行」〔註22〕，而民是由天所生，整體關係由「天」作統攝。在孔子誕生前夕，春秋時代的人神關係與天人關係發生如是轉變，人神關係的政治性與道德性逐漸展現。但如果由此斷言春秋不再從事神上求禮的起源，或以為禮的

相見時餽贈見面禮，不是為了帶給對方利益。經過漫長歷史的流傳，唐朝開始流行紙錢，引來宋朝學者批評。（宋）胡致堂云：「古者祭必用幣，所以交神，猶人之相見，有贄以為禮，非利之也。後世淫祀既眾，於是廢幣帛而用楮帛，是以賄賂交於神也。使神而果神也，夫豈可賄？使其不神而可賄也，又安用事？」（引自王治心，《中國宗教思想史大綱》，（北京：商務印書館，2015），68。）

〔註18〕楊伯峻，《春秋左傳注》，全二冊，（臺北市：紅葉文化，1993），上冊，111～112。

〔註19〕《春秋左傳注》，上冊，182～183。

〔註20〕《春秋左傳注》，下冊，1016。

〔註21〕《春秋左傳注》，上冊，111。

〔註22〕（周）左丘明傳（晉）杜預注（唐）孔穎達正義；蒲衛忠、龔抗雲、胡遂、于振波、陳咏明整理；楊向奎審定，《春秋左傳正義（十三經注疏）》，（北京：北京大學出版社，2000），201。

宗教性已經完全變質，〔註23〕這樣的說法是否符合孔子哲學思想的實情，則有待商榷。

二、孔子時代禮所面臨的困境

春秋時代世衰道微的現象，由政治面向具體而言即「社會整合力量的喪失」〔註24〕。《孟子・滕文公下》：「世衰道微，邪說暴行有作，臣弒其君者有之，子弒其父者有之。孔子懼，作《春秋》。」〔註25〕顯示當時的社會亂象至少發生於兩個層面：一是文化層面，二是涵括君臣、父子等的人倫關係層面。春秋時代維繫社會與倫理道德的總綱領以「禮」爲主，關於禮的應用範圍《禮記・曲禮上》云：

> 道德仁義，非禮不成。教訓正俗，非禮不備。分爭辨訟，非禮不決。
> 君臣上下，父子兄弟，非禮不定。宦學事師，非禮不親。班朝治軍，
> 泣官行法，非禮威嚴不行。禱祠祭祀，供給鬼神，非禮不誠不莊。
> 是以君子恭敬撙節退讓以明禮。〔註26〕

以上引文顯示「禮」的內容廣及個人修養、社會風俗、社會公義或法律規範、名分倫理、宗教生活。同時「禮」具有區別遠近親疏、階級屬性差異的功能，並且可以作爲辨明是非的標準。〔註27〕孔子時代，作爲社會整合力量的禮趨於崩壞，「事君盡禮，人以爲諂也。」（〈3・18〉）認眞奉行禮制甚至被人以爲是討好國君。同時，禮制的內涵也逐漸喪失，孔子感嘆：「禮云禮云！

〔註23〕詳見徐復觀，《中國人性論史——先秦篇》，（臺北市：臺灣商務，1969），48～52。

〔註24〕以「禮」爲「整合力量」的用法參考許倬雲的說法：「中國是以「禮」作爲整合的力量，禮出現在國家之前，法則出現在國家之後，春秋戰國以前禮大於法，禮與親緣組織有很密切的關係。」（許倬雲，《中國古代文化的特質》，（臺北市：聯經，1988），47。）《論語・里仁》子曰：「能以禮讓爲國乎？何有？不能以禮讓爲國，如禮何？」、《論語・爲政》子曰：「道之以政，齊之以刑，民免而無恥；道之以德，齊之以禮，有恥且格。」由此可知禮與國家的政治教化密切相關，以德行、禮制來教化、約束人民是孔子所推崇的，「禮」具有端正國家的功用，且孔子以禮治優於法治。

〔註25〕（漢）趙岐注；（宋）孫奭疏；廖名春、劉佑平整理；錢遜審定，《孟子注疏（十三經注疏）》，（北京：北京大學出版社，2000），210。

〔註26〕《禮記正義（十三經注疏）》，16～17。

〔註27〕《禮記・曲禮上》：「夫禮者，所以定親疏，決嫌疑，別同異，明是非也。」（《禮記正義（十三經注疏）》，14。）

玉帛云乎哉？」（〈17‧11〉）禮有內在心意、外在儀節區別，禮的根本不在於一切外在的器物、儀節，亦不是欠缺情感內涵的儀式動作。

由禮涉及的宗教生活面向來看，在孔子時代，禮的宗教性也發生變質。《論語》中記載祭禮失當的實況當如下：

1. 子曰：「非其鬼而祭之，諂也。見義不為，無勇也。」（〈2‧24〉）
2. 三家者以《雍》徹。子曰：「『相維辟公，天子穆穆。』奚取於三家之堂？」（〈3‧2〉）
3. 季氏旅於泰山。子謂冉有曰：「女弗能救與？」對曰：「不能。」子曰：「嗚呼，曾謂泰山不如林放乎？」（〈3‧6〉）
4. 子曰：「禘自既灌而往者，吾不欲觀之矣。」（〈3‧10〉）
5. 或問禘之說。子曰：「不知也。知其說者之於天下也，其如示諸斯乎！」指其掌。（〈3‧11〉）
6. 祭如在。祭神如神在。子曰：「吾不與祭如不祭。」（〈3‧12〉）
7. 王孫賈問曰：「『與其媚於奧，寧媚於竈。』何謂也？」子曰：「不然。獲罪於天，無所禱也。」（〈3‧13〉）
8. 子貢欲去告朔之餼羊。子曰：「賜也，爾愛其羊，我愛其禮。」（〈3‧17〉）
9. 子疾病，子路請禱。子曰：「有諸？」子路對曰：「有之。《誄》曰：『禱爾于上下神祇。』」子曰：「丘之禱久矣。」（〈7‧35〉）

據古禮，人可以透過祭祀與祈禱的方式與神祇溝通，如（9）子路相信「上下神祇」之存在，並且人可能透過祈禱的方式與神祇取得溝通，從而獲得助祐。顯示當時人不僅相信鬼神，且以為神人關係是「相互贈與」式的。〔註28〕人神關係在時人的觀點中轉變為可以相互贈與、相互收買求福的情況如（1）、（7），孔子對於諂媚鬼神的行為持否定的態度。並透過引文（7）可以得知孔子對於人神關係所持的態度，孔子以「天」為其最終的祈禱與獲罪的對象而非鬼神。引文（2）（3）（4）（5）則顯示時人行禮失當。引文（8）則涉及禮儀存廢的問題，將於後文詳論。

〔註28〕蒲慕州，《追尋一己之福：中國古代的信仰世界》，（臺北市：允晨文化，1995），88。

三、祭祀的基本原則

前段整理出《論語》所載的祭禮失當實況，由孔子觀察禮儀失當的反應，可以推知孔子對祭禮所持的基本原則。孔子強調古代君王重視祭祀，「所重：民、食、喪、祭。」（〈20・1〉），肯定祭祀在古代生活中扮演重要角色。然而祭祀有應該遵守的基本原則，如前段引文，孔子說：「非其鬼而祭之，諂也。」（〈2・24〉）在原始社會中，死人與活人並非絕對的隔離，死人能夠使活人得福或受禍。〔註29〕春秋時代仍然繼承這樣的風俗，認為人可以透過祭祀的方式與死去的祖先或其餘鬼神溝通，從而獲得福佑。然而，依照身份，祭祀對象各有不同。即便祭祀了自己所不應該祭祀的對象，也無法受到福佑。〔註30〕同樣的祭祀原則也可見於《左傳》，《左傳・僖公十年》：「神不歆非類，民不祀非族」〔註31〕、《左傳・僖公三十一年》：「鬼神非其族類，不歆其祀」〔註32〕。由此可知，祭祀對象與人類皆有「族」與「類」的區分，人與祭祀對象有共屬的共同體，因為各個共同體之間有所區隔，祭祀對象不會歆享來自其餘共同體的祭祀，人跨越其所屬的共同體而去祭祀屬於其他共同體的祭祀對象是不會產生福佑效果的，故白川靜指出「為祭者與被祭者的關係是特定的」。〔註33〕

〔註29〕「對原始人來說，沒有不可逾越的深淵把死人與活人隔開。相反的，活人經常與死人接觸。死人能夠使活人得福或受禍，活人也可以給死人善待或惡報。」（（法）列維・布留爾（Lucien Lévy-Bruhl，1857～1939），《原始思維》，丁由譯，（北京：商務印書館，1981），249。）先秦時代也存在著鬼神能夠福佑生者的想法，例如《易經・困卦》九五〈象〉曰：「利用祭祀，受福也。」、《周易・既濟》九五：「東鄰殺牛，不如西鄰之禴祭，實受其福。」〈象〉曰：「東鄰殺牛，不如西鄰之時也。實受其福，吉大來也。」（（宋）朱熹，《周易本義》，（臺北市：大安，1999），228。）、《左傳・成公五年》：「祭余，余福女」（《春秋左傳注》，下冊，821。）等，皆顯示古人透過祭祀，希望可以獲得鬼神福佑的想法。

〔註30〕可以祭祀的人鬼不只包含祖先神，還有有功於民而被奉為祭祀對象者。「人鬼亦不盡為祖考也。〈祭法〉：『法施於民則祀之，以死勤事則祀之，以勞定國則祀之，能禦大災則祀之，能捍大患則祀之。』〈月令〉：『仲夏，命百縣雩祀百辟卿士有益於民者。』〈王制〉：『天子諸侯祭因國之在其地而無主後者。』此亦其鬼也。」（程樹德，《論語集釋》，（北京：中華書局，1990），133。）

〔註31〕《春秋左傳注》，上冊，334。

〔註32〕《春秋左傳注》，上冊，487。

〔註33〕白川靜指出：「假若將氏族的起源性置於文字學上來探討的話，想必『氏』是祭祀的共同體，『族』是軍事的共同體；氏族的構成，似乎具有此兩方面的作用……古代的氏族是軍事的共同體，又是祭祀的共同體，祭祀的對象，是氏族神的祖先神，祖靈也，又被認為其氏族的保護靈—精靈等。精靈被視為自然神，大抵置於其祭祀體系之中，而祖靈則以祭祖形式祭之；祖靈僅由其所

如果超出了「族」與「類」而祭祀不應該祭祀的對象，不僅沒有招來福佑的效果，更被《論語》認爲是一種「諂媚」的行爲。《論語》中可見的祭祀的基本原則就是：祭祀自己身份所對應的祭祀對象，祭祀自己所不應祭祀的對象則是諂媚求福的行爲。此外，僭越本分祭祀不該祭祀的對象，還可見於〈八佾〉：「季氏旅於泰山。子謂冉有曰：『女弗能救與？』對曰：『不能。』子曰：『嗚呼，曾謂泰山不如林放乎？』」（〈3‧6〉）僭禮的祭祀也受到孔子的指責，同時更違背「神不享非禮」〔註34〕的祭祀原則。綜合以上論述，《論語》中的祭祀基本原則有二：「非其鬼不祭」、「非禮不祭」。

孔子論禮，重視內在眞誠的心意配合外在儀節。即便物質條件無法配合，仍應以內在心意爲重，孔子曾說：「喪，與其易也，寧戚」（〈3‧4〉）喪禮與其儀式周全，不如心中哀戚。實現外在形式與內在情感調和的理想，是孔子對於「禮」的基本立場。參照〈八佾〉：「祭如在。祭神如神在。子曰：『吾不與祭如不祭。』」（〈3‧12〉）一文，「祭如不祭」〔註35〕的態度就是未能兼具外在形式與內在情感的失敗。〔註36〕雖然親身參與祭祀、行禮如儀，但卻欠缺行禮應有的嚴肅認眞與恭敬虔誠的態度，如此舉行祭祀的態度是孔子不贊同的。

屬氏族的人們所祀而已。所謂的『神不歆非類』（左傳僖公十年）者，爲祭者與被祭者的關係是特定的，在此意義上，神亦是屬於共同體。」（白川靜，《中国古代の文化》，（東京：講談社学術文庫，1979），87～88。）

〔註34〕《四書章句集注》，83。

〔註35〕「祭如在，祭神如神在。子曰：『吾不與祭如不祭。』」後半段句讀，歷代主要有兩種，朱熹從舊讀將這一句斷句爲「吾不與祭，如不祭」，勞思光也依據這個斷句，並認爲孔子不以爲客觀上眞有一「神」享祭。（勞思光，《新編中國哲學史（一）》，（臺北市：三民，2010），135。）若如此斷句，可能的解釋有兩種，一種是「我不參加祭祀（或使人攝祭），不如不要祭祀」，另一種是「我不參加祭祀（或使人攝祭），就好像沒有祭一樣」，這兩句解說上都甚不通順。另一種斷句方式如是「吾不與，祭如不祭」，《經讀考異》採之；韓愈亦於〈讀墨子〉中云：「孔子祭如在，識祭如不祭者」洪氏注言：「祭如不祭，吾所不與。與，許也。」（韓愈，〈讀墨子〉，引自《論語集釋》，175。）筆者認爲應以第二種斷句較爲通順合理，顯示孔子不贊同「參加祭祀卻有如不祭祀的態度。」

〔註36〕芬格萊特（H. Fingarett）區分出實踐禮儀過程中兩種相反類型的失敗，一種是缺乏對於禮的認識與技巧導致行禮笨拙；另一種是實踐禮儀表面上看似熟練靈巧，但缺乏嚴肅認眞的意志與信守，導致禮顯得機械與乏味。（H. Fingarett, *Confucius: Secular as Sacred*（New York: Harper & Row, 1972）:8.「祭如不祭」的失敗當屬於後者。

　　祭禮的對象除了昊天上帝、日月星辰、社稷山川百神，更包含人鬼祖先。祭禮的主要功能是作爲活在現世的生者與已故死者即鬼神之間的溝通管道，同時更是「慎終追遠」（〈1‧9〉）的具體表現。《論語》重視至親之喪，並強調對死者祭祀時的恭敬虔誠態度。禮儀貫通過去與現在，乃至未來的一貫，孔子甚至認爲「慎終追遠」可以達到使社會風氣漸趨淳厚的作用。〔註37〕「慎終」的喪禮與「追遠」的祭祀，都要求行禮者的眞心誠意，是配合內心情感需求而設。「眞誠面對內心情感要求」是「仁」的必要條件，於是有子說：「孝弟也者，其爲仁之本與！」（〈1‧2〉），「慎終追遠」可說是行仁的契機，因此曾子曰：「慎終追遠，民德歸厚矣。」（〈1‧9〉）

　　孔子除了強調祭祀應抱持恭敬虔誠的態度，也未曾否定過祭祀對象的存在。對於鬼神應「尊敬鬼神所以與之保持適當距離」，〔註38〕並且不應諂媚鬼神，不應該祭祀不應祭祀的鬼神企圖求福。並且強調藉由建構對人際關係的紮實理解，可以增進面對「事鬼神」與「死」問題的處理能力，〔註39〕尙不能和人相處，就急著服事死者，實在是好高鶩遠。孔子將鬼神的問題回歸到生者之間的關係上，並以「天」爲其最終的祈禱與獲罪的對象。

〔註37〕　〈1‧9〉

〔註38〕　子曰：「務民之義，敬鬼神而遠之，可謂知矣。」（〈6‧22〉）「遠」字於《論語》中，共出現於二十一個段落，其中有八個段落中的「遠」做動詞用。「遠」的意思主要有「遠離」、「避開」、「疏遠」、「保持適當距離」。除了可以表示「遠離」、「避開」、「疏遠」有害的、不可欲的對象以外，還可以表示與對象保持適當的距離。而保持適當距離的對象不見的是有害或不可欲的，最明顯的例子如〈16‧13〉：陳亢退而喜曰：「問一得三：聞詩，聞禮，又聞君子之遠其子也。」孔子所「遠」的對象是兒子。可知「遠」的對象並不限於有害、不可欲者，還可能是與自己親近的對象，甚至自己的兒子。參照孔子參與祭祀、對於祭祀對象的虔誠恭敬態度，並配合「遠」所使用的對象考察，〈雍也〉的「敬鬼神而遠之」一語顯然應該解作「尊敬鬼神所以與之保持適當距離」，「而」字應該做順接用法。山下龍二解析《論語》中「敬而」的用法時，舉出「君子敬而無失」爲依據，指出「敬而」中「而」字可以當做順接用法，表示「出自於內心的恭敬所以⋯⋯」。（詳見山下龍二，〈論語における《鬼神》について—儒教の宗教的性格—〉，《名古屋大學文學部二十周年記念論集》，（名古屋：名古屋大學文學部，1968），46～47。）雖然山下氏提出《論語》中兩段記載作爲佐證，但「敬而不違」一段於今本作「又敬不違」（〈4‧18〉），朱熹本、今本皆多改作「有敬不違」。皇本「敬」下有「而」字。《考文補遺》引古本「敬」下有「而以」二字。（詳見程樹德撰；程俊英、蔣見元點校，《論語集釋》，（北京：中華書局，1990），270。））若將「敬鬼神而遠之」中的「而」字作順接解似乎較能與《論語》強調應謹愼齋戒、舉行祭禮應該抱持恭敬虔誠的態度、禮以內心眞誠情感爲根本的立場融貫。

〔註39〕　季路問事鬼神。子曰：「未能事人，焉能事鬼？」（〈11‧12〉）

四、由固有禮制的動搖看人神關係

鬼神信仰在中國古代存在已久，且《論語》中孔子亦未曾排拒當時的鬼神信仰實況，反而予以尊重。〔註40〕「禮」從「示」，究其本意似乎曾指宗教儀式，當禮展現為神聖的「具體行動」時，容易與其所擁有的意義與品質分離，喪失其神聖性，〔註41〕只剩下空泛的形式，這正是孔子所憂慮的。前文論述《論語》所載祭禮失當的例子及行祭禮應有的態度，本段將進一步針對《論語》、《禮記》、出土文獻所記門人欲改變過往禮制的例子分析孔子對人神關係的看法。

孔子身處的時代，部分禮儀的實質與其神聖性喪失，僅剩下空虛的形式。甚至因為禮儀的實質不復存在，時人對於禮制甚至發出廢除的呼聲。《論語》記載子貢想要除去告朔之禮所供的活羊，參見《論語・八佾》：

> 子貢欲去告朔之餼羊。子曰：「賜也，爾愛其羊，我愛其禮。」（〈3・17〉）

古代天子頒告諸侯曆法，歸而藏諸祖廟，諸侯每月初一宰殺活羊告祭祖廟，上告祖先然後聽政。《四書訓義》：「朔之必告，崇天時以授民以奉天也，定天下於一統以尊王也，受成命於先公以敬祖也，其為禮也大矣。」〔註42〕告朔餼羊的禮儀實際上涉及崇天、君臣關係、敬祖三層面，涵括人際關係、天人關係、人神關係的維繫。在孔子的時代，魯君已經不復行告朔之禮，子貢以為在這樣的時勢下行告朔是無實而浪費。孔子對子貢說：「你捨不得那羊，我捨不得那禮啊。」歷來對於孔子保存這種禮儀的解法多從朱熹：「子貢蓋惜其無實而妄費。然禮雖廢，羊存，猶得以識之而可復焉。若併去其羊，則此禮遂亡矣，孔子所以惜之。」〔註43〕認為孔子只是要保存這樣的禮制使人記住這種禮，有朝一日得以恢復。若只是保留形式而忽略儀式背後所涉及的人際關係、天人關係、人神關係，則保留形式也可能流於空虛的儀式操作，豈不是有違孔子「吾不與祭如不祭」的態度嗎？孔子對於禮的態度絕非採取形式主義的立場，孔子於此對於子貢的回答不僅訴求儀式的保存，同時也提醒子貢應重視行禮背後的真實情感與信仰。

〔註40〕 〈10・14〉：「鄉人儺，朝服而立於阼階。」孔子雖然未參加儺祭，卻穿著正式服裝觀禮，顯示出對於古禮的尊重。

〔註41〕 B. Schwartz, *The World of Thought in Ancient China* （MA: Harvard University Press, 1985）:73.

〔註42〕 王船山，《四書訓義》，引自《論語集釋》，194。

〔註43〕 （宋）朱熹，《四書章句集注》，（臺北市：大安，1999），88。

　　旁證的資料可以參考《禮記》，可以發現子貢對於禮的態度重視禮的形式，《禮記‧檀弓上》記載：

> 孔子在衛，有送葬者，而夫子觀之，曰：「善哉爲喪乎！足以爲法矣，小子識之。」子貢曰：「夫子何善爾也？」曰：「其往也如慕，其反也如疑。」子貢曰：「豈若速反而虞乎？」子曰：「小子識之，我未之能行也。」〔註44〕

孔子在衛國，有出殯送葬的行列，孔子看見之後：「這一家人出殯的表現眞了不起！足以作爲人們學習的榜樣，學生們看了可要記住。」子貢說：「老師您爲什麼稱讚他們呢？」孔子說：「當他們從家裡往墓地去時，子女表現對父母孺慕之情依依不捨的樣子；等到從墓地回來的路上走得非常遲緩猶疑，流露念念不捨的情懷。」子貢說：「這倒還不如趕快回家舉行安神的虞祭。」孔子說：「你們可要記住（子貢的話），連我都做不到呢」根據孔疏：「子貢之意，喪既已竟，神靈須安，豈如速反虞祭安神乎？但哀親在彼，是痛切之本情，反而安神，是祭祀之末禮，故下文夫子不許。」〔註45〕孔子強調行禮背後的眞實情感、眞情表現（質），而子貢卻重視喪禮形式，子貢重視形式的態度受到孔子反對。徒求禮制的保存而忽略禮制背後的情感與信仰，與孔子對於禮的詮釋是不相符的。

　　相似的例子也可見於上海博物館藏竹書〈魯邦大旱〉，參考馬承源主編的《上海博物館藏戰國楚竹書二》〔註46〕：

> 【第一簡】魯邦大旱，哀公謂孔子：「子不爲我圖之？」孔子答曰：「邦大旱，毋乃失諸刑與德乎？唯
>
> 【第二簡】之何在？孔子曰：「庶民知說之事，視也，不知刑與德，如毋愛珪璧幣帛於山川，政刑與
>
> 【第三簡】出遇子貢曰：「賜，爾聞巷路之言，毋乃謂丘之答非歟？」子貢曰：「否也，吾子若重命（名）其歟？如非政刑與德，以事上天，此是哉。若夫毋愛珪璧

〔註44〕《禮記正義（十三經注疏）》，240。
〔註45〕《禮記正義（十三經注疏）》，240。
〔註46〕馬承源主編，《上海博物館藏戰國楚竹書（二）》，（上海：上海古籍出版社，2002），201～210。

【第四簡】璧帛於山川，毋乃不可。夫山，石以爲膚，木以爲民，如天不雨，石將焦，木將死，其欲雨或甚於我，何必恃乎名乎？夫川，水以爲膚，魚以

【第五簡】爲民，如天不雨，水將涸，魚將死，其欲雨，或甚於我，何必恃乎名乎？孔子曰：「於呼……」

【第六簡】公豈不飽梁食肉哉也，無如庶民何

馬氏第二簡「『政』刑與」、第三簡「『政』刑與德」的「政」應改作「正」，一方面文中「刑」與「德」作爲一對概念反覆出現，另一方面「刑」與「德」在《論語》中也是君子所在乎的兩個重要項目。〔註47〕一般人不在乎規範與德行而在乎產業與利益，就容易胡作非爲，故應以規範與德行導正。

第三簡「吾子若重命（名）其歟」，原簡作「命」，但馬氏依據第四、五簡改作「名」，兩字有明顯區別，又三者同出一文，應無須特意使用不同文字表同義，筆者認爲第三簡不必刻意改「命」爲「名」。子貢認爲「毋薆珪璧幣帛於山川（不吝惜珪璧幣帛祭祀山川）」是可以免去的，但是矯正刑（規範）與德事奉上天是正確的。據子貢欲去祭山川的「說祭」〔註48〕可推知，第四簡、第五簡的「名」即是指「說祭」。如果按照馬氏，依據第四、第五簡，而將第三簡中的「命」改爲「名」，則第三簡的「名」也應該指向「說祭」，然而，「命」與「名」在原簡中區別使用，意義當有差異。若據林義正的考據：「《周禮》所言之祝、祈、說、辭、號、命、祭皆可歸指祭祀鬼神示活動中的內容，或總說，或分說，或指其一部份活動之名而已。」〔註49〕林義正將「命」解作「說祭的禱詞」，「命」雖可作「文書」解，但是「命」特指「聘

〔註47〕 子曰：「君子懷德，小人懷土；君子懷刑，小人懷惠。」（〈4‧11〉）

〔註48〕 有關於「說」祭，《周禮‧春官宗伯》：「大祝：掌六祝之辭，以事鬼神示，祈福祥，求永貞。一曰順祝，二曰年祝，三曰吉祝，四曰化祝，五曰瑞祝，六曰策祝。掌六祈以同鬼神示，一曰類，二曰造，三曰禬，四曰禜，五曰攻，六曰說。」鄭司農云：「類、造、禬、禜、攻、說，皆祭名也。」鄭玄注云：「攻、說，則以言辭責之……類、造、禬、禜皆有牲，攻、說用幣而已。」（《周禮注疏（十三經注疏）》，774～775。）參考趙容俊的研究：「《廣雅‧釋詁》云：『說，論也。』謂陳論其事以責之，其禮尤殺也。《淮南子‧泰族訓》云：『雩兌而請雨。』宋本許注云：『兌，說也。』則請雨亦有說矣。」（趙容俊，《殷商甲骨卜辭所見之巫術（增訂本）》，（北京：中華書局，2011），161。）

〔註49〕 詳見林義正，《孔學鉤沈》，（臺北市：國立編譯館，2007），251。

會之書」〔註50〕，將命當做說祭的禱詞似乎不妥。但是「命」若解爲《周禮‧春官‧大祝》中九祭的「命祭」亦不妥，鄭注：「命祭者，〈玉藻〉曰：『君若賜之食，而君客之，則命之祭，然後祭』是也。」〔註51〕命祭屬於食祭，於〈魯邦大旱〉的文脈並無關聯。參考谷中信一〈上海博楚簡『魯邦大旱』譯註〉〔註52〕的研究，「孔子認同魯國的旱災是因天命而起，一方面尊重天命，另一方面現實中如何克服旱災則是孔子與子貢共有的問題意識。」鄭玄云：「類、造、禬、禜皆有牲，攻、說用幣而已。」〔註53〕可知「幣」是說祭中使用的祭品。古人有祭祀求福的傳統，例如《尚書‧金縢》中記載：「嗚呼！無墜天之降寶命，我先王亦永有依歸。今我即命于元龜，爾之許我，我其以璧與珪歸俟爾命；爾不許我，我乃屏璧與珪。」〔註54〕周公欲以璧與珪獻祭等待鬼神的命令，〔註55〕而「命」的根源上溯至天。人間一切「限定」皆可認爲是天命的結果，〔註56〕命有「命運」的意義、同時也有號命、使命的意義。孔子知道命運決定「道之將行也與」（〈14‧36〉），但仍然努力擇善固執。因此，第三簡子貢曰：「吾子若重命（名）其歟？」應解釋爲「先生您還是重視那天命吧？」既然重視天命，理應用適當的方式事奉上天。所以子貢緊接著說：「如非政刑與德，以事上天，此是哉」。孔子與子貢共同的問題意識在於：人間雖然有天命的各種限制（如大旱），仍然應該正刑與德以事奉上天。〔註57〕然而，子貢

〔註50〕《黃氏後案》：「命者，聘會之書，圖於使者未行之前。」（黃氏三，《論語後案》引自程樹德，《論語集釋》，960。）

〔註51〕《禮記正義（十三經注疏）》，782。由此可知，命祭屬於食祭，祭食、主客相關的禮儀可以參閱《儀禮‧公食大夫禮》、《禮記‧曲禮》等。

〔註52〕谷中信一，〈上海博楚簡『魯邦大旱』譯註〉，《『出土文獻と秦楚文化』》，2004，創刊號，85～118。

〔註53〕《周禮注疏（十三經注疏）》，775。

〔註54〕《尚書正義（十三經注疏）》，395～396。

〔註55〕周公龜卜，若獲得允許，就以璧與珪獻祭，等待三王神靈的命令。周公璧珪獻祭，祭祀等待三王（祖先）的號命，欲求三王「無墜天之降寶命」，而自三王以降至武王周公的「寶命」又是來自天降。一方面祭祀鬼神、聽命於鬼神，而終極的號令來源上溯至天命。

〔註56〕詳見傅佩榮，《儒道天論發微》，（臺北市：聯經，2010），135。孔傳：「待命，當以事神。」周公祭祀三王，等待三王之命，求三王「無墜天之降寶命」（《尚書正義（十三經注疏）》，395。）命的根源仍出自於天。來自天或神的命令，給予人限定（命運）並造成人的使命。

〔註57〕以德動天、至誠感動神的思想可以上溯至《尚書》，例如《尚書‧大禹謨》的記載：「益贊于禹曰：『惟德動天，無遠弗屆。滿招損，謙受益，時乃天道。

卻認為「毋薆珪璧幣帛於山川」是不必要的，這裡便可見到孔子與子貢對於人神關係的意見紛歧。

　　第四簡、第五簡馬氏作「何必『恃』乎名乎」，但是依據子貢的論述脈絡來看，山川之神「其欲雨，或甚於我」，若不儘快下雨，山川之神的膚民將會毀亡，比起一般人，山川之神更等不及要下雨。依馬氏「指山川之神恃名傲世，不欲施雨」解，則與上下文矛盾。筆者以為「恃」應改為「待」。依子貢之見，山川之神比起百姓更等不及要下雨，所以說祭對子貢來說僅只是空虛的禱詞與形式。子貢的說法同時對於說祭背後的人神關係加以否定，認為「正刑與德」才是影響是否降雨的主因。而且正刑與德所事奉的對象是「天」，而非說祭所祭祀的鬼神（山川之神）。子貢將信仰的對象轉移至天，並且認為應該去除固有的事鬼神之禮，對傳統的禮儀與人神關係提出質疑。由子貢的回答可知，第二簡末的殘闕處，孔子應該是贊成「毋薆珪璧幣帛於山川」同時「正刑與德以事天」。

　　最後孔子對子貢的回應再次顯示孔子對於禮儀與人神關係的看法。首先，「無如……何」的解法，據馬氏：「『無如庶民何』，為倒裝句，亦即大旱之年『公』都照樣飽食粱肉，庶民則無可如何」馬氏的解法則「無如庶民何」一句的主詞是「庶民」。林義正亦譯為：「老百姓又能怎麼樣呢？」但是考察「無如……何」的用法，用例如下：

1. 《禮記・哀公問》公曰：「寡人既聞此言也，無如後罪何？」〔註58〕

2. 《大戴禮記・哀公問於孔子》公曰：「寡人既聞是言也，無如後罪何？」〔註59〕

3. 《說苑・敬慎》「為子起歟？無如禮何！不為子起歟？無如罪何！」〔註60〕

4. 《史記・晉世家》「曲沃益彊，晉無如之何」〔註61〕

帝初于歷山，往于田，日號泣于旻天，于父母，負罪引慝。祗載見瞽瞍，夔夔齋慄，瞽亦允若。至誠感神，矧茲有苗。』（《尚書正義（十三經注疏）》，118～119。）人的德行與真誠心意足以感動上天、鬼神，為政者至誠足以感動神明，何況是要感動人民呢？「正刑與德」不僅可能感動上天，同時亦能達到國家的妥善治理。

〔註58〕《禮記正義（十三經注疏）》，1613。
〔註59〕高明註譯，《大戴禮記今註今譯》，（臺北市：臺灣商務，1975），38。
〔註60〕盧元駿註譯，《說苑今註今譯》，（臺北市：臺灣商務，1979），328。
〔註61〕馬持盈註，《史記今註今譯》，（臺北市：臺灣商務，1983），1646。

5. 《史記‧外戚世家》「人能弘道，無如命何。」〔註62〕

6. 《史記‧曹相國世家》「從吏惡之，無如之何」〔註63〕

7. 《史記‧刺客列傳》「方今吳外困於楚，而內空無骨鯁之臣，是無如我何。」〔註64〕

引文（1）鄭注：「無奈後日過於事之罪何？爲謙辭」。〔註65〕《史記》中「無如……何」的用法則可做「拿……一點辦法也沒有」。參照引中的用法，「無如……何」的意思應當是「沒有什麼辦法對付……」。筆者認爲「無如庶民何」不應以庶民爲主詞，而應該順解作「無奈庶民何？」沒有辦法對付庶民（知說之事鬼也，不知刑與德）。孔子的回答可以理解作：哀公難道不飽食粱肉！無奈庶民只知道循禮依「說」祭事山川鬼神。孔子的回答並未顯示孔子對於子貢否定說祭的說法表示贊同，反而說明哀公生活富裕不知正刑與德以事天，而百姓重視祭祀的社會實況。

〈泰伯〉子曰：「禹，吾無間然矣。菲飲食而致孝乎鬼神，惡衣服而致美乎黻冕，卑宮室而盡力乎溝洫。禹，吾無間然矣。」（〈8‧21〉）孔子心目中的理想國君的形象可用禹爲標準，禹飲食簡單，卻能盡力事奉鬼神，物質生活粗糙卻能照顧百姓生活。禹的形象兼顧照顧百姓，同時也能維繫良好的人神關係。孔子另一次引述禹及其他君王事跡時說：「所重：民、食、喪、祭。」肯定古代君王重視祭祀活動，祭祀是溝通人神關係的重要管道，〈魯邦大旱〉中孔子贊成「毋愛珪璧幣帛於山川」同時「正刑與德以事天」，展現孔子不輕易放棄古人所重視的人神關係，同時又認爲應該配合導正刑與德來事奉上天，人神關係與天人關係相配合才能解決問題。這與《論語》中孔子尊敬鬼神所以與之保持適當距離，〔註66〕並以「天」爲其最終的祈禱與獲罪對象的思想一致。如果僅以孔子贊成舉行「說祭」是爲了安撫百姓，那不免忽略孔子強調「祭思敬，喪思哀」（〈19‧1〉）行祭禮時內心應該虔誠恭敬、稱許禹對鬼神致孝、重視齋戒（祭祀的準備作業）祭祀的態度。由〈魯邦大旱〉一文可知，孔子對於固有禮制不輕易廢除、對百姓的信仰予以尊重，並且在接

〔註62〕 《史記今註今譯》，2019。

〔註63〕 《史記今註今譯》，2079。

〔註64〕 《史記今註今譯》，2537。

〔註65〕 《禮記正義（十三經注疏）》，1613。

〔註66〕 子曰：「務民之義，敬鬼神而遠之，可謂知矣。」（〈6‧22〉）

受舊有禮俗的同時，將舊有禮俗、民俗色彩濃厚的儀式與人道的解釋相配合，最終將信仰的終極對象歸諸於天。

　　歷來研究者對《論語》對鬼神的態度大致採取兩種立場：一是《論語》不重視鬼神甚至否定鬼神的存在；一是《論語》不明確地否認也不強調鬼神的存在，對鬼神存在持猶疑的態度。採取第一種立場的學者如勞思光，勞氏於《新編中國哲學史》中說明孔子不重視原始信仰中的天神鬼等觀念，且孔子不以為客觀上有「神」享祭，所以對祭祀不從神之受祭解釋，而從祭者之誠敬說明。勞氏認為「祭」只是表示人之儀文，倘不能親自參與，則祭祀毫無意義。又勞氏以為孔子「敬鬼神而遠之」是認為「親近鬼神，自即是愚昧」。〔註67〕採取第二種立場的學者如馮友蘭，馮氏於《中國哲學史新編》中說明孔子既然重視喪、祭禮，就是承認有鬼神。孔子雖誠敬鬼神，但是又要「遠之」，才算是「智」，那麼不遠之就是不智了。此外，孔子「對於鬼神的存在說了些模稜兩可、含糊其辭、回避問題的話」，因為鬼神的問題不是一個理論的問題而是一現實的問題，必須考慮對問題回答的現實意義和影響，故不明確否認也不強調鬼神的存在。〔註68〕以上兩種立場，前者以為孔子由祭者之誠敬說明祭禮就是不認為有鬼神享祭；後者雖然以為孔子重視喪禮、祭禮就是承認有鬼神，但是並不強調。雖因為對祭禮的解釋造成兩種說法的分歧，但是除此之外還可以發現，使兩種立場對於鬼神的存在產生猶疑的最主要原因其實是因為對於「務民之義，敬鬼神而遠之，可謂知矣」（〈6・22〉）一句的詮釋所造成。兩種立場皆以為孔子要人「尊敬鬼神但是遠離之」。但筆者認為，若如此解釋，「敬」變成避免迷惑而採取的某種「明智的」選擇，而不是發於人的真誠心意，只是一種表面的形式。鬼神除社稷山川百神，有功於民而被奉為祭祀對象者以外，更包含人鬼、祖先神，《論語》從未支持對父母、祖先、鬼神抱持形式化的態度，反而再三要求子女對父母應該真誠不詐偽，並且保持恭敬的態度，參與祭祀也應該以內心真誠的恭敬虔誠為心。若將「敬鬼神而遠之」的「而」字做為逆接的語法解釋，顯然違背《論語》的基本立

〔註67〕勞思光，《新編中國哲學史（一）》，（臺北市：三民，2010），135～136。

〔註68〕馮友蘭，《中國哲學史新編（上）》，（北京：人民出版社，2007），102～105。採相似態度的還有余英時，余英時則更加確定的指出孔子對於祭祀的態度誠摯和嚴肅，但他對於神是否來享祭，並不敢斷定。而孔子對於鬼神或死後世界的態度基本上採取了不可知論（agnosticism）的立場，這一點絕無可疑。（詳見余英時，《論天人之際：中國古代思想起源試探》，（臺北市：聯經，2014），53。）

場，甚至可能導致舉行祭禮時那種看似熟練卻缺乏眞誠心意的錯誤，〔註69〕也就是孔子所不贊同的「祭如不祭」（〈3‧12〉）的態度。而《禮記》中也強調禮儀的嚴謹是爲了避免人失去對於鬼神的恭敬之心。〔註70〕由於歷來學者對孔子論鬼神的解釋，決定了後世研究儒家人神關係的基調。若將「敬鬼神而遠之」中的「而」字作順接解釋，由於尊敬鬼神所以應該與鬼神保持適當距離，如此似乎較能與《論語》強調應謹愼齋戒、舉行祭禮應該抱持恭敬虔誠的態度、禮以內心眞誠情感爲根本的立場融貫。

　　禮以事神致福爲其根源意義，具有宗教性涵義。禮除具有宗教性涵義外，作爲具體規範的禮儀，也成爲社會整合力量。禮以事神致福爲本義，事神致福的祭禮在禮制中佔有重要的角色，由祭禮的實施狀態可以窺見人神關係的變遷概況。至春秋時期，事神的祭禮逐漸轉變爲以人間利益爲主要考量的祭祀求福，禮的宗教性意義轉變爲可以互相收買的關係，鬼神的公正性與神聖性也開始下降。春秋時代的禮壞樂崩展現爲社會整合力量的喪失與宗教性的變質，而禮本身有內在心意、外在儀節之分，由於禮的宗教性與行禮心意的缺乏，導致禮逐漸流於空虛的形式。至孔子時，《論語》記載許多行禮失當的行爲與禮的困境，孔子針對祭祀所提出的基本原則有二：「非其鬼不祭」、「非禮不祭」。同時，孔子論禮重視內在眞誠的心意情感與外在儀節的實踐，也未曾否定過祭祀對象的存在，並將鬼神的問題回歸到生者之間的關係上，進而以「天」爲其最終的祈禱與獲罪的對象。孔子藉由告朔餼羊的事件教導子貢不僅要保存儀式，同時也應重視行禮背後的眞實情感與信仰。此外〈魯邦大旱〉中孔子的立場也與《論語》一致，孔子對於固有禮制不輕易廢除、對百姓的信仰予以尊重，接受舊有禮俗的同時，將舊有禮俗、民俗色彩濃厚的儀式與人道的解釋相配合，最終將信仰的終極對象歸諸於天，人與超越界的關係以天人關係爲核心。

第二節　《論語》的命論研究

　　由於人是有血有肉的存在，有身體，因此必須面對生、老、病、死等基

〔註69〕詳見 H. Fingarett, *Confucius: Secular as Sacred*,（New York: Harper & Row, 1972）:8.

〔註70〕《禮記‧表記》子曰：「齊戒以事鬼神，擇日月以見君，恐民之不敬也。」（《禮記正義（十三經注疏）》，1715。）

於生理層次的生命歷程。對於自己的「出生」，人雖然無法決定個人出生的環境與時機，「出生」對於個人而言往往只是一個已經發生而無法改變的事實，但是由於伴隨著生命的誕生，還有各種身體能力、資質等與生俱來的差異，也成爲人類思考的問題之一。而老、病、死等事件，隨著時間的積累，人的年齡自然隨之增長，對於古人來說，身體與年齡的衰老並非人力所能掌控，並且衰老的同時，更容易發生疾病，甚至傷及生命。對於科學知識不發達的古人來說，疾病與死亡這類突發狀況往往無法預測，又經常超越人力能夠扭轉的範圍。人在生命歷程中遭遇許多事件，看似固定而無法改變，卻仍舊激發人們持續某種努力企圖挽救事態。相反地，面對努力而無濟於事的情況，人自然興起莫可奈何的感受。在古人的生命中，人們面對生命的各種遭遇時，古人所採取的行動與所發出的言論，反映了人們對於生命遭遇由某種力量控制的認識，在古代乃至孔子出現的時代，人們用「命」來稱呼這種力量。由前文論述可知，鬼神與天是《論語》中左右人的生命的兩種主要的人外力量，而孔子將鬼神的問題回歸到生者之間的關係上，進而以「天」爲其最終的祈禱與獲罪的對象。如此一來，孔子眼中眞正主宰生命的力量，應當歸於天。天除了是人類最終的祈禱與獲罪對象，還主宰了人的生命遭遇。子曰：「五十而知天命」（〈2‧4〉）、「君子有三畏：畏天命，畏大人，畏聖人之言。小人不知天命而不畏也，狎大人，侮聖人之言。」（〈16‧8〉）孔子相信天會將「命」賦予人，即便不是統治者，也可能知天命。如欲理解《論語》中人與超越界的關係之核心，「命」是直接聯繫作爲超越界的天與人之間關係的紐帶。

一、古代「命論」的分類

　　對於先秦時代的「命」字意義，前人已經累積了許多研究成果。其中不乏影響力極大的學者，如傅斯年在《性命古訓辯證》中，分別由釋字與釋義的方法，統計分析周代至先秦的「命」字起源與用法，再由字形、字音、字義三方面討論「命」的意義。傅斯年對於「命」字意義的整理，大略可以分爲五類，傅斯年說：

> 東周之天命說，大略有以下五種趨勢，其源似多爲西周所有……
> 凡此五種趨勢，一曰命定論，二曰命正論，三曰俟命論，四曰命運論，五曰非命論，分疏如下：命定論者，以天命爲固定，不可

改易者也。……命正論者，謂天眷無常，依人之行事以降禍福，《周語》中周公、召公所諄諄言之者，皆此義也。此說既爲周朝立國之寶訓，在後世自當得承信之人。《左傳》、《國語》多記此派思想之詞……謂此爲周人正統思想可也。此說固爲人本思想之開明，亦足爲人生行事之勸勉，然其「兌現能力」究竟如何，在靜思者心中，必生問題。……《墨子》諸篇曾試爲此說，甚費力，甚智辯，終未足以信人也。於是俟命之說緣此思想而起焉。俟命說者，謂上天之意在大體上是福善而禍淫，然亦有不齊者焉，賢者不必壽，不仁者不必不祿。夫論其大齊，天志可徵，舉其一事，吉凶未必。君子唯有敬德以祈天之永命（語見《召誥》），修身以俟天命之至也（語見《孟子》）。此爲儒家思想之核心，亦爲非宗教的道德思想所必趨。命運論者，自命定論出，爲命定論作繁複而整齊之系統者也。其所以異於命定者，則以命定論仍有「諄諄命之」之形色，命運論則以爲命之轉移在潛行默換中有其必然之公式。……此一思想實根基於民間迷信，故其來源必古，逮鄒衍創維五德終始之論，此思想乃成爲複雜之組織，入漢彌盛，主宰中國後代思想者至大焉。非命論者，《墨子》書爲其明切之代表，其說亦自命正論出，乃變本加厲，並命之一詞亦否認之。〔註71〕

傅斯年將命分爲五類，這五類說法彼此間或互相承繼，或反對另一類命論。仔細分析，便可知道這五種命說各自存在困難。這些困難究竟是古人思想發展中呈現的思想變革，或是傅斯年分類中值得修改的空間，值得深思。在分析傅斯年對於命的分類以前，必須先知道傅斯年指出「命」字始於西周中葉，盛行於西周晚期，與「令」字僅爲一文之異形，其「天命」一義肇端甚早，天命之命與王命之命在字義上亦無分別。〔註72〕傅斯年講命論的分類，大致上就是由天命爲基礎立論，除命運論以外，其餘四類其實是將「命」視爲「天命」，即「天的命令」，而加以區分的。

首先，傅斯年所說的「命定論」，指出天命是固定的，不可更改。傅斯年舉例如《左傳・宣公三年》王孫滿對楚子語：「成王定鼎于郟鄏，卜世三十，

〔註71〕傅斯年，《性命古訓辨證》，（臺北市：中央研究院歷史語言研究所，1992），中卷，22～24。

〔註72〕傅斯年，《性命古訓辨證》，（臺北市：中央研究院歷史語言研究所，1992），上卷，1。

卜年七百，天所命也，周德雖衰，天命未改。鼎之輕重，未可問也。」〔註73〕
周成王曾經占卜世運有三十代，年數有七百年，這是上天的命令。現在周朝
之德雖然衰敗，可是天命未改。《商書‧西伯戡黎》：「嗚呼！我生不有命在天？」
〔註74〕紂王的說法反映了當時確實有天命不易之說，但是這個說法在〈周誥〉
遭遇批評，而衍生出傅斯年所謂「命正論」的說法。命正論指天依人之行事
以降禍福，成為周人正統思想。由「命定論」到「命正論」其實展現了古人
的思想變革，古人開始思索天命是否會發生改變。伴隨統治王朝的變革，而
興起了天沒有固定眷顧的對象，而是依據王者的行事以降禍福。其實從「命
定論」到「命正論」，兩種命論其實都停留在「天命」的範疇之下，在兩種命
論的背後，仍然存在著作為主宰力量的天，這個主宰的力量，用傅斯年的話
來說，「此神之情欲與喜怒儼然如人之情欲與喜怒」〔註75〕。主宰這兩種「命」
的天，可以思考、感受，而且具有某種意願。

　　古代的命論發展至「命正論」以後，持命正論的周人原來相信天所發出
的「命」有賞善罰惡的力量，賞罰以人的行事為標準，但是由於天子失德，
又因為天命往往缺乏兌現能力，所以促使古人對命正論產生質疑。古人對於
賞善罰惡與命正論的期待落空，直接反映在對於主宰「命」的「天」之質疑
上，例如：

1. 《詩‧大雅‧蕩之什‧抑》：「昊天孔昭，我生靡樂。視爾夢夢、
   我心慘慘。」〔註76〕
2. 《詩‧大雅‧生民之什‧板》：「天之方虐。」〔註77〕
3. 《詩‧小雅‧祈父之什‧節南山》：「昊天不傭，降此鞠訩。昊天
   不惠，降此大戾。」〔註78〕

對於「天」有所抱怨，顯示古人曾經對天抱持強烈信仰，並且對於天有所期
待，希望天可以賞善罰惡、照顧生民。傅斯年說的「命正論」所指的就是周
人期待天命顯示賞善罰惡的力量，但是由於周天子失德，這股力量的兌現能

〔註73〕《春秋左傳注》，上冊，672。
〔註74〕《尚書正義（十三經注疏）》，306～309。
〔註75〕傅斯年，《性命古訓辨證》，（臺北市：中央研究院歷史語言研究所，1992），
　　　　上卷，12。
〔註76〕《毛詩正義（十三 經注疏）》，1381。
〔註77〕《毛詩正義（十三 經注疏）》，1348。
〔註78〕《毛詩正義（十三 經注疏）》，823。

力落空，人們也自然而然地懷疑起天的判斷與賞罰能力。〔註79〕傅斯年認為命正論的兌現能力落空以後，俟命之說就緣此而起。傅斯年論孔子對於「天命」與「命」的看法時，說：

> 孔子所謂天命，指天之意志，決定人事之成敗吉凶禍福者，其命定論之色彩不少。方其壯年，以為天生德於予，庶幾其為東周也。及歲過中年，所如輒不合，乃深感天下事有不可以人力必成者，乃以知天命為君子之德。顏回、司馬牛早逝，則歸之於命；公伯寮、桓魋見謀，則歸之於命……孔子之言天道，雖命定論之色彩不少，要非完全之命定論，而為命定論與命正論之調和……所謂俟命論者，謂修德以俟天命焉。凡事求其在我，而不責其成敗於天，故曰：『不怨天』；盡人事而聽天命焉，故曰：『丘之禱久矣』。〔註80〕

傅斯年評孔子對於「命」的看法是調和「命正論」與「命定論」，而歸於「俟命論」。由前述可知，命正論與命定論二者都以可以思考、感受，而且具有某種意願的「天」作為背後主宰的力量，如果說孔子的命論只是「盡人事而聽天命」，那麼至少會產生兩個基本問題。第一，天命有沒有依據的標準？第二，天命究竟會不會改變？如果第一個問題的答案是否定的，那就要問天命會不會改變；若答案為肯定，依然要問天命會不會改變。同樣地，第二個問題如果是會改變，那也必須回頭詢問改變的標準為何；若否定第二個問題，依然要回頭詢問第一個問題。於是便衍生出四個可能的問題。盡人事就要問怎樣盡人事才能獲得天的眷顧；聽天命則涉及如果天命不會改變，那我又為何需要盡人事？傅斯年用「盡人事而聽天命」描述孔子的命論，其實並沒有提供

〔註79〕 王治心認為：「本來天帝是神聖的，鬼神是可怕的，只許崇拜，不許懷疑。到了周代，那些詩人看見時代的紛擾，干戈的相尋，便漸漸發生出懷疑的思想來，所以在他們的詩裡有這種懷疑的表示。歷來不是說天是愛人的嗎？」王治心認為「昊天不惠，降此大戾」、「昊天不弔」、「天之方虐」等語可見當時在宗教思想上有顯明的改變了。孔子雖不明明推翻天的意志，但也表示出它的懷疑。（詳見王治心，《中國宗教思想史大綱》，（北京：商務印書館，2015），33。）王治心認為孔子抱持懷疑的思想去對付古代遺傳的宗教信仰，恐怕與孔子對於固有禮制不輕易廢除、對百姓的信仰予以尊重，接受舊有禮俗的同時，以人道的解釋相配合，而最終將信仰的終極對象歸諸於天的態度不符。

〔註80〕 傅斯年，《性命古訓辨證》，（臺北市：中央研究院歷史語言研究所，1992），中卷，47～48。

任何解決命定論與命正論所遭遇的問題之解答。甚至可能會導致「爲何需要盡人事」的疑問。筆者認爲，「俟命論」如果認爲「命」有其賞善罰惡的標準，那麼俟命論大概還是與命正論沒有本質上的區別，差異只是在於「命正論」表達了人類觀察天命所得到的一種判斷，而俟命論則是表達了對於命運所應該採取的態度。命正論與俟命論的差異恐怕只有由天命的視角出發，或是由等待天命的人的角度出發之別而已。

傅斯年所歸納出的第四種命論爲「命運論」，指出命之轉移在潛行默換中有其必然之公式，最後演變成五德終始說。傅斯年舉《左傳·僖公十五年》：「箕子曰，其後必大。晉其庸可冀乎？」《左傳·僖公二十三年》：「天之棄商久矣，君將興之，弗可赦也已，弗聽。」這句話中仍然提到了天，命未終者人不得而終之。傅斯年所舉的例子看起來可以歸類到命定論，只是這個例子中沒有說明天有沒有依據什麼標準來決定命，由於命定論有「諄諄命之」的色彩，所以沒有「諄諄命之」的命論則歸於命運論，成爲潛移默換中的必然公式。其實傅斯年所說的「命運論」大概就是天的號令能力與喜怒被消除的天命。因爲這個天缺乏與人相似的色彩，所以淪於「自然」，最後成爲五德終始說中的「規律」。

至於「非命論」，代表人物是墨子。已經有學者指出邏輯上任何否定一概念的表述皆不能成爲一個有概念的定義，再者，反對某一類命觀的人很可能自身持有另一命觀。〔註81〕墨子代表的非命論或不能成爲一個命論類別，又或者其實墨子是站在另外一個命論立場上，傅斯年所歸納出的非命論基本上與前四個類別性質完全不同，與本文所要研究的「命」字差異最大。

傅斯年對於古代命論做出系統的歸類，凸顯了古人的思想變革。同時在傅斯年對於命論的分類中，可以看出古代「命」與「天命」意義的變革，與古人對於天的認識之演變有高度關聯。傅斯年的五類命論，其中前三類背後預設了可以發出號令、主導「命」的天，「命」其實等於來自天的號令。第四類命運論雖然背後可以有天作爲命的主宰，但是命運論中的天已經不如前三類命論中的天那般活靈活現，而歸於自然。由前文論述可知，命定論、命正論、俟命論三者之間的區別有重疊之處，也有模糊之處，傅斯年五種命論的區分，仍有不能令人滿足的地方。

〔註81〕陳寧，《中國古代命運觀的現代詮釋》，（瀋陽：遼寧教育出版社，1999），3。

尋找其他學者對於命的分類，日本學者對於中國古代命論的研究也有許多貢獻。如森三樹三郎研究中國古代的命論，將命論分為四種：〔註82〕

1. 賞善罰惡的天命
2. 無關賞善罰惡，作為運行法則的天命
3. 不具固定法則，具偶然性的天命（以東漢王充的命論為例）
4. 否定命運的存在（即墨子的非命論）

這四類的區分方法來自森三樹三郎《上古より漢代に至る性命観の展開》一書，論述的範圍下至漢代，所包含的思想範圍較廣。森三樹三郎在後來的《中国思想史》中，對於孔子出現以前有關天與天命的思想加以釐清，指出孔子以前的「天命」可以區分為兩類，森三樹三郎說：

> 人類內由天性所構成，外則接受天命的限制。性與命有不可分的關係，由此產生「性命」一詞。後世廣泛使用的「生命」一詞，是由性命轉化而來。所謂性命，就是指由內外兩面根據天所構成的人類的存在。……然而關於天命還存在一個問題。例子相對較少，但是天命有時作為「使命」的意思被使用。原來天命用作「使命」的意義，其根底自古就存在。指特定的人類成為天子，被認為是依據天命。也就是說，根據天的命令成為天子，就是承受天的使命。這個使命思想在天失去人格性以後，依然被繼承下來。因此天命中包含「命運」與「使命」二義。〔註83〕

> 天命的原義是天神的命令。但隨著天的人格性削弱，非人格化的同時，天命的意義也自然的發生轉變。在此所謂的變化亦即天命轉為具有「命運」的意義。〔註84〕

森三樹三郎明確指出天命的二義性──「命運」與「使命」。森三樹三郎指出「使命思想」在天失去人格性後依然存續，這似乎回應了筆者對於傅斯年的質疑。傅斯年所說的命定論、命正論、俟命論背後預設了可以發出號令、主導「命」的天，「命」其實等於來自天的號令，也就是森三樹三郎所謂「使命」；而第四類來自缺乏來人格性的天的命，其實就是森三樹三郎所說的「命運」。

〔註82〕（日）森三樹三郎，《上古より漢代に至る性命観の展開》，（東京：創文社，1971），322～323。

〔註83〕（日）森三樹三郎，《中国思想史》，（東京：第三文明社，1978），上冊，45。

〔註84〕《中国思想史》，43。

經由傅斯年與森三樹三郎對於「命」的意義的分析，可以知道古人對於「命」的理解關鍵，其實在於古人對命運主宰者的性質之認識。人對於命運或使命的看法和命運與使命的主宰不能夠區分，對於主宰命運者的認識，甚至決定命運是否可以改變的問題：

> 如果命運的主宰被認為是一非人格性的力量，那麼，人就不可能與之建立任何交往關係。人無法對自己的遭遇做任何程度的改變，無法祈禱或祭祀這一主宰，因為它不具理性，根本不會聽取任何人的意願，接受任何祭品，做出任何反應。另一方面，如果人之命運被認為是由人格性神祇決定的，人就有可能與之交往，並對神祈禱和供獻祭品。
>
> 人相信這些與神交往的手段可以使人得福除禍，改變命運。〔註85〕

命的主宰者的性格究竟為何，確實影響人對於命的看法。本節檢討了學者們對於命的看法，而本章的目的在於討論《論語》中的「命」的意義，由前文的論述可知，如果要考察《論語》中的「命」字，除了必須理解孔子以前的命論發展，還必須針對《論語》中的命字逐一考察，並且審視孔子對於命之主宰的看法。由傅斯年與森三樹三郎對於古代命論的研究可知，在孔子出現以前的命論發展，由商代統治者承擔天的使命統治人群，統治者相信來自天的使命是不會改變的，到後來統治者暴虐，引致古人對於不易之天命的質疑。古人開始思索天命是否會發生改變。伴隨統治王朝的變革，周人轉而相信天沒有固定眷顧的對象，而是依據王者的行事以賞善罰惡。但是由於周天子失德，天命失去兌現能力，促使古人對體現賞善罰惡的天命產生懷疑。「天一旦喪失神性正義的性格，其結局之一是淪為命運或蒼天……命運之天到春秋時代才明朗化」〔註86〕，《詩經》中出現古人因為對於天能賞善罰的期待落空，導致對天發出質疑。民怨累積到了春秋時代，由於君王忽略天命的道德要求，結果導致「天命」淪於茫茫的「命運」。在孔子出現的時代，命的意義區分為二：使命與茫茫的命運。「命運」意義的界限意識非常強，容易連結到消極的態度，為人力所及劃下界限。相反的，「使命」意義的「命」，則展現了人必須貫徹到底的任務，連結到相對積極的態度。

〔註85〕Helmer Ringgren 語。（Helmer Ringgren, ed. , *Fatalistic Beliefs in Religion, Folklore, and Literature* （Stockholm: Alqvist & Wiksell, 1967）: 7～8.引自《中國古代命運觀的現代詮釋》。（陳寧，《中國古代命運觀的現代詮釋》，（瀋陽：遼寧教育出版社，1999），6～7。））

〔註86〕傅佩榮，《儒道天論發微》，（臺北市：聯經，2010），71。

二、《論語》中的命運觀

　　古人相信得天命者爲天子，但由於天子失德，導致天命質變產生「命運」的意思。在孔子的時代，「命」已經分歧爲「使命」與「命運」二義。天是萬物的來源，人屬於萬物之一，生命歷程中所遭遇的一切事件與限定都可以歸諸天命的結果。「命運」意義的「命」凸顯了消極的一面，指向對人而言不可知、難以掌握又莫可奈何的力量，各種人間的「限定」不容易釐清其來源，但是皆可認爲是由天所命。孔子與弟子體認生命中有不可抗的「限定」存在，因此發出感嘆：

1. 伯牛有疾，子問之，自牖執其手，曰：「亡之，命矣夫，斯人也而有斯疾也！斯人也而有斯疾也！」（〈6‧10〉）

2. 子夏曰：「商聞之矣：『死生有命，富貴在天。君子敬而無失，與人恭而有禮。四海之內皆兄弟也。』君子何患乎無兄弟也？」（〈12‧5〉）

3. 子曰：「道之將行也與，命也；道之將廢也與，命也。公伯寮其如命何！」（〈14‧36〉）

冉伯牛是孔門弟子中德行優異者，[註87] 但由於《論語》並未記載伯牛的言行，對於伯牛的德行無從考證。由孔子感嘆這樣的人竟然得了這樣的病，可知伯牛雖然德行優異，但是仍然遭遇重病，如此莫可奈何的命運與個人德行的沒有必然的關聯，德行優異不必然導致幸運或賞賜。對於人力無法改變、又無從說明的遭遇，孔子稱之爲「命」。在引文（1）中，面對作爲人的「限制」的命運，孔子的態度是被動接受而無奈的。引文（2）中，子夏指出死生各有命運，富貴由天安排，人雖然有各自的遭遇與限制，但是君子在這樣的限制之內，態度認眞而言行沒有差錯，對人謙恭而往來合乎禮節。由子夏所言可知，即使生命有其限制，個人仍然可以在其能力範圍內選擇如何行動。談論命運的同時，也彰顯了人能夠主動選擇言行的積極面。引文（3）中，孔子說政治理想的實現與否，都是由命運決定。但是由孔子的言行可知，個人的遭遇與逆境究竟由誰造成，並非孔子探究的焦點。孔子一生雖遭遇各種限制，但孔子並不糾結於命運的不可抵抗，而是努力實現理想，因此得到「是知其不可而爲之者與」（〈14‧38〉）的評價。就算知道行不通，還是有一些事

[註87] 德行：顏淵，閔子騫，冉伯牛，仲弓。（〈11‧3〉）

情必須完成，這是孔子身體力行的處世態度。顯示孔子雖然相信有命運作爲人的限制，但絕不接受所有事件和狀況都是「宿命」的觀點。〔註88〕

三、《論語》中的使命觀

在古代，溝通天地是統治者的特權，統治者溝通天地成爲一種特權的直接結果就是「啓示的壟斷」。「啓示的壟斷」使得神靈的啓示成爲對於統治者「個人」或少數據有溝通管道者的啓示。古人相信天是世界的眞正主宰，天既是統治者，自然應該表現袖的意志，以號令人民。〔註89〕天特別在周朝以降，是古人的最高信仰，天的號令稱爲「天命」。天命作爲「使命」的意義使用時，可以專指特定的人類承擔來自天的使命成爲天子。〔註90〕古代天子即得天命以成爲人間統治者的人，壟斷來自天的啓示的天子承擔天命，這種知天命的特權是專屬於統治者，或具有與天溝通能力的巫覡等少數統治者的專權。但是孔子卻直言：「五十而知天命，六十而耳順」（〈2‧4〉）、「君子有三畏：畏天命，畏大人，畏聖人之言。小人不知天命而不畏也，狎大人，侮聖人之言。」（〈16‧8〉）孔子表示自己能夠知天命、順天命，〔註91〕要成爲君子必須「畏天命」，這直接顯示孔子認爲個人的生命與超越界有獨立而直接的關聯。古代以「絕地天通」（《國語‧楚語下》、《尚書‧呂刑》）投射出統治者在人世的權威，主要繫於統治者是銜結神靈世界的管道。孔子自稱「知天命」，無疑地說明「人的內在心靈也可因爲直接通聯超越而形成一個獨立的意義與權威的中心」。〔註92〕張灝研究指出：

〔註88〕 宿命的觀點無法指導積極的行爲，因爲如果一切是命定的，那麼，提出宿命不僅不能對生命造成任何改變，也不能對未來產生任何積極的指引。「如果所有發生的事情被說成受到上帝的眷顧和控制，實際上等於什麼也沒說。說一切都受到上帝的制約或被袖創造，就好像是說，『一切都得看天意』──而這是毫無意義的。這個概念不能幫助我們做出任何可以核實的預測，因此不具任何科學價值。」（參考艾倫‧W‧沃茨（Alan W. Watts），《不安的智慧──憂鬱年代裡身心解放的秘密》，（臺北市：橡樹林，2017），28。）

〔註89〕 詳見傅佩榮，《儒道天論發微》，（臺北市：聯經，2010），52。

〔註90〕 （日）森三樹三郎，《中國思想史》，（東京：第三文明社，1978），上冊，45。

〔註91〕 「順天命」的思想後來多次見於《易傳》。如：《易‧大有卦‧大象傳》：「君子以遏惡揚善，順天休命」、〈革卦‧彖傳〉：「用大牲吉，利有攸往，順天命也」、〈革卦‧彖傳〉：「天地革而四時成，湯武革命，順乎天而應乎人，革之時大矣哉！」、〈兌卦‧彖傳〉：「剛中而柔外，說以利貞，是以順乎天，而應乎人。」（（宋）朱熹，《周易本義》，（臺北市：大安，1999），81、173、184、212。）

〔註92〕 張灝，《時代的探索》，（臺北市：中央研究院‧聯經，2004），21。

> 從《論語》到《孟子》以及《禮記》中的《大學》、《中庸》，都清楚
> 地顯示：天命與心靈這兩個觀念在逐漸地結合，形成一個在天子的
> 政治權威之外有一個獨立的心靈秩序，由之而產生二元權威的思想
> 契機。〔註93〕

孔子「知天命」、「順天命」、「畏天命」，相信天會將「命」賦予人，即便不是統治者也可能知天命。〔註94〕天命具有「使命」與「命運」二義性，「命運」意義的界限意識非常強，容易連結到消極的態度，爲人力所及劃下界限；相反的，「使命」意義的「命」，則展現了人必須貫徹到底的任務，連結到相對積極的態度。綜觀孔子一生的言行，可以知道孔子雖然相信生命固然存在某些限制，仍然知其不可而爲之，展現出積極的行動力。孔子的行爲完全與其信仰配合，在行爲中實踐自己與超越界的理想關係，就如眞正的宗教人所說：「信德也是這樣：若沒有行爲，自身便是死的」〔註95〕。特別是遭遇巨大的困難或限制時，孔子展現了對於天的強烈信仰：

1. 子曰：「天生德於予，桓魋其如予何？」（〈7・23〉）

2. 子畏於匡，曰：「文王既沒，文不在茲乎？天之將喪斯文也，後死者不得與於斯文也；天之未喪斯文也，匡人其如予何？」（〈9・5〉）

3. 子曰：「莫我知也夫！」子貢曰：「何爲其莫知子也？」子曰：「不怨天，不尤人，下學而上達，知我者其天乎！」（〈14・35〉）

「每個眞有誠懇深切的宗教經驗的人，都知道宗教情緒最強烈的場合乃在孤獨的時候，乃在離開世界而專心致志不爲名利所擾的時候，而不在眾目睽睽之下。」〔註96〕引文中顯示孔子對於天有獨特的辨識與全盤的付託，天不僅是自身德行的來源，同時也是生命遭遇重大危險時唯一提出的信仰對

〔註93〕 張灝，《時代的探索》，（臺北市：中央研究院・聯經，2004），23。

〔註94〕 余英時由孔子説：「吾……五十而知天命」、「知我者，其天乎」兩句話，斷定至少就孔子個人一方面而言，表示孔子和「天」之間的交往主要是通過内心的活動（「知」。）余英時更說明中國的軸心突破的直接對象是巫文化對於「天命」和「禮」的壟斷。孔子將「天命」與「禮」兩大觀念都同時收進個人「心」中予以推陳出新的理解，他的針對性是十分明顯的。（余英時，《論天人之際：中國古代思想起源試探》，（臺北市：聯經，2014），59～60。）

〔註95〕 《聖經・雅各伯書》2：17。

〔註96〕 （英）布羅尼斯拉夫・馬林諾夫斯基，《巫術科學宗教與神話》，李安宅譯，（上海：上海社會科學院出版社），54。

象。並且是唯一眞正瞭解自己的存在。由孔子遇巨大的困難或限制，展現了對於天的強烈信仰的引文可知，孔子在生命困窮時，說出了自己生命的意義所在，「天」是孔子一生德行與使命的來源，也是唯一瞭解孔子的。《論語》全書第一章，子曰：「學而時習之，不亦說乎？有朋自遠方來，不亦樂乎？人不知而不慍，不亦君子乎？」（〈1·1〉）《論語》首章談到學習，人類有理性能夠思考，同時藉由學習新知以滿足思考的需求。人處在社會中，適時運用所學可以帶來喜悅；進德修業的人生中遇到志同道合的朋友，使人感到快樂。然而，雖然處於社會之中，人難免覺得別人不瞭解自己。孔子的孤獨並不是指孤身一人，而是思想上無法得到瞭解。孔子的弟子爲數眾多，依據《史記·孔子世家》的說法：「孔子以詩書禮樂教，弟子蓋三千焉，身通六藝者七十有二人。」〔註97〕精通當時的知識與技能的弟子就有七十二人，但是孔子仍然不免發出「莫我知也夫」的感嘆。但是孔子顯然並沒有因爲不受瞭解就拋棄個人的思想，反而持續提升自我修養。孔子並不擔心無法與當時的人建立共識，而因此分散注意力，即便走投無路時仍然堅持原則，〔註98〕還相信「德不孤，必有鄰。」（〈4·25〉）代表孔子的信念，相信德行不會孤單，人們必定親近有德者。

　　這樣的強烈信念如何產生？可能是一種極爲個人的體驗，但我們仍然可以在《論語》中發現孔子人生信念的根源，就是天。孔子在匡城被群眾圍困，他說周文王死後，文化傳統在自己的身上，天如果還不要廢棄這種文化，那麼匡人又能對我怎麼樣呢？〔註99〕由這一段記載可以明確知道孔子對於上天所賦予的使命，有具體的認識，其內容是傳承文化傳統。孔子周遊列國遭桓魋追擊，說明天是一生德行的來源。人一生德行來自於上天給予我的人性，完成個人的人性，也是完成了天賦使命。「五十而知天命」的天命是「相應於孔子所自覺的使命而言」，〔註100〕孔子所知的「天命」的具體內容大概就是完

〔註97〕　（日）瀧川龜太郎，《史記會注考證》，（臺北市：大安，1998），743。

〔註98〕　在陳絕糧，從者病，莫能興。子路慍見曰：「君子亦有窮乎？」子曰：「君子固窮，小人窮斯濫矣。」（〈15·2〉）

〔註99〕　白話翻譯參考《傅佩榮解讀論語》。（傅佩榮，《傅佩榮解讀論語》，（新北市：立緒，1999），214。）

〔註100〕　《儒道天論發微》，133。古注中孔安國說「知天命之終始」，加上了終始二字，但其意義仍難以理解，（梁）皇侃疏云：「天命謂窮通之分也」，皇侃疏限定人類活動極限的命運之意色彩較強。（清）劉寶楠則採取使命、命運兩種意義兼具的折衷說。（（清）劉寶楠撰；高流水點校，《論語正義》，（北京：中華書局，1990），43～44。）森三樹三郎則認爲命運與使命同樣是「由天所賦予的東西」，

成政教活動，使文化傳統得以延續，讓天下回歸正途；以及完成上天賦予我的德行根源。孔子一生修德的原因，正是由於體認到天所賦予的人性，將自己的人性徹底發揮，就是順從天命、完成天命。人可以得知來自天的使命，相反地，天也能夠對於人的行為有所反應：

1. 獲罪於天，無所禱也。（〈3‧13〉）
2. 曰：「久矣哉，由之行詐也！無臣而為有臣。吾誰欺？欺天乎！」（〈9‧12〉）
3. 子見南子，子路不說。夫子矢之曰：「予所否者，天厭之！天厭之！」（〈6‧28〉）

孔子尊敬鬼神所以與之保持適當距離，以「天」為其最終的祈禱與獲罪對象。顯示天能夠明鑑人的行為，即使可以欺騙周遭的人，也無法逃避天的檢驗。如果得罪了天，對任何存在禱告都沒有用。任何人如果有罪過，天自然會厭棄他。向天禱告，代表天可以予人禍福；人可以獲罪於天，顯示人相對的可以使天感到愉悅。顯示《論語》中的天，不僅可以知道人的行為對錯，也能夠對人行為產生喜怒的情感，還可以藉由厭棄等反應展現祂的意志，甚至賦予人使命。

子曰：「志士仁人，無求生以害仁，有殺身以成仁。」（〈15‧9〉）有志者與行仁者願意犧牲生命來成全人生理想。人有身體，身體是有限的，必然受到限制，並且受物質條件影響。孔子將伯牛的死稱為命，是因為自然的壽命有其限制，孔子也對其莫可奈何。但是由孔子的言行可知，生命的目的不在於追求量，而是追求質的提升。孔子沒有關於積極養生的創見，也沒有詳細論及如何使生命延續，而是說明人如果可以在當下自覺內心的道德要求，並且加以實踐，那麼我自己就是生命的舵手，就可以為我的人生負責。理解生命的方向所在，就是掌握了人生的使命，生命完全由我自己選擇與負責。孔子所說的死亡，不只是說明生命結束的情況，更是說明了生命是的品質與價值如何被完成。孔子將生命的量的結束這個問題，轉化為生命的品質與價值

兩者在這一點上是共通的，中立說掌握了這個共通點。「五十而知天命」的意義不確定，也是莫可奈何的。（詳見（日）森三樹三郎，《中国思想史》，（東京：第三文明社，1978），46。）金谷治認為由外迫至的運命、人力無可奈何、不盡如人意的偶然性才是對「命」的正確解釋。（詳見金谷治，《死と運命——中国古代の思索——》，（京都：法藏館，1986），94～95。）金谷治對命的解釋明顯忽略了孔子一生知其不可為而為之，積極對抗生命中具體限制的態度，也難以解釋子畏於匡、遭桓魋追擊時所展現的對於天的信仰。

應該如何完成的問題。理解生命有其限制，卻依然知其不可而爲之，這就是在有限的生命中掌握了生命的方向，即人生的使命。使人自覺道德要求內在於己的安與不安的情緒，是心所發出來的，而心是與生俱來的，天是萬物的來源。明白心的要求，就是瞭解天對我的命令。子曰：「仁遠乎哉？我欲仁，斯仁至矣。」（〈7‧30〉）理解人的生命品質只要個人主動自覺、願意去改變，隨時有改變生命現況的可能。

如果人生在世只是設法避開災難，那只是消極無奈的活著。人的生命雖然有命運的限制，有難以預期的遭遇與窮達順逆。人往往由於善惡沒有立即的善惡報應，失望之餘自然會懷疑行善避惡的必要性。孔子在人與人的關係中洞察人有「不安」的心理狀態，教導世人，只要眞誠就會產生由內而發的力量，促使人行善避惡，同時快樂也由內而發。「安」本身就是最好、最即時的報應。客觀的限制與遭遇是人人有差異而無從問起的，但眞正重要的是人性，要問自己是否安心，是否走在人性的道路上。實踐我心對於行善的要求，就是完成我個人的使命。孔子將天視爲自己生命與一生德行修養的來源，完成個人的修養，就是完成上天的使命。天命是每個人都可以理解的，都可以在自己身上加以肯定的。孔子強調人的道德要求內在於己，在人與自己的關係以及人與超越界的關係中，透過自覺造成了重大突破。

第三節　小　結

周人認爲糅合禮樂教人的作用與鬼神助成天地的作用，可以使社會達到理想和諧的狀態，所以歷代先王皆承續以禮樂維繫人類的生活。然而，由於人類能夠藉由祭祀活動與鬼神溝通，生者可以藉由祭祀祈福撫慰甚至討好鬼神，並且能夠預知鬼神的喜好，導致鬼神的神聖性逐漸減弱。而春秋時代開始盛行的魂魄說，則導致死後的魂魄成爲死前生命的延長，這一種對於生命歸宿的解釋，似乎只是將死前未遂的欲求，以及對於賞罰報應的渴求投射於死後，似於一種對此生延長的願望。到了孔子所處的春秋時代，禮壞樂崩的情勢除了展現於禮儀的不當執行，以及行禮的心意流失之外，更展現於人與超越界之間的關係變革。由孔子曰：「非其鬼而祭之，諂也。」（〈2‧24〉）可知，當時的以事神致福爲其根源意義，具有宗教性涵義的禮儀，已經被一部分的人當作諂媚鬼神的工具。

孔子的志向是使老年人都得到安養，使朋友們都互相信賴，使青少年都得到照顧。在此理想中，每個人都對「別人」負有某種責任，追求人與人之間適當關係的實現。人若不能由眞誠發現在自己與別人之間有某種適當關係等著他去實踐，似乎可以另外設想「明則有禮樂，幽則有鬼神」（《禮記‧樂記》），〔註101〕由規範與信仰兩面，監督人實現人際間的適當關係。由規範面看，德治、禮治是孔子的理想，但兩者若排除人性對於德行的需求則難以成立。〔註102〕再則孔子處於禮壞樂崩的時局，取而代之則有法與刑等規範限制人的行爲。參見《左傳‧昭公六年》「鄭人鑄刑書」一段，杜預注云：「臨事制刑，不豫設法也。法豫設，則民知爭端。」〔註103〕百姓可能選擇爲免於罪過而配合規範，但是主張禮治者的憂慮正在於此，刑罰輕重應視實情而定，不需預設法律條文，因爲一旦法律條文公布，人民便知道如何鑽法律漏洞。故孔子說：「道之以政，齊之以刑，民免而無恥。」（〈2‧3〉）這揭示了古人所見的一般人的特質，人都是替自己考慮的（Self-regarding）。人基於爲自己考慮的特質，爲了免罪自保而配合規範。但同時也因這樣的特質，一旦出現違反規範反而對自己有利的情況，人亦可能倒向鋌而走險違反規範，或者視情況而定配合規範。排除人性眞誠能引發實踐規範的力量，設法以具體規範使人實現人際間的適當關係，最多只能視情況「有時候」實現。

由信仰面看，古人也藉由天、鬼神等無形的檢訂力量促使人行善避惡，如《禮記‧祭義》：「明命鬼神，以爲黔首則。百眾以畏，萬民以服。」然而天、鬼神的檢訂力量往往因爲君主失德、互相贈與式的人神關係而喪失生機，甚至失去公正性。若排除人性眞誠能引發實踐規範的力量，可見的具體規範不能保證人行善避惡，而不可見的檢訂力量又逐漸式微，那人們永遠可以質問：

〔註101〕《禮記正義（十三經注疏）》，1267。

〔註102〕子曰：「爲政以德，譬如北辰，居其所而眾星共之。」（〈2‧1〉）顯示人性的願望，百姓會主動回應德治的帝王。子夏問曰：「『巧笑倩兮，美目盼兮，素以爲絢兮。』何謂也？」子曰：「繪事後素。」曰：「禮後乎？」子曰：「起予者商也！始可與言詩已矣。」（〈3‧8〉）顯示人性是多彩的，禮的出現凸顯人性之美。此外，論三年之喪的例子中可知倫理規範的基礎在於人們普遍具有的心理情感要求。

〔註103〕（周）左丘明傳；（晉）杜預注；（唐）孔穎達正義；蒲衛忠、龔抗雲、胡遂、于振波、陳咏明整理；楊向奎審定，《春秋左傳正義（十三經注疏）》，（北京：北京大學出版社，2000），1411。

1. 如果天與鬼神不存在，我為何不可為所欲為〔註104〕
2. 如果靈魂沒有不死，我為何不可沒有道德〔註105〕

世人普遍強調行善避惡，但由上述可知，規範面與信仰面皆不能確保人實現人與人之間的適當關係。孔子的志向不僅是個人的選擇，更是為所有人類的考慮，若不以普遍的人性為根據實在難以實現。然而人避開外在的束縛與利害的算計時，來自人內在的力量卻浮現了。

由本章論述可知，如果天或鬼神僅只是一種外在的檢訂力量，依據人的言行賞善罰惡，那麼，一旦賞善罰惡的兌現能力失準，天與鬼神的存在便立刻引來質疑。

在〈魯邦大旱〉中，可以看見子貢對於傳統鬼神信仰提出質疑，〔註106〕但是孔子對於傳統信仰的態度則予以尊重，並配合人道的解釋，將終極信仰對象歸諸於天。而孔子所知的天，不僅是賞善罰惡的檢訂力量，也賦予人類生命歷程中所遭遇的一切事件與限制，其中含有人類的理性所無法理解的成分。然而，即使生命有不可抵抗的命運作為限制，個人仍然能夠在能力所及的範圍內選擇要採取什麼樣的態度，以及選擇如何行動。孔子探究的焦點不執著於命運的不可抵抗，就算知道行不通，還是有責任必須完成。孔子相信天會賦予人特殊的使命，就算不是統治者或天子，也可以認知並背負個人的使命。天與鬼神的賞善罰惡經常無法立即兌現，甚至難以理解，但孔子仍然確信天是自身德行的來源，即使遭遇重大危難之際，也對天投以全盤的付託。既然天是人類一生德行的來源，那麼藉由真誠引發實踐德行的力量，就是完成了天賦予我追求德行的開端，也就是完成了一己生命的價值。如果能夠在有限的生命中完成生命的價值與天賦予的使命，則不必將死前未逐的欲求，也不需要把對於賞罰報應的渴求投射於死後，這就是孔子對於人與超越界之

〔註104〕由杜斯妥也夫斯基《卡拉馬助夫兄弟們》中的一個提問激發這個問題，原來的提問是：「因為既然永恆的上帝不存在，也就沒有任何道德了，而且也根本不需要道德。」（詳見臧仲倫譯：杜斯妥也夫斯基著《卡拉馬助夫兄弟們》，（臺北市：聯經，2004年）：頁904。）

〔註105〕由杜斯妥也夫斯基《卡拉馬助夫兄弟們》中的一個提問激發這個問題，原來的提問是：「沒有靈魂不死，就意味著可以為所欲為。」（詳見臧仲倫譯：杜斯妥也夫斯基著《卡拉馬助夫兄弟們》，（臺北市：聯經，2004年）：頁90、頁110。）

〔註106〕子貢由人類的角度來看，如果不儘快下雨，山川之神的膚、民將會滅亡，比起一般人，山川之神應該更等不及要下雨。如果山川之神真的有影響自然現象或人類世界的能力，眼看自己的膚、民將要面對危亡，根本不必等待祭祀。

間關係的根本看法。天是人孔子一生德行與使命的來源，同時也是唯一瞭解孔子者，完成了生命的價值意義，其他瑣事又與有什麼關係呢？盡到自己該盡的本分，又何必太過在意其他事情呢？

第五章　《孟子》中以人爲核心的生命觀

第一節　《孟子》中的人禽之辨

　　孔子爲儒家哲學創始階段的代表人物，其後眾多後學形成不同的流派，後學之間的分歧，在《禮記・檀弓上》可以窺見一斑。對於禮的執行，曾子分別與子夏、子游意見相左；曾子又與有子對於孔子論喪失祿位後的自處原則理解有異。對於《禮記》的記載是否合於事實，已經難以考察。孔門後學雖然將孔子、弟子與時人的言論編成《論語》的母體傳世，但由於孔子弟子未有足以與孔子並稱的思想傳世，導致孔子之後的儒學發展令人充滿想像空間。直到孔子去世後一百餘年，孟子出現以後儒學思想才出現重大的進展，引起司馬遷的注意。《史記・孟子荀卿列傳》：

　　　孟軻，騶人也。受業子思之門人。道既通，游事齊宣王，宣王不能
　　　用。適梁，梁惠王不果所言，則見以爲迂遠而闊於事情。當是之時，
　　　秦用商君，富國彊兵；楚、魏用吳起，戰勝弱敵；齊威王、宣王用
　　　孫子、田忌之徒，而諸侯東面朝齊。天下方務於合從連衡，以攻伐
　　　爲賢，而孟軻乃述唐、虞、三代之德，是以所如者不合。退而與萬
　　　章之徒序詩書，述仲尼之意，作孟子七篇。其後有騶子之屬。〔註1〕

司馬遷所描述的孟子，政治遭遇與孔子相似。而思想方面，則是「道既通」、「述仲尼之意」，顯示孔子以後能繼承儒家哲學的，以孟子爲首。孟子哲學在唐代韓愈開始提倡以前，雖然已經受到史家的關注，但唐代以前關於《孟

〔註1〕（日）瀧川龜太郎，《史記會注考證》，（臺北市：大安，1998），919。

子》的注解，流傳下來的只有趙岐的《孟子章句》。自漢代至唐代，爲《孟子》作注的共有九家，漢代就佔五家，魏晉南北朝時期僅一部，隋唐五代共五部。〔註2〕早在漢代，趙岐便對於孟子推崇備至，將孟子推上「亞聖」的地位。趙岐作《孟子題辭》讚揚孟子：

> 帝王公侯遵之，則可以致隆平，頌清廟。卿、士、大夫蹈之，則可以尊君父，立忠信。守志勵操者儀之，則可以崇高節，抗浮雲。有風人之託物，二雅之正言，可謂直而不倨，曲而不屈，命世亞聖之大才者也。〔註3〕

孟子與孔子並稱，被認爲是述仲尼之意的重要人物，但是關於孟子的生平，我們所知道的非常有限，主要只能由《孟子》一書中的記載拼湊。

孟子在政治上的遭遇與孔子相仿，但是身處的學術環境則有很大的差異。在《論語》中，孔子雖偶遇時人與隱者的思想挑戰，但是並未見孔子直接對抗某個學派。而《孟子》一書中，則可以看到孟子對於其他思想流派的評述與辯論。同時也在孟子力駁其他學派思想時，可以理解孟子與其餘學派相異的核心主張。《孟子·滕文公下》：

> 孟子曰：「予豈好辯哉？予不得已也。天下之生久矣，一治一亂。當堯之時，水逆行，氾濫於中國。蛇龍居之，民無所定；下者爲巢，上者爲營窟。……聖王不作，諸侯放恣，處士橫議，楊朱、墨翟之言盈天下。天下之言，不歸楊則歸墨。楊氏爲我，是無君也；墨氏兼愛，是無父也。無父無君，是禽獸也。公明儀曰：『庖有肥肉，廄有肥馬，民有飢色，野有餓莩，此率獸而食人也。』楊、墨之道不息，孔子之道不著，是邪說誣民，充塞仁義也。仁義充塞，則率獸食人，人將相食。吾爲此懼，閑先聖之道，距楊墨，放淫辭，邪說者不得作。作於其心，害於其事；作於其事，害於其政。聖人復起，不易吾言矣。……我亦欲正人心，息邪說，距詖行，放淫辭，以承

〔註2〕分別爲：漢代程曾的《孟子章句》、鄭玄《孟子注》、高誘《孟子章句》、劉熙《孟子注》、趙岐《孟子章句》；魏晉南北朝綦毋邃的《孟子注》；隋唐五代陸善經《孟子注》、張鎰《孟子音義》、丁公著《孟子手音》、劉軻《翼孟》、林慎思《續孟子》。（詳見郭偉宏，《趙岐《孟子章句》研究》，（揚州：廣陵書社，2014），3～4、118。

〔註3〕（漢）趙岐注；（宋）孫奭疏；廖名春、劉佑平整理；錢遜審定，《孟子注疏（十三經注疏）》，（北京：北京大學出版社，2000），8～9。

三聖者：豈好辯哉？予不得已也。能言距楊墨者，聖人之徒也。」
（〈6‧9〉）〔註4〕

孟子明白說自己想要端正人心、消滅邪說，批駁偏頗的行爲，排斥荒誕的言
論，以此繼承大禹、周公、孔子的事業，追隨三位聖人。三聖面對的問題各
不相同，大禹時代的問題主要在於人與自然界不能混雜共處，需要將人與其
他自然界事物加以區別，才能確保人類的安全。到了周公輔佐武王消滅商紂
時，社會的問題在於統治者不能擔負保護人民的責任，和禽獸一同危害百姓。
孔子時的社會問題，則是正道不明、荒謬的學說、暴虐的行爲出現，人倫秩
序不能安定，人與人之間的關係無法維繫。到了孟子時，荒謬言論誤導人們
思想的情況更加劇烈，由於思想的誤導，導致人倫關係的紊亂，孟子認爲這
無異於率領野獸吃人。因此力抗荒謬的言論，特別指出了楊朱、墨翟爲荒謬
言論之代表。既然孟子知道何謂荒謬，則當知荒謬的言論在哪裡發生問題，
因此孟子自稱「知言」，能夠辨識言論，〔註5〕〈公孫丑上〉：「詖辭知其所蔽，
淫辭知其所陷，邪辭知其所離，遁辭知其所窮。」（〈3‧2〉）孟子對於自己的
口才與邏輯思辨能力應該有高度自信，至少在《孟子》書中，從來沒有辯論
不能說服人的情況。

　　孟子追隨大禹、周公、孔子三位聖人，三位聖人所面對的問題，可以區
分爲三：如何面對自然界、人與人之間的關係如何建立、導正思想。既然孟
子自稱追隨三聖，那麼不妨由孟子所述三聖的事蹟，梳理孟子對於聖人事業
的觀察，以及對於三聖時社會概況的說明。首先參考孟子與奉行神農氏學說
的陳相之對話，〈滕文公上〉孟子與陳相辯論職業分工的問題，指出：「或勞
心，或勞力；勞心者治人，勞力者治於人；治於人者食人，治人者食於人：
天下之通義也。」〔註6〕（〈5‧4〉）天下的人類，有的人操勞心思，有的人操
勞體力。操勞心思的人治理別人，操勞體力的人被人治理；被人治理的養活
別人，治理人的靠別人養活。由孟子的說明可知，國家的基本組成爲統治者

〔註 4〕本文所見《孟子》篇章號碼、《孟子》原文句讀及新式標點符號，皆依照傅佩
　　　榮著，《傅佩榮解讀孟子》，（新北市：立緒，2004）所示。

〔註 5〕傅斯年對於孟子邏輯能力的評價並不高，傅斯年認爲：「此等語氣，皆孟子之
　　　邏輯工夫遠不如荀子處。孟子之詞，放而無律，今若爲盧前王後，則孟子之詞，
　　　宜在淳于髡之上，荀卿之下也。」（傅斯年，《性命古訓辨證》，（臺北市：中央
　　　研究院歷史語言研究所，1992），中卷，56。）

〔註 6〕本文白話語譯參照傅佩榮，《傅佩榮解讀孟子》，（新北市：立緒，2004），121。

與被統治者兩部分，兩者必須互相依賴，社會才能夠存續。孟子在對話中並沒有評論統治者與被統治者之間的地位高低，只是闡述了古代的共同法則。古代天下尚未太平以前，人群受到其他生物以及天災、自然現象的危害，人群需要依賴有特別才能的少數人領導，才能遠離危險，脫離與動物群居，發展產業經營生活，〈滕文公上〉：

> 當堯之時，天下猶未平；洪水橫流，氾濫於天下。草木暢茂，禽獸繁殖，五穀不登，禽獸偪人。獸蹄鳥跡之道交於中國。堯獨憂之，舉舜而敷治焉。舜使益掌火，益烈山澤而焚之，禽獸逃匿。禹疏九河，瀹濟、漯，而注諸海；決汝、漢，排淮、泗，而注之江，然後中國可得而食也。當是時也，禹八年於外，三過其門而不入，雖欲耕，得乎？后稷教民稼穡，樹藝五穀，五穀熟而民人育。人之有道也，飽食煖衣，逸居而無教，則近於禽獸。聖人有憂之，使契為司徒，教以人倫，父子有親，君臣有義，夫婦有別，長幼有序，朋友有信。放勳曰：「勞之來之，匡之直之，輔之翼之，使自得之，又從而振德之。」聖人之憂民如此，而暇耕乎？（〈5‧4〉）

孟子眼中古人的生活世界，與自然界的其他事物極為接近，不僅生活區域相近，動物可以迫害人類生活，遍佈中原各地，洪災到處氾濫。直到堯、舜、伯益、禹、后稷等有才能的個人相繼出現，驅趕野獸、疏通河流、教導人民種植五穀，成為統治者，人民才可以受到養育。認為人民需要具有特殊才能的個人領導，才能夠安養生息的想法，除了孟子以外，《易傳》中也可以看見類似的說法。〔註7〕

　　人類在原始的生活中，經由某些天才的帶領，能夠脫離原始生活。古人雖然脫離了與其他動物混居的環境，但是人類與其他動物的差異，其實是非常微小的。「人之有道也，飽食煖衣，逸居而無教，則近於禽獸。」人類生活的法則是：吃飽穿暖，生活安逸而沒有教育，就和禽獸差不多。堯的憂慮在於野獸與人類混居、迫害人類生活，於是提拔舜，舜則派伯益驅趕野獸，大禹則負責治水；然而舜的憂慮在於洪水平息，五穀也成熟可以養育百姓，雖

〔註7〕《周易‧繫辭傳下》：「古者包犧氏之王天下也，仰則觀象於天，俯則觀法於地，觀鳥獸之文，與地之宜，近取諸身，遠取諸物，於是始作八卦，以通神明之德，以類萬物之情。作結繩而為罔罟，以佃以漁，蓋取諸離。包犧氏沒，神農氏作，斲木為耜，揉木為耒，耒耨之利，以教天下，蓋取諸益。」（（宋）朱熹，《周易本義》，（臺北市：大安，1999），253。）

然人類已經和禽獸隔離開來，但是人類吃飽穿暖，而不受教育，其實和禽獸也差不多。舜的偉大不是在於驅趕了禽獸，而是在於發現人類本身跟禽獸差異不大，因此而感到憂慮，認爲人民需要教育，才能眞正和野獸區隔開來。因此任命契爲司徒，教導百姓人與人之間的倫理關係。〔註8〕孟子也談到「人之所以異於禽獸者幾希」（〈8‧19〉）人與禽獸的差別只有一點點，正是由於人與禽獸高度相似，所以需要徹底發展兩者不同的地方，使兩者完全區別，這就是教育的作用所在。孟子所說的禽獸，特色在於「無父無君，是禽獸也」（〈6‧9〉）對於孟子所說的禽獸來說，沒有特定的父母親子關係，也沒有特定的君臣關係可言。孟子也用「禽獸」來稱呼無論別人用什麼態度接待自己，行爲依然粗暴蠻橫的人（〈8‧28〉），這種「禽獸」大概就是指無法實踐適當的人際關係、缺乏人倫觀念的人。

舜的憂慮與孟子對於人民生活的描述是一致的，孟子也藉由對於人民生活的觀察，指導國君如何治理國事。例如〈梁惠王上〉中，孟子分別對梁惠王以及齊宣王說明了相似的思想：

> 不違農時，穀不可勝食也；數罟不入洿池，魚鼈不可勝食也；斧斤以時入山林，材木不可勝用也；穀與魚鼈不可勝食，材木不可勝用，是使民養生喪死無憾也；養生喪死無憾，王道之始也。五畝之宅，樹之以桑，五十者可以衣帛矣；雞豚狗彘之畜，無失其時，七十者可以食肉矣；百畝之田，勿奪其時，數口之家可以無飢矣；謹庠序之教，申之以孝悌之義，頒白者不負戴於道路矣：七十者衣帛食肉，黎民不飢不寒，然而不王者，未之有也。（〈1‧3〉）

> 曰：「無恆產而有恆心者，惟士爲能。若民，則無恆產，因無恆心。苟無恆心，放辟邪侈，無不爲已。及陷於罪，然後從而刑之，是罔民也。焉有仁人在位，罔民而可爲也？是故明君制民之產，必使仰足以事父母，俯足以畜妻子，樂歲終身飽，凶年免於死亡。然後驅

〔註8〕有關舜指派各種官員的記載，可以參考《尚書‧舜典》：「帝曰：『俞，咨！禹，汝平水土，惟時懋哉！』禹拜稽首，讓于稷、契暨皋陶。帝曰：『俞，汝往哉！』帝曰：『棄，黎民阻飢，汝后稷，播時百穀。』帝曰：『契，百姓不親，五品不遜。汝作司徒，敬敷五教，在寬。』……帝曰：『疇若予上下草木鳥獸？』僉曰：『益哉！』帝曰：『俞，咨！益，汝作朕虞。』」（（漢）孔安國傳；（唐）孔穎達正義；廖名春、陳明整理：呂紹綱審定，《尚書正義（十三經注疏）》，（北京：北京大學出版社，2000），87～92。）

而之善，故民之從之也輕。今也制民之產，仰不足以事父母，俯不足以畜妻子；樂歲終身苦，凶年不免於死亡。此惟救死而恐不贍，奚暇治禮義哉？王欲行之，則盍反其本矣。五畝之宅，樹之以桑，五十者可以衣帛矣。雞豚狗彘之畜，無失其時，七十者可以食肉矣。百畝之田，勿奪其時，八口之家可以無飢矣。謹庠序之教，申之以孝悌之義，頒白者不負戴於道路矣。老者衣帛食肉，黎民不飢不寒；然而不王者，未之有也。」（〈1‧7〉）

孟子對於梁惠王以及齊宣王論治理國事，方法不外乎使百姓可以飽食煖衣，生活安逸，讓百姓養家活口、辦理喪事都沒有什麼不滿，生命中的最重要的「養生」與「送死」〔註9〕兩件大事都可以完成，使百姓都不需要特別爲生計煩惱。如此只是王道的開始，光是開始還不能夠完成王道。人民飽食煖衣，逸居之後還需要受到教育，由統治者爲人民設立學校，反覆講述孝親敬長的道理。百姓沒有固定的產業，因而也就沒有堅定的心志，沒有堅定的心志就會違法亂紀，什麼事都做得出來。因此明君讓百姓在豐年可以天天吃飽，荒年不至於餓死只是養育百姓的身體，明君一方面規劃百姓的產業，一方面還要導正百姓的心智，督促百姓走上正道。國君養育百姓，使百姓生活富庶，主要目的不只是餵飽百姓，而是爲了讓百姓可以受到教育，「然後驅而之善」。必須先教導百姓明白什麼是善，才能督促他們走上善道。孟子所說的人倫：「父子有親，君臣有義，夫婦有別，長幼有序，朋友有信」，應該就是孟子所說的「善」的內容，亦即人與人之間適當的關係。配合〈滕文公上〉的這段說明，可以更加明確地肯定孟子重視教育，而且教育以教人明白人倫爲基本內容，〈滕文公上〉：

設爲庠序學校以教之。庠者，養也。校者，教也。序者，射也。夏曰校，殷曰序，周曰庠；學則三代共之，皆所以明人倫也。人倫明於上，小民親於下。（〈5‧3〉）

人倫就是人與人之間適當的關係，也就是百姓必須走上的正路，也就是孟子所說的「善」。由此可知，雖然人類生活的法則是吃飽穿暖，生活安逸而沒有教育，就和禽獸差不多。孟子爲什麼需要提出人禽之辨？原因就在於人與禽獸的差異實在太少，十分相近所以需要分辨。一般人的特色在於接受教育，明白人與人之間的適當關係是什麼以後，就可能和禽獸完全區隔開來。

〔註9〕孟子曰：「養生者不足以當大事，惟送死可以當大事。」（〈8‧13〉）

　　然而，教育是如何開始的呢？人與人之間的關係怎麼才算適當？〈滕文公上〉只說明舜的事蹟：「契爲司徒，教以人倫，父子有親，君臣有義，夫婦有別，長幼有序，朋友有信」（〈5‧4〉）孟子沒有說明舜、或者舜所指派的契爲何知道何謂人倫，只能說舜或契似乎是人倫方面的天才。孟子並不排斥某些個人對於人倫方面有特別才能，〈萬章上〉引用伊尹的話：「天之生此民也，使先知覺後知，使先覺覺後覺也。予，天民之先覺者也；予將以斯道覺斯民也，非予覺之，而誰也？」（〈9‧7〉）天下確實有某些人如伊尹，先覺悟了堯舜的理想。天生育了百姓，就是要使先知道的去開導後知道的，有才能的同時，也帶給人特殊的使命。由伊尹之言可知，堯舜就是道的代表，堯舜之治就是正道的體現。舜不是第一個說出善言或做出善行的人，孟子所理解的舜，是特別喜歡善言、善行的人：

1. 孟子曰：「舜之居深山之中，與木石居，與鹿豕遊，其所以異於深山之野人者幾希。及其聞一善言，見一善行，若決江河，沛然莫之能禦也。」（〈13‧16〉）

2. 孟子曰：「子路，人告之以有過，則喜。禹聞善言，則拜。大舜有大焉，善與人同，舍己從人，樂取於人以爲善。自耕稼、陶、漁以至爲帝，無非取於人者。取諸人以爲善，是與人爲善者也。故君子莫大乎與人爲善。」（〈3‧8〉）

舜的特別不在於生下來有任何超凡的本領，甚至舜起初住在深山裡，和深山裡的平凡百姓也沒有什麼不同。舜的特別之處在於聽到別人說了一句好話，看見別人做了一件好事，學習的意願就像江河決堤，沒有人可以阻擋。孟子列舉了子路、禹、舜三個人，三個人對於善言善行都有所喜好，但是表現於行爲上則有不同。子路樂於讓人指正過錯，禹則喜歡良善的言詞。而舜就更了不起，看見善行、聽見善言，除了改正、捨棄自己的錯誤以外，更樂於效法別人行善。舜不只喜歡善言善行，更親自實現了善言善行。舜展現的人格典型在於：人會受到其他人良善的言行吸引，而展現出對於良善言行的喜好，像舜這樣敏感的人，除了察覺自己對於善言善行的喜好，更願意主動跟隨實踐。

1. 孟子曰：「人之所以異於禽於獸者幾希，庶民去之，君子存之。舜明於庶物，察於人倫，由仁義行，非行仁義也。」（〈8‧19〉）

2. 孟子道性善，言必稱堯舜。……孟子曰：「世子疑吾言乎？夫道一而已矣。……顏淵曰：『舜，何人也？予，何人也？有爲者亦若是。』」（〈5‧1〉）

3. 是故君子有終身之憂，無一朝之患也。乃若所憂則有之。舜，人也；我亦人也。舜爲法於天下，可傳於後世，我由未免爲鄉人也，是則可憂也。憂之如何？如舜而已矣。（〈8・28〉）

4. 孟子曰：「何以異於人哉？堯舜與人同耳。」（〈8・32〉）

5. 曹交問曰：「人皆可以爲堯舜，有諸？」孟子曰：「然。」「交聞文王十尺，湯九尺，今交九尺四寸以長，食粟而已，如何則可？」曰：「奚有於是？亦爲之而已矣。有人於此，力不能勝一匹雛，則爲無力人矣；今曰舉百鈞，則爲有力人矣。然則舉烏獲之任，是亦爲烏獲而已矣。夫人豈以不勝爲患哉，弗爲耳。徐行後長者謂之弟，疾行先長者謂之不弟。夫徐行者，豈人所不能哉？所不爲也。堯舜之道，孝弟而已矣。子服堯之服，誦堯之言，行堯之行，是堯而已矣。子服桀之服，誦桀之言，行桀之行，是桀而已矣。」（〈12・2〉）

堯、舜就外表來看，和一般人一樣，所吃的食物也沒有不同。雖然外貌相似，但是內涵卻完全不同。舜爲天下樹立了典範，孟子認爲君子的憂慮在於不能像舜一樣。孟子引用顏淵的話，說明有所作爲的人，也會像舜一樣。人人都可以成爲堯舜，差異只在於做與不做而已。至於應該做什麼？該如何做才能像堯舜一樣？則需要進一步說明。孟子說舜了解事物的常態，明辨人倫的道理。舜所做的，是將人與禽獸不同的地方保存下來。「禽獸」沒有特定的父母親子關係，也沒有特定的君臣關係可言。「禽獸」也被孟子用來類比無法實踐適當的人際關係、缺乏人倫觀念的人。孟子所說的「善」的內容，是人與人之間適當的關係。於是禽獸沒有善惡問題可言，善惡問題專屬於人類。既然孟子所說的「善」，由內容上來看只有人有善的問題，所以不可能脫離人類去求「善」，換句話說，善惡不能脫離人類或人性。

孟子對於人性與善的關聯，一般被理解爲「性善」，《孟子・滕文公上》：「孟子道性善，言必稱堯舜」（〈5・1〉）孟子談論人性良善的道理，經常以堯舜當作典範。又說：「堯舜之道，孝弟而已矣。」（〈12・2〉）堯舜和一般人沒什麼不同，人人都可以成爲堯舜。堯舜作爲人生正途的典範，孟子認爲他們所實踐的不過就是孝悌而已。孟子曾經說舜的事蹟包括：「契爲司徒，教以人倫，父子有親，君臣有義，夫婦有別，長幼有序，朋友有信」（〈5・4〉）孝弟只是人倫中的一部分，爲什麼值得作爲人倫規範的代表呢？人性又與善有什麼關係？這些問題似乎可以由《孟子》如何談「孝弟」開始研究。

第二節 大舜之孝

《孟子·滕文公上》:「孟子道性善,言必稱堯舜」(〈5·1〉)孟子談論人性良善的道理,經常以堯舜當作典範。又說:「堯舜之道,孝弟而已矣。」(〈12·2〉)堯、舜在《孟子》中是聖人的代表,孟子對於堯的事蹟記載,多與舜有關。而且孟子對於舜特別推崇,將舜推崇爲「大孝」的典型,《孟子·離婁上》:「舜盡事親之道,而瞽瞍底豫。瞽瞍底豫而天下化,瞽瞍底豫而天下之爲父子者定,此之謂大孝。」(〈7·28〉)孟子稱讚舜爲「大孝」,並不僅因爲舜盡全力孝順父母,而是由於舜對於父親的孝行,使父親感到高興,因此而感化了天下人。舜個人的孝行,原來只是父子之間、一家之中的家庭關係,但是舜是統治者,爲天下的楷模,進而影響了所有人。可見孟子談孝順,並不侷限於狹隘的家庭主義,而是就所有人的人性來說的。滕定公去世後,孟子也指導太子應該行三年之喪。父母的喪事本是子女要竭盡心意舉行,身爲太子如果能以身作則,更能影響百姓。孟子曰:「上有好者,下必有甚焉者矣。君子之德,風也;小人之德,草也。草上之風,必偃。」(〈5·2〉)孟子口中的舜是特別喜歡善言、善行的人,並且用自己的孝行,感化周圍的人。

人與人之間的關係經常是相對的,〈離婁下〉:「君子所以異於人者,以其存心也。君子以仁存心,以禮存心。仁者愛人,有禮者敬人。愛人者,人恆愛之;敬人者,人恆敬之。」(〈8·28〉)君子用仁與禮來考察心思,心思眞誠而遵守社會規範,往往期待對方可以用愛護與尊重回應。如果再三反省自己合乎仁與禮,對方還是粗暴地對待自己,只能說對方狂妄而沒什麼好責怪的。人與人之間的關係有其相對的期待與要求,但由此反觀舜與父親的相處,就可以立刻發現舜所展現出來的父子關係有其特別性。〈萬章上〉記載了許多有關舜與家人的相處情況:

> 父母使舜完廩,捐階,瞽瞍焚廩。使浚井,出,從而揜之。象曰:「謨蓋都君咸我績,牛羊父母,倉廩父母,干戈朕,琴朕,弤朕,二嫂使治朕棲。」象往入舜宮,舜在床琴。象曰:「鬱陶思君爾!」忸怩。舜曰:「惟茲臣庶,汝其於予治。」不識舜不知象之將殺己與?(〈9·2〉)

父母並非完美的人,舜的家庭環境充滿危險,令人難以想像。父母與弟弟聯合謀害舜,甚至弟弟還「日以殺舜爲事」(〈9·3〉)舜的家人的行爲不僅已經逸脫倫常,甚至幾乎踰越社會規範。舜的家庭完全不是「愛人者,人恆愛之;敬人者,人恆敬之」的理想互動,父親瞽瞍對於舜的行爲,如果放在家人以

外的人際關係中，即便真誠以禮相待，實在難以期待瞽瞍能夠對於自己有什麼合理的回應。孟子的弟子萬章對於舜對弟弟的照顧，也曾經產生質疑：

> 舜流共工於幽州，放驩兜於崇山，殺三苗於三危，殛鯀於羽山，四罪而天下咸服，誅不仁也。象至不仁，封之有庳。有庳之人奚罪焉？
> 仁人固如是乎？在他人則誅之，在弟則封之？（〈9‧3〉）

由萬章的質疑可知，舜絕非不講懲罰的人，卻對於「至不仁」的象以及危害自己的父母有從外人看似差別的待遇。然而舜對於家人沒有任何抱怨嗎？根據〈萬章上〉記載：

> 萬章問曰：「舜往於田，號泣於旻天，何爲其號泣也？」孟子曰：「怨慕也。」萬章曰：「父母愛之，喜而不忘；父母惡之，勞而不怨。然則舜怨乎？」……孟子曰：「……人悅之、好色、富貴，無足以解憂者，惟順於父母可以解憂。人少，則慕父母；知好色，則慕少艾；有妻子，則慕妻子；仕則慕君，不得於君則熱中。大孝終身慕父母。五十而慕者，予於大舜見之矣。」（〈9‧1〉）

根據孟子的回答可知，舜對於父母既抱怨又思慕。但是由孟子的說明可知，舜對於父母的抱怨是來自於不能使父母順心的憂慮。而仁人面對家人的態度是：「仁人之於弟也，不藏怒焉，不宿怨焉，親愛之而已矣。」（〈9‧3〉）對待弟弟不存著怒氣，也不留著怨恨。孟子如何說明子女對於父母的「怨」，必須參考〈告子下〉：

> 公孫丑問曰：「高子曰：『〈小弁〉，小人之詩也。』」孟子曰：「何以言之？」曰：「怨。」曰：「固哉，高叟之爲詩也！有人於此，越人關弓而射之，則己談笑而道之；無他，疏之也。其兄關弓而射之，則己垂涕泣而道之；無他，戚之也。〈小弁〉之怨，親親也。親親，仁也。固矣夫，高叟之爲詩也！」曰：「〈凱風〉何以不怨？」曰：「〈凱風〉，親之過小者也；〈小弁〉，親之過大者也。親之過大而不怨，是愈疏也；親之過小而怨，是不可磯也。愈疏，不孝也；不可磯，亦不孝也。孔子曰：『舜其至孝矣，五十而慕。』」（〈12‧3〉）

〈小弁〉之詩描述「幽王信襃姒之讒，放逐宜咎」〔註10〕，宜咎是幽王時的

〔註10〕孔穎達疏語。（漢）毛亨傳；（漢）鄭玄箋；（唐）孔穎達疏；鞏抗雲、李傳書、胡漸逵、肖永明、夏先培整理；劉家和審定，《毛詩正義（十三經注疏）》，（北京：北京大學出版社，2000），873。

太子，太子之傅寫詩諷刺父親幽王聽信讒言放逐兒子。〈凱風〉則是描述「雖有七子之母，猶不能安其室，故美七子能盡孝道，以慰其母心，而成其志爾。」〔註11〕〈小弁〉說的是父母大的過錯，舜的父母要謀害舜，傷害性命本是人際之間的大過失，甚至違反法律。子女與父母關係最親近，情感的聯繫往往最強烈。對於父母的情感最強，如果對於父母對自己的重大傷害毫無反應、全無抱怨，這種反應就好像將父母當成越人一樣，是疏遠父母的表現。顯示就孟子看來，自己與越人的關係和自己與父母的關係是完全不同的，對於遠近親疏不同的人，所抱持的期待也有天壤之別。對於父母大過的抱怨，是出於愛護親人的真情流露。人際交往乃至於親子之間，難免會有衝突與抱怨，最好的解決之道即如舜對待弟弟：「不藏怒焉，不宿怨焉，親愛之而已矣。」不留著怨恨，而是設法使家人無法犯錯，真心喜愛家人，〔註12〕努力使父母順心。

　　孟子對於人性發展與親子關係的觀察，可說是非常詳細而符合經驗的。孟子完全沒有「天下無不是的父母」這種想法。父母與所有人一樣，都是可能犯錯的，子女對於父母的過失可以有情緒反應，但是積怨則要避免。孟子認為人的生命是有限的，人有父母才有生命。人由父母得到存在，所以對父母親的關係是「一本」（〈5‧5〉）。人從出生受到父母的照顧，與父母關係特別親近，但是隨著年齡增長，逐漸離開家庭，情感的歸屬也發生轉變，〈萬章上〉：

> 人少，則慕父母；知好色，則慕少艾；有妻子，則慕妻子；仕則慕君，不得於君則熱中。大孝終身慕父母。五十而慕者，予於大舜見之矣。（〈9‧1〉）

參考《論語》對於親子關係的觀察，《論語‧陽貨》：「子生三年，然後免於父母之懷。」（〈17‧21〉）孔子說明人與人之間的關係發展，從最初親子身體的依賴，發展至情感依賴，而後展現為倫理規範。一個人能夠在社會上正常成長發展，是由於父母的關心照顧。任何人的生命都是始於生物本能，由身體依賴產生對於親子間的情感需求。孟子說人在幼小時，會思慕父母，但是一旦長大，知道了漂亮的異性，就思慕年輕貌美的女子。財富、尊貴、美麗的

〔註11〕《毛詩正義（十三經注疏）》，157。

〔註12〕弟弟用合乎情理的方式對待舜，舜就真心相信。「彼以愛兄之道來，故誠信而喜之，奚偽焉？」（〈9‧2〉）

異性是人人想要的，但是舜面對外物的吸引，還是不能掩蓋對於父母的思慕，就像小孩子喜歡父母一樣自然，孟子曰：「大人者，不失其赤子之心者也。」（〈8‧12〉）舜到了五十歲仍思慕父母，不能使父母順心就像窮人無所歸，舜大概就是將嬰兒般真誠的心思保留下來的人。然而，舜並非天真所以不受財富、美色吸引，而是由於舜理解輕重緩急，知道父母是務必先愛護的，參考〈盡心上〉：

> 知者無不知也，當務之爲急；仁者無不愛也，急親賢之爲務。堯舜之知而不遍物，急先務也。堯舜之仁不遍愛人，急親賢也。不能三年之喪，而緦、小功之察；放飯流歠，而問無齒決，是之謂不知務。
>
> （〈13‧46〉）

對照《孟子‧滕文公下》對於楊朱、墨翟的批評，孟子認爲「楊氏爲我，是無君也；墨氏兼愛，是無父也。無父無君，是禽獸也。」（〈6‧9〉）墨家兼愛思想破壞以血緣爲依據的家族之愛，具有破壞作爲當時社會基礎單位的家庭結構的傾向。〔註13〕無父、無君是楊朱、墨翟思想在邏輯上的結果。廣泛關愛所有人固然與孟子所說的「老吾老，以及人之老；幼吾幼，以及人之幼」（〈1‧7〉）的理想不相衝突，但是如果以普遍愛護所有人、對所有人的愛沒有區別爲出發點，由孟子對於人性的觀察來看是難以成功的，甚至不合乎人性的需求。不從對與自己最親近的家人的關愛出發，企圖捨家族之愛而直言博愛，恐怕是過於理想化而難以實現。孟子對於墨家的批判主要出於兼愛的方法問題，墨家學者夷子認爲：「儒者之道，古之人若保赤子，此言何謂也？之則以爲愛無差等，施由親始」（〈5‧5〉）由夷子自身的回答可知，或許墨家對於兼愛的方法與孟子的理解有所差異，但由夷子的回應來看，如果真的愛無差等，那又何必由親始呢？如果實踐上需要由對待父母開始，那麼對遠近親疏之愛，必定至少存在於時間順序、生命發展歷程上的差等。

出於對人情世故的觀察，孟子認爲父母並非不會犯錯，桃應更曾問孟子有關瞽瞍殺人，舜身爲天子應該如何處置的問題，〈盡心上〉：

> 桃應問曰：「舜爲天子，皋陶爲士，瞽瞍殺人，則如之何？」孟子曰：「執之而已矣！」「然則舜不禁與？」曰：「夫舜惡得而禁之？夫有所受之也。」「然則舜如之何？」曰：「舜視棄天下，猶棄敝屣也。竊負而逃，遵海濱而處，終身訢然，樂而忘天下。」（〈13‧35〉）

〔註13〕詳見金谷治，《孟子》，（東京：岩波書店，2015），39。

在前文中曾經引述舜的父母要殺舜，〈萬章上〉：「父母使舜完廩，捐階，瞽瞍
焚廩。使浚井，出，從而揜之。」（〈9．2〉）舜應對父母謀害的方法是不斷逃
跑。舜不斷逃跑是由於父母還要面對社會，為了不讓父母受到來自社會的譴
責以及法律的制裁，所以必須不斷逃跑。孟子認為夏、商、周三代對於違反
社會規範的人，有嚴格的處罰傳統。〈萬章下〉中，孟子引用〈康誥〉說：「『殺
越人于貨，閔不畏死，凡民罔不譈。』是不待教而誅者也。殷受夏，周受殷，
所不辭也。」（〈10．4〉）參考《尚書‧康誥》：

> 王曰：「嗚呼！封，敬明乃罰。人有小罪，非眚，乃惟終，自作不典，
> 式爾，有厥罪小，乃不可不殺。乃有大罪，非終，乃惟眚災，適爾，
> 既道極厥辜，時乃不可殺。」王曰：「嗚呼！封，有敘，時乃大明服，
> 惟民其敕懋和。若有疾，惟民其畢棄咎。若保赤子，惟民其康乂。
> 非汝封刑人殺人，無或刑人殺人。非汝封又曰劓刵人，無或劓刵人。」
> 王曰：「外事，汝陳時臬，司師，茲殷罰有倫。」又曰：「要囚，服
> 念五六日至于旬時，丕蔽要囚。」王曰：「汝陳時臬事，罰蔽殷彝，
> 用其義刑義殺，勿庸以次汝封。乃汝盡遜曰時敘，惟曰未有遜事。
> 已！汝惟小子，未其有若汝封之心，朕心朕德惟乃知。凡民自得罪，
> 寇攘奸宄，殺越人于貨，暋不畏死，罔弗憝。」〔註14〕

根據《漢書‧刑法志》記載：「禹承堯舜之後，自以德衰而制肉刑，湯武順而
行之者，以俗薄於唐虞故也。」〔註15〕夏、商、周三代對於違反社會規範的

〔註14〕（漢）孔安國傳；（唐）孔穎達正義；廖名春、陳明整理；呂紹綱審定，《尚
書正義（十三經注疏）》，（北京：北京大學出版社，2000），429～432。語譯
參考屈萬里《尚書今註今譯》：武王告訴康叔：「要謹慎地使你的刑罰光明。
如果有人犯了小罪而不是無心的過失，且永遠怙惡不改；那是他自己有意去
做不法的事；像這樣的，他的罪雖小，也不可不殺他。如果有人犯了大罪而
不是永遠怙惡不改，而且是因無心的過失偶然遭到罪過，既已懲罰了他的罪
過，像這種人就不可殺死他。……凡是民眾們自動犯罪，搶劫偷竊或作亂，
殺倒人而奪取他們的財貨，盡力地為非作歹而不怕死：對於這種盜賊沒有不
該把他殺死的。」（屈萬里，《尚書今註今譯》，（臺北市：臺灣商務，1969），
99～101。）」

〔註15〕許進雄認為：「夏禹是中國第一個王朝的創立者。龍山文化的時代，墓葬有受
過截腳之刖刑的人，反映其社會規制的加強。考古證據也指出那時國家組織
大概開始醞釀。表明國家的建立與嚴屬刑法的推行有聯帶的關係。它是社會
演進的必然趨勢，與風俗的厚薄不相干。」（許進雄，《古事雜談》，（臺北市：
臺灣商務，1992），293。）孟子根據《尚書‧康誥》說明殺人越貨，還蠻橫
不怕死的人百姓沒有不痛恨的，這種人不必等待規勸就可以處死。殷朝接受

懲罰，重則可以傷害身體，甚至傷及性命。孟子雖然認爲理想的國君應該是不喜歡殺人者，〔註16〕但也並不否定過去傳統社會規範的存在。由孟子與桃應的對話可知，舜爲天子時，對於殺人者的懲罰必然存在。傅佩榮認爲：「儒家並非以情害法，而是肯定人情爲恆在的，是人性的自然表現。情與法不能兼顧時，則以不違人情爲要。」〔註17〕舜作爲天子，有維持社會規範的責任，對於瞽瞍殺人必須「執之而已矣」。但是舜同時作爲兒子，兒子愛護父母是人之常情，面對父親犯罪則「竊負而逃」。舜面對作爲天子與兒子雙重身分進行抉擇，孟子認爲舜會拋棄天下，選擇背著父親逃跑，快樂得忘記天下。社會規範與人性眞誠的情感相互衝突時，孟子認爲舜會以內心感受眞誠爲優先。

〈離婁上〉：

> 孟子曰：「居下位而不獲於上，民不可得而治也。獲於上有道，不信於友，弗獲於上矣。信於友有道，事親弗悅，弗信於友矣。悅親有道，反身不誠，不悅於親矣。誠身有道，不明乎善，不誠其身矣。是故誠者，天之道也；思誠者，人之道也。至誠而不動者，未之有也；不誠，未有能動者也。」（〈7‧12〉）

孟子談孝順並非侷限於狹隘的家庭主義。孟子認爲舜會背著父親逃跑的理由，大概是由於法律如果妨礙人性伸展時，舜會以順從人性爲優先。人性眞誠的情感亦非一種自我中心或一廂情願的態度。如果不明白什麼是善，就不能眞誠反省自己。眞誠與否以理解何謂人性的趨向爲前提，中間似乎涉及各種循環的問題。然而孟子對於明善與眞誠的論述是符合經驗的，大多數人是接受教育以後才理解人倫，道德上的天才（生而知之者）畢竟是少數，因此也彰顯了明善的重要。眞誠與否是建立在對於人與人之間適當關係的理解之上，明白善以後眞誠面對人性的要求，是人的正確途徑。孟子發覺人只要眞誠，力量由內而發。明善才能誠身，了解善才能眞誠。人與人之間有外在的

了夏朝的這種法律，周朝也接受了殷朝的這種法律。孟子認爲「不待教而誅」的法律是三代相承襲的。三代以前有關處死罪人的律法，今日實難考察，但由孟子所知，參考《漢書‧刑法志》的記載以及現代學者的研究可知，夏朝已經有了嚴格的社會規範和肉刑，違反社會規範需要付出的身體代價是極爲嚴重的，甚至可以奪人性命。

〔註16〕孟子見梁襄王。出語人曰：「望之不似人君，就之而不見所畏焉。卒然問曰：『天下惡乎定？』吾對曰：『定於一。』『孰能一之？』對曰：『不嗜殺人者能一之。』」（〈1‧6〉）

〔註17〕《傅佩榮解讀孟子》，382。

規範，人與人之間的各種規範由於符合人內心的要求而設，孟子說明了舜可能的抉擇，用孔子的話來說明，則是：「直在其中」（《論語・子路》）。〔註18〕孔子、孟子說明父親違反社會規範的例子，重點並非評價兒子抉擇的正誤，而是表達了在事件之中所展現的人性。兒子爲什麼會產生爲父親隱瞞罪過或背著父親逃跑的行爲，是孔孟所要探討的要點所在，因爲其中展現的人性自然的樣貌，孔子稱之爲「直」，即眞誠而直接地展現人性。〔註19〕

　　參考其他學者對於兒子面對父親犯罪的問題研究，勞思光指出：

> 「價值在於具體理分之完成」……孔子論「攘羊」一例中，情形相似。孔子之意以爲，每一人在每一事中，有不同之責任及義務，故不能以「證人之攘羊」爲「直」，而應說，各依其理分，或證或隱，始得其直。……此皆是具體理分問題。……孔子論「直」，其本旨是說價值即具體理分之完成，故每一事之是否合理，須就具體理分決定。至於以「父子」與路人之不同爲例，則是取材於特殊社會，而作說明。〔註20〕

蔡仁厚對於父親攘羊一例的說明則以「分」、「義」來說：

> 人據此章而以爲孔子提倡父子私情，這當然是誤會。又有人引「大義滅親」以爲說，那更是不知大小輕重的夸奢之論。須知必據「大義」而後始可言「滅親」，而證父攘羊豈得爲大義？抑豈得爲義乎？蓋「愛親」出乎天性，而「證父攘羊」既非人子之天職，且將傷害父子恩情。不證父攘羊，並無虧於爲人之道；而證父攘羊，又豈得爲合義之行？……須知行爲之合理合義，並非「照實直說」便可成

〔註18〕葉公語孔子曰：「吾黨有直躬者，其父攘羊，而子證之。」孔子曰：「吾黨之直者異於是：父爲子隱，子爲父隱。直在其中矣。」（〈13・18〉）

〔註19〕謝氏曰：「順理爲直。父不爲子隱，於理順邪？瞽瞍殺人，舜竊負而逃，遵海濱而處。當是時，愛親之心勝，其於直不直，何暇計哉？」（謝良佐語，引自（宋）朱熹，《四書章句集注》，（臺北市：大安，1999），202。）謝良佐認爲順理爲直，而舜竊負而逃是出於愛親之心勝過其餘選擇，當下無暇計算於理直不直的問題，直與否是相應於理而言。竹添光鴻認爲：「好直者之爲直也，往往自枉其性。故其所爲似直，而不直在其中矣。仁人之相爲隱也，有率其性者，故其所爲非直，而直在其中矣。……謝氏曰順理爲直，此說未圓。」（（日）竹添光鴻，《論語會箋》，（東京：崇文院，1925），675。）由竹添光鴻的看法可知，直不直不是就順理與否而言，而是就是否「率性」來說，亦即是否順著人性而言。

〔註20〕勞思光，《新編中國哲學史（一）》，（臺北市：三民，1981），124～125。

　　就；而必須隨各人之「位分、立場、處境」，分別事情之「本末輕重
　　先後緩急」，以各盡其「分、義」，乃能有當於理，有合於義。當於
　　理，合於義，乃能「直在其中」……道德行爲的優先性，不能根據
　　抽象的觀念原則來決定，而必須在具體的「分、義」上來作考量。
　　〔註21〕

勞氏說明每個人依據不同的身份，而產生相對的責任與義務，各自依照自己
的責任義務而爲，始得其直。而蔡仁厚認爲道德行爲的優先性必須依據身份、
立場、處境考量事情應該如何處理。然而，每個人依據不同的身份確實有相
應的責任與義務，由此而論每個人心中都有一把尺，各以自己爲標準爲自己
考慮，天下很難有完全公平的狀況。法律與社會規範是爲了社會的穩定與和
諧而設，如果人間沒有眞誠的情感，社會如何和諧呢？即便相處有序，也將
流於虛應故事、虛與委蛇。孔孟對父親犯罪的例子之說明，並不是積極地主
張兒子應該違背法律，而是出於對親親之情的重視，自然傾向選擇保護父母。
由儒家對於人性的理解，說明人愛其親，面對道德兩難時，設想人若眞誠順
乎天性，所會採取的反應，旨在說明人性自然的表現。孟子對於瞽瞍殺人一
問，目的不在於標舉舜的行爲爲一種道德典範，而說明了人性的眞實反應。

　　舜背著父親逃跑，沿著海邊住下，快樂得忘記了天下。由於舜選擇順從
愛親的天性，人性的要求充分地被實現，就彷彿生命沒有什麼欠缺，快樂油
然而生。舜的快樂在於人性得以完全的伸展。孟子論君子的快樂，說：

　　君子有三樂，而王天下不與存焉。父母俱存，兄弟無故，一樂也；
　　仰不愧於天，俯不怍於人，二樂也；得天下英才而教育之，三樂也。
　　君子有三樂，而王天下不與存焉。」（〈13‧20〉）

父母兄弟在我身邊，不僅使我總是能夠抒發對於家人的親愛之情，同時讓我
見到其他人時，更容易推及至其他人的父母家人身上。人性有惻隱、羞惡、
辭讓、是非之心產生的要求，在實現人性時，父母家人俱存，不僅合乎我個
人情感的願望，也爲我提供了人性實現的基礎。人的眞誠情感從父母兄弟開
始，這是本能的自然願望，再由此延伸，更容易向外推廣到天下人。自我實
現的完成自然帶來快樂，同時也不愧於天賦予我人性。《孟子‧滕文公上》：「孟
子道性善，言必稱堯舜」（〈5‧1〉）孟子談論人性良善的道理，經常以堯舜當
作典範。又說：「堯舜之道，孝弟而已矣。」（〈12‧2〉）由本文論述可知，孟

〔註21〕蔡仁厚，《孔孟荀哲學》，（臺北市：學生書局，1984），59～60。

子談「性善」，以堯舜爲例，並非計較財富與地位，而是就眞誠面對人性要求的情況而言。

第三節 《孟子》中的葬禮研究*

孟子的人性論的內容究竟爲何，《孟子》一書所提供最明確的索引似乎是「性善」。「孟子道性善，言必稱堯舜」（〈5‧1〉）、「堯舜之道，孝弟而已矣」（〈12‧2〉），顯示考察孟子所說的以堯舜爲典範的「性善」，可以由「孝弟」入手。《孟子》對「孝」的說明承襲《論語》：「生事之以禮；死葬之以禮，祭之以禮，可謂孝矣。」（〈5‧2〉）〔註22〕，包含對父母生時、死後的事奉。本節欲著眼於「孝弟」中的「孝」，並側重《孟子》中的喪葬事例，考察喪葬事例與人性論的探討有何關聯性。首先討論孟子所提出的葬禮起源說，接著分析喪葬事例如何作爲人自覺道德要求——不忍之心——的契機，同時說明不忍之心與仁的關係，最後探討《孟子》對喪葬禮儀執行的原則。

一、《孟子》的葬禮起源說

《孟子》中所記喪葬事例甚多，事例中所述子女的行爲表現，呈現孟子對人性展露的清楚刻畫。此外，由喪葬事例亦可標示出孟子思想，以及孟子所理解的墨家思想之差異。與孟子同時的墨家學者夷之，經由徐辟的介紹求見孟子。孟子與夷子之間，透過徐辟的傳話展開了異學派間的對談。孟子說：

> 吾聞夷子墨者。墨之治喪也，以薄爲其道也；夷子思以易天下，豈以爲非是而不貴也？然而夷子葬其親厚，則是以所賤事親也。（〈5‧5〉）

孟子聽說墨家辦理喪事以薄葬爲原則，然而，夷子卻厚葬自己的父母。夷子厚葬父母就是用自己所輕視的方式去對待父母。徐辟將孟子的話轉達夷子，夷子說：

> 儒者之道，古之人若保赤子，此言何謂也？之則以爲愛無差等，施由親始。（〈5‧5〉）

---

* 本節部分內容已發表於〈《孟子》中的喪葬事例研究〉，《生命教育研究》，第 8 卷第 2 期（2016）：35～50。
〔註22〕《孟子》中引曾子語，《論語》中爲孔子答樊遲語，所記完全相同。

夷子告訴徐辟，按照儒家的說法，古代君主愛護百姓就像愛護嬰兒一般，夷子認爲這句話的意思是：對人的愛不分差別等級，不過施行要由對待父母開始。徐辟又將夷子對儒家的見解轉告孟子，由此引發孟子對於埋葬父母的具體規範起源之說明：

> 孟子曰：「夫夷子信以爲人之親其兄之子，爲若親其鄰之赤子乎？彼有取爾也。赤子匍匐將入井，非赤子之罪也。且天之生物也，使之一本，而夷子二本故也。蓋上世嘗有不葬其親者，其親死，則舉而委之於壑。他日過之，狐狸食之，蠅蚋姑嘬之。其顙有泚，睨而不視。夫泚也，非爲人泚，中心達於面目，蓋歸反虆梩而掩之。掩之誠是也，則孝子仁人之掩其親，亦必有道矣。」（〈5‧5〉）

孟子面對其他思想家，說明自己與其他思想家的差異，特別能夠彰顯孟子本人的思想特徵，以及孟子認爲自己學說中的要點。首先，孟子認爲人的起源只有「一本」，所謂「一本」指的是人來自父母祖先，個人生命的本源是單一的，人際關係由親子間的「一本」開展。由人的生命只有父母這一個本源來看，父母可以說是人際關係中與個人關係最緊密的親屬，父母的逝世在子女心中也具有特別重要的意義。孟子同時批判墨家的「兼愛」、愛無差等，對待他人的父母如同對待自己的父母一般，將別人的父母視爲是自己的父母，彷彿人有兩個本源。〔註23〕孟子所理解的「兼愛」，主要由兩個核心意識組成：「普遍愛天下的人」，以及「用平等的方式去愛人」。然而，儒家並不反對普遍愛天下的人。《論語》明確記載孔子的理想在於「老者安之，朋友信之，少者懷之。」（《論語‧公冶長／5‧25》）孟子則說：「老吾老，以及人之老；幼吾幼，以及人之幼。」（〈1‧7〉）孔子與孟子希望關懷的對象是所有人。但是，「用平等的方式去愛人」是可能的嗎？孟子認爲是不可能的。孟子用「赤子匍匐將入井」以及「孝子仁人之掩其親」爲例，說明人不可能用平等的方式去愛所有人。

　　上世未制禮時，缺乏埋葬父母遺體的習俗。〔註24〕上古曾有不埋葬父母的人，子女將父母的遺體棄之荒野任其物化，當子女日後見到父母屍體受到

〔註23〕孟子更由墨家的兼愛推論出：「墨氏兼愛，是無父也。無父無君，是禽獸也。」（〈6‧9〉）顯示其對「一本」的堅持與對墨家「兼愛」、「二本」的強烈批判。

〔註24〕參考《周易》對古代喪禮的敘述，《周易‧繫辭傳下》：「古之喪者，厚衣之以薪，葬之中野，不封不樹，喪期無數。」（（宋）朱熹，《周易本義》，（臺北市：大安，1999），254。）人死後用柴草包裹，葬於荒野。與孟子對古代埋葬的說明相似。

傷害，不由自主地感到怵目驚心，內心悔恨自然而然展現在身體的狀態轉變，額頭冒汗、不敢直視。這樣的身體表現並非爲其他人而產生，而是「中心達於面目」，〔註25〕內心慚愧悔恨流露於神色，眞誠由內而發，產生爲父母善理後事的動力。怵目驚心、額頭冒汗、安葬父母，不忍見父母受毀傷所致的這一連串活動不是因爲計算外在的理由而爲。趙岐解釋此章云：

> 非爲他人而憨也，自出其心，聖人緣人心而制禮也……掩之實是其
> 道，則孝子仁人，掩其親有以也。〔註26〕

孝子仁人掩藏父母遺體必定有其道理，複雜的喪葬儀節就是根據這個道理所產生。由「中心達於面目」至行動的文脈可知，具體儀節的產生有其依據之理由，其根源的理由當是源自子女心中某種對於行動的要求，唯有當此心中要求得以得到滿足，子女才能夠感到快適、內心歡喜。故孟子說：「且比化者，無使土親膚，於人心獨無恔乎？吾聞之君子：不以天下儉其親。」（〈4‧7〉）喪葬並非只是一個慣例，而顯示生命與生命之間一種即使死亡也化解不了的關係。〔註27〕

孟子舉埋葬父母的例子目的在於說明人對於別人的愛，存在著親疏遠近的差等。親喪事例是有專對性的，關係性限制於親子之間，而喪親事例中展現的當事者反應情況亦出現於人和與我無關的他人之間。〈5‧5〉中，孟子論葬親之例前先舉「赤子匍匐將入井」例說明人的活動情形，人看見赤子有危險會驚慌地前去搶救。雖然孟子認爲人對於親屬的愛有差等，但是當人面對死去的父母、自己的侄兒、鄰居的嬰兒遭遇痛苦時，「心」都會產生一種獨特的反應，推動人採取行動。與〈5‧5〉「赤子匍匐將入井」相似的例子可見於〈公孫丑上〉：

> 今人乍見孺子將入於井，皆有怵惕惻隱之心。非所以內交於孺子之
> 父母也，非所以要譽於鄉黨朋友也，非惡其聲而然也。（〈3‧6〉）

〔註25〕 趙岐：「中心憨，故汗泚泚然出於額」。（趙岐，《孟子注》，引自（清）焦循撰；沈文倬點校，《孟子正義》，全二冊，（北京：中華書局，1987），上冊，405。）

〔註26〕 趙岐，《孟子注》，引自《孟子正義》，上冊，405。

〔註27〕 詳見（法）于連（Julien, F.），《道德奠基：孟子與啓蒙哲人的對話》，宋剛譯，（北京：北京大學出版社，2002），4。父母死亡故以後，在實際人生中無法再與人有直接的互動，古人雖相信可以透過祭祀求福與死者交流，但《孟子》並未強調祭祀求福或鬼神能主動干涉人類生活，而將活人對死者的情感需求、不忍之心視爲喪葬的根源。堯、舜、湯、武的「哭死而哀，非爲生者也」（〈14‧33〉）也展現出人對者哀慟之情不是做給活人看的，孟子甚至將此歸於「人性」。

孟子將促使救援行動的動力歸於內在自發的「不忍之心」或「惻隱之心」。而在〈5‧5〉出現的「赤子匍匐將入井」與「葬親」兩個例子，同樣也是根據此「心」而立論。同時，在埋葬過世父母與「孺子將入於井」的例子中，孟子皆強調當事者並非爲了別人，葬親事例中明確指出子女由中心達於面目，以至於葬親行爲的產生，而「乍見孺子將入於井」所引發的怵惕惻隱之心「非所以內交於孺子之父母也，非所以要譽於鄉黨朋友也，非惡其聲而然也」（〈3‧6〉），二例都排除了外在因素，顯示察覺不忍之心、惻隱之心是「意識地擺脫了生理欲望的裹脅」，面對別人受苦的情況下，心的反應自動自發地展露出來的。在這兩個例子中，孟子描繪人在「非爲人」的狀態下，驚覺內心湧現「怵惕惻隱之心」推動著自己，若不能相應地採取行動設法排解，則人就會陷入難耐不安，〔註28〕並將葬禮起源奠基於此。

「非爲人」地對於已故父母的安置乃事親的一環，已經構成「孝弟」的必要條件。孟子指出「性善」的典範人格——堯、舜的正途不過是孝弟，以不忍心任父母物化爲根基所引發的一連串行爲究竟與「性善」有何關連？而未考慮外在利害因素而自然湧現的怵惕惻隱之心本身又是否可以說是善的？或是否直接可以等同於「仁」？〔註29〕則需要進一步探討。

二、喪葬與「善」的關係

（一）喪葬作為對心之作用的覺察契機

〈5‧5〉的葬親事例、〈3‧6〉的「乍見孺子將入於井」皆展現出人突然地脫離了外在利害、生理需求的束縛，驚覺自己內心湧現出「不忍之心」、「怵惕惻隱之心」，要求人行動以化解心中的不忍與怵惕惻隱。一般人處於日常生

〔註28〕 孟子於〈5‧5〉對於子女見到父母遺體時的反應與《論語》論「三年之喪」中所出現的「不安」十分相似。《論語》細緻地描述到父母亡故時，甚至連一般日常時的作息、飲食、享樂都不能使子女開心，必須要改變日常生活才能使心中的不安情緒轉歇。馮友蘭則指出：『『孝子仁人之掩其親，亦必有道矣。』（〈滕文公上〉）『非直爲觀美也，然後盡於人心。』（〈公孫丑上〉）孟軻認爲，厚葬只是求人心之所安，猶如孔丘認爲久喪也是求人心之所安，並不是考慮計算如是有利所以才厚葬、久喪。」（馮友蘭，《中國哲學史新編（上）》，（北京：人民出版社，1998），271。）

〔註29〕 〈5‧5〉的葬親事例中論及「孝子仁人」埋葬父母必定有道理，顯示此事例與「孝」、「仁」有強烈關聯。

活，不免活在「食色」﹝註30﹞、「耳目」之中，但是在這兩個例子中，人突然遭遇了促使自己「非爲人」、「不爲外在利害行爲」﹝註31﹞的境況，內心對行爲的要求獲得裸裎展現的契機，脫離了身體需求與外在利害的束縛，心的作用在刹那間閃現。

> 耳目之官不思，而蔽於物。物交物，則引之而已矣。心之官則思，
> 思則得之，不思則不得也。此天之所與我者。先立乎其大者，則其
> 小者不能奪也。此爲大人而已矣。（〈11‧15〉）

同樣都是人，有的人成爲大人，有的人成爲小人。成爲大人與成爲小人的差異在於：大人順從心的官能（大體），小人順從耳目的官能（小體）。耳目受外目蒙蔽、引誘，而心的官能在於主動的思考。一般人順從小體，但〈5‧5〉的葬親事例等說明了人意外地遭遇了心的作用裸裎閃現的契機，使人察覺自身內在存在著心對於行爲的要求，促使人偶然脫離「小體」的侷限。然而，使人有機會從「小人」轉化爲「大人」的要件，在於是否可以藉由「思」，讓自己在一切事件中都主動使心的要求呈現出來。葬親事例反映出人由原本的不察覺，經過偶然事件觸動察覺心的要求之存在，使一般人有機會覺察自己的「不忍之心」或「惻隱之心」，並使此內心存在的要求付諸實踐、呈現出來。﹝註32﹞

（二）不忍之心與「仁」的關係

由上論可知，葬親事例作爲孝弟的必要條件，同時葬親事例與孺子將入於井事例更是「不忍之心」或「惻隱之心」的展現契機。然而，「孝弟」作爲堯、舜之道，與堯、舜所標示出的性善究竟有何關聯，就必須釐清「不忍之心」、「惻隱之心」與「仁」、「性善」的關係，必須先解明〈告子上〉的這段敘述：

> 孟子曰：「乃若其情，則可以爲善矣，乃所謂善也。若夫爲不善，非
> 才之罪也。惻隱之心，人皆有之；羞惡之心，人皆有之；恭敬之心，

﹝註30﹞ 告子曰：「食色，性也。仁，內也，非外也；義，外也，非內也。」（〈11‧4〉）
　　　　告子甚至以爲食色即是「性」，且食色顯然是人與禽獸皆有的共同特色，是來
　　　　自於基本生理需求的生物本能致使。

﹝註31﹞ 非所以內交於孺子之父母也，非所以要譽於鄉黨朋友也，非惡其聲而然也。
　　　　（〈3‧6〉）

﹝註32﹞ 《論語》亦將親喪視爲人情感的展現契機：「人未有自致者也，必也親喪乎」
　　　　（〈19‧17〉），父母過世是使人有機會充分展現眞誠情感的關鍵事件。

人皆有之；是非之心，人皆有之。惻隱之心，仁也；羞惡之心，義
也；恭敬之心，禮也；是非之心，智也。仁義禮智，非由外鑠我也，
我固有之也，弗思耳矣。故曰：『求則得之，舍則失之。』或相倍蓰
而無算者，不能盡其才者也。《詩》曰：『天生蒸民，有物有則。民
之秉彝，好是懿德。』孔子曰：『爲此詩者，其知道乎！故有物必有
則，民之秉彝也，故好是懿德。』」（〈11·6〉）

本段引文中，孟子明確說明了他所謂的「善」的意思，即「乃若其情，則可
以爲善」。首先，何謂「情」？《孟子》中的「情」散見於四章，除本章以外
的三處分別爲：

1. 「夫物之不齊，物之情也；或相倍蓰，或相什伯，或相千萬。」
   （〈5·4〉）

2. 「故聲聞過情，君子恥之。」（〈8·18〉）

3. 「人見其禽獸也，而以爲未嘗有才焉者，是豈人之情也哉？故苟
   得其養，無物不長；苟失其養，無物不消。」（〈11·8〉）

關於「乃若其情」的「情」字之意，歷來主要有兩種解釋方式：一是以「實」
〔註33〕解，一是以「性之動」〔註34〕解。參考上引三例，「情」字皆作「眞實
情況」的意思，〔註35〕又孟子於「乃若其情」章中又並未就「情」立新說，

〔註33〕以「實」解「情」者，如戴震：「情，猶素也，實也。」（（清）戴震，《孟子
字義疏證》，（北京：中華書局，1982），41。）

〔註34〕以「性之動」解「情」者如：

1）朱熹：「情者，性之動也。人之情，本但可以爲善而不可以爲惡，則性之
本善可知矣。」（《四書章句集注》，460。）

2）孫奭：「若夫人爲不善者，非天之降才爾殊也，其所以爲不善者，乃自汨喪之
耳，故言非稟天才之罪也。且情、性、才三者，合而言之，則一物耳；分而
言之，則有三名，故曰性，曰情，曰才。蓋人之性，本則善之，而欲爲善者，
非性也，以其情然也；情之能爲善者，非情然也，以其才也。是則性之動則
爲情，而情者未嘗不好善而惡惡者也，其不欲爲善者乎？而才者乃性之用也，
而才者上有以達乎天，下有以達乎地，中有以貫乎人，其有不能爲善者乎？」
（漢）趙岐注：（宋）孫奭疏；廖名春、劉佑平整理；錢遜審定，《孟子注疏
（十三經注疏）》，（北京：北京大學出版社，2000），355。

〔註35〕前二例中的「情」顯然應作「實」，即眞實況。第三例中，原文以牛山喻人，
對應結構如下：「人見其濯濯，以爲未嘗有才焉，此豈山之性也哉？」「人
見其禽獸也，而以爲未嘗有才焉者，是豈人之情也哉？」牛山的本性是由雨
露之所潤可以生萌蘖，即「可以生長樹木」，由文脈可知孟子言山之性是就動
態的生長來談。人們看見牛山光禿禿的（這不是順著山之性所造成的結果），
以爲牛山未嘗有草木生長，這不是牛山可以生長草木的本性，以山眞實的本

當援「實」解。由〈11‧6〉敘述的脈絡可以推斷，後文關於「四心」的討論當是針對前文「乃若其情，則可以爲善矣，乃所謂善也」的進一步說明，緊接著出現的「仁義禮智」則當是善的具體內容。惻隱之心、羞惡之心、恭敬之心、是非之心與仁、義、禮、智的關係必須參考〈3‧6〉。由前述可知，〈3‧6〉孺子將入於井的例子中，人處於一種非爲人、完全出於己的自然反應，內心怵惕惻隱之心自然湧現，此即人未受他物影響時的眞實樣態。

然而，這四心是否就直接等於「善」？欲探討四心與善的關聯，必須先釐清「乃若」二字的解讀問題。朱熹注：「乃若，發語辭。人之情，本但可以爲善而不可以爲惡，則性之本善可知矣。」〔註36〕又朱熹注〈3‧6〉時說：「惻隱、羞惡、辭讓、是非，情也。仁、義、禮、智，性也。心，統性情者也。端，緒也。」〔註37〕合此可知，若依朱注則情（依朱注，「四心」即「情」）本只能爲善而沒有爲惡的可能，即情善（四心善）、性也善。

但是「四心」在《孟子》中也出現於稱不上「善」的行爲中，參見〈梁惠王上〉以羊易牛的事例：

> 曰：「臣聞之胡齕曰，『王坐於堂上，有牽牛而過堂下者；王見之，曰：『牛何之？』對曰：「將以釁鐘。」王曰：「舍之；吾不忍其觳觫，若無罪而就死地。」對曰：「然則廢釁鐘與？」曰：「何可廢也？以羊易之。」不識有諸？』曰：「有之。」曰：「是心足以王矣。百姓皆以王爲愛也。臣固知王之不忍也。」王曰：「然，誠有百姓者。齊國雖褊小，吾何愛一牛？即不忍其觳觫，若無罪而就死地，故以羊易之也。」曰：「王無異於百姓之以王爲愛也；以小易大，彼惡知之？王若隱其無罪而就死地，則牛羊何擇焉？」王笑曰：「是誠何心哉！我非愛其財而易之以羊也，宜乎百姓之謂我愛也。」曰：「無傷也，是乃仁術也，見牛未見羊也。君子之於禽獸也，見其生，不忍見其死；聞其聲，不忍食其肉。是以君子遠庖廚也。」（〈1‧7〉）

性比喻人可以爲善的「眞實情況」。又《孟子》中並未曾出現「性之動」的概念，文脈中也未見性、情關係的討論，故筆者認爲既然書中其餘「情」字明確是指「眞實情況」，於此處又可通用，則不需增加其餘概念牽強解釋。關於性、情關係的研究，傅佩榮認爲：「性是內在本性，情是眞實情況，兩者分別由內在與外在來界定同一物。」（傅佩榮，《予豈好辯哉：傅佩榮評朱注四書》，（臺北市：聯經，2013），163。）

〔註36〕《四書章句集注》，460。
〔註37〕《四書章句集注》，329。

齊宣王不忍心看見牛恐懼發抖的樣子，好像沒有犯罪就要被置於死地。「隱其無罪而就死地」、「吾不忍其觳觫，若無罪而就死地」（〈1‧7〉）說明齊宣王對於牛的痛苦，產生出惻隱與不忍之心。然而，只有人與人之間才有善惡的問題，「仁」作為「善」的具體內容，必須落實於人我之中。於是孟子由此引導齊宣王，將對於牛產生的不忍之心推廣到人我關係之中。齊宣王說：「夫我乃行之，反而求之，不得吾心。」（〈1‧7〉）齊宣王對於自己不忍人之心所引發的行為有所不明白，只是在特殊情況觸發下偶然為不忍之心所推動。故孟子將問題的視域轉向人我關係：

> 今恩足以及禽獸，而功不至於百姓者，獨何與？然則一羽之不舉，為不用力焉；輿薪之不見，為不用明焉，百姓之不見保，為不用恩焉。故王之不王，不為也，非不能也。……言舉斯心加諸彼而已。故推恩足以保四海，不推恩無以保妻子；古之人所以大過人者，無他焉，善推其所為而已矣。（〈1‧7〉）

必須以此心「舉斯心加諸彼」、「推其所為」，不忍人之心尚需要「推發」才能達致大過人者、超越一般人之境，「存之」後還需要「推」。可見孟子認為齊宣王的「不忍之心」、「惻隱之心」都尚不能是「仁」，必將對禽獸的不忍之心，「舉斯心加諸彼」，加在百姓身上、落實在廣泛的人際之中，亦即「有所不忍，達之於其所忍」（〈14‧31〉），才稱得上「仁」。由〈梁惠王上〉「以羊易牛」事例及後文中「推恩」、「善推其所為」顯示：

1. 人對動物也會有所不忍
2. 以羊易牛這單一行為的價值在於指示為仁的開端，覺察心對行為的要求。

「君子遠庖廚」，在上位者、有政治經濟地位的君子憂其不忍，所以和廚房保持距離。以羊易牛的例子被孟子評為「仁術」，孫奭疏：「此亦為仁之一術」，[註38] 朱熹注：「術，謂法之巧者」，[註39] 說明齊宣王的不忍之心是實踐仁的好方法，但尚不是「仁」。[註40] 可見惻隱之心是為仁的重要「開端」，故

[註38] 《孟子注疏（十三經注疏）》，31。

[註39] 《四書章句集注》，291。

[註40] 徐復觀：「四端為人之固有，隨機而發，由此而可證明『心善』孟子便把這種『心善』稱為『性善』」（徐復觀，《中國人性論史——先秦篇》，（臺北市：臺灣商務，1969），172～173。）徐氏由乍見孺子將入於井例，以心善說性善。但由齊宣王的不忍之心仍不是「仁」，可知以「心善」言「性善」的說法有誤。

〈3‧6〉中說明「惻隱之心，仁之端也；羞惡之心，義之端也；辭讓之心，禮之端也；是非之心，智之端也。」此處端字應該是「開端」〔註41〕意思。

　　綜合上述可推知，「乃若其情」當指：若順眞實樣態（人處於一種非爲人、完全出於己的自然反應，內心怵惕惻隱之心自然湧現），順著自然湧現的四心，就可以做到善，這就是孟子所謂的性善。「仁義禮智，非由外鑠我也，我固有之也，弗思耳矣」則是說明仁、義、禮、智源於四心，四心是仁、義、禮、智的四個開端，是出於自己而非受其他人事物影響。〔註42〕一般人未能察覺心之四端，往往只能在偶然事件中才發覺。前文說明葬親、孺子將入於井等事例便提供心之四端閃現的契機，而一般人處於日常生活中往往不能察覺，是因爲不能主動發揮心的思考能力進行省思。〔註43〕

　　「乍見孺子將入於井」與「以羊易牛」兩個例子本身都不是適合讓人直接仿效的典範。這兩個例子雖不是道德常理，不過卻足以表明「道德要求」在我身上是存在的。〔註44〕孟子言葬親事例並非企圖推舉道德典範，而是顯示人在遭遇特殊契機時，心能夠展現要求，使人覺察內心存在此要求，但此要求只是一個「開端」而已。「惻隱」、「羞惡」、「辭讓」、「是非」的反應本身

〔註41〕趙岐：「端者，首也」（趙岐語，《孟子注》，引自《孟子正義》，234。）、孫奭：「端，本起於此也」。（《孟子注疏（十三經注疏）》，114。）朱熹：「惻隱、羞惡、辭讓、是非，情也。仁、義、禮、智，性也。心，統性情者也。端，緒也。因其情之發，而性之本然可得而見，猶有物在中而緒見於外也。」（《四書章句集注》，329。）朱熹以端緒解「端」，以爲仁義禮智是性，以爲仁義禮智內在人心的思路，由以羊易牛例可知顯然有誤。

〔註42〕梁漱溟：「所爲本具固有，我們應當稍微著重一點，注意這下面兩條：一、是出於自己而不出於外面的影響。二、是出於天然而不出於什麼用意」（李淵庭、閻秉華整理，《梁漱溟先生講孔孟》，（上海：上海三聯書店，2008），105。）相對應於「外鑠」，由「內發」、「出於自己」的理解方式值得參考。

〔註43〕孟子認爲人心有共同肯定的東西，即「理義」，這是一般人與聖人所同的，而聖人先覺悟了人心共同的肯定。（參見〈11‧7〉）孟子於親喪、以羊易牛、孺子將入於井例中，以具體情境展示人在情況中直接展現的心，是我固有的（出於自己而非受其他人事物影響），說明人在幾種不同情況下會產生類似的要求，這樣的要求是人有所同的。三例中都展現了不忍人或動物受苦的心，但未落實於人際關係之間成爲實際行爲前尚不能算是善，但是順著人心自然發出的要求可以做到善。梁漱溟更明確地將「乃若其情，則可以爲善矣」解釋爲「傾向」，並說：「孟子一談到人類心理，即要說擴充的話，順著性的傾向往下走，就是擴充……『口之於味，耳之於聲也，目之於色也，四肢之於安逸也』，都是指傾向而說，人心之於仁義亦然，這種傾向就叫做性。」（《梁漱溟先生講孔孟》，96～98。）

〔註44〕《道德奠基：孟子與啓蒙哲人的對話》，36。

並非已經落實的仁、義、禮、智，而是展現出能爲仁、義、禮、智的潛能與傾向，此心之要求的力量尙待推發而後可以爲善。人藉由「思」的能力覺察自己內心有四種對行爲的要求，自覺地落實在實踐上，行爲才具有道德價值。〔註45〕「乃若其情，則可以爲善」、「推恩」、「善推其所爲」、「擴而充之」等語，皆顯示對四端的覺察還需落實爲行爲並加以推廣，否則連最基本的事奉父母都不能做到（〈3‧6〉）；「人皆有所不忍，達之於其所忍，仁也；人皆有所不爲，達之於其所爲，義也。」（〈14‧31〉）不忍之心推廣開來就是仁。葬親事例實質上是使人察覺道德要求存在於自己、內發於身的契機，不僅如此順著這樣的眞實狀態則可以爲善，故親喪亦是人爲善的契機。「堯舜之道，孝弟而已矣」（〈12‧2〉）、「孟子道性善，言必稱堯舜」（〈5‧1〉），《孟子》以作爲孝弟重要環節的葬親事例爲人覺察道德要求的契機，由此說明人若順著此要求則可以爲善，而這是孟子所謂「善」。如此，孟子由孝弟談性善的理路就非常清楚了。

三、《孟子》對於喪葬禮儀執行之討論

《孟子》將葬禮起源奠基於不忍心任父母物化之上，對於實際喪葬禮儀的執行亦有討論。首先，由於喪葬的起源奠基於人的不忍之心，故實質的喪葬禮儀之執行與否是「在我」而「不可以他求者」（〈5‧2〉），並以竭盡心意爲根本精神。孟子曰：

> 「不亦善乎！親喪，固所自盡也。曾子曰：『生，事之以禮；死，葬之以禮，祭之以禮，可謂孝矣。』諸侯之禮，吾未之學也。雖然，吾嘗聞之矣。三年之喪，齊疏之服，飦粥之食，自天子達於庶人，三代共之。」（〈5‧2〉）

朱注云：

> 又言父母之喪，固人子之心所自盡者。蓋悲哀之情，痛疾之意，非自外至，宜乎文公於此有所不能自已也。〔註46〕

〔註45〕馮友蘭：「如無了解，他的行爲，雖可以合乎仁義，但嚴格地說，不是仁底行爲，或義的行爲。他的行爲，雖可以合乎禮，但亦不過是普通底『循規蹈矩』而已。無了解底人，只順性而行，或順習而行，他的行爲雖合乎道德，但只是合乎道德底行爲，不是道德行爲。」（馮友蘭，《新原道》，（臺北市：臺灣商務，1995），10。）

〔註46〕《四書章句集注》，353。

子女面對父母的死亡，湧現出「不能自已」的哀慟之情，出乎對親人的不忍，若父母的遺體未受到妥善掩藏則會自然反應呈現出「其顙有泚，睨而不視」（〈5‧5〉）的樣子。這種不快感必須在「無使土親膚」（〈4‧7〉）之後，方可解免。

> 孟子曰：「仁之實，事親是也；義之實，從兄是也；智之實，知斯二者弗去是也；禮之實，節文斯二者是也；樂之實，樂斯二者，樂則生矣；生則惡可已也，惡可已，則不知足之蹈之手之舞之。」（〈7‧27〉）

孟子明確指出仁的實質是事奉父母、義行的實質是順從兄長，禮的實質在於這兩者加以調節與文飾。就四端之內容、作用、效果加以發揮，可以實踐仁、義、禮、智。而仁、義、禮、智四者中，仁是最內在的，義亦是由內而發的，智是知此兩者不可離，而禮涉及對事奉父母、順從兄長的調節與文飾，說明事奉父母、順從兄長二者經常可能過度或不足，需要有客觀的具體規範作爲調節的根據。《孟子》中曾出現關於喪期長短調節的討論，參考〈13‧39〉：

> 齊宣王欲短喪。公孫丑曰：「爲朞之喪，猶愈於已乎？」孟子曰：「是猶或紾其兄之臂，子謂之姑徐徐云爾，亦教之孝悌而已矣。」王子有其母死者，其傅爲之請數月之喪。公孫丑曰：「若此者何如也？」曰：
> 「是欲終之而不可得也。雖加一日愈於已，謂夫莫之禁而弗爲者也。」

在喪葬的事例中，顯示行禮的心意與禮是相互配合的。孟子教導滕文公時，明確指出：「親喪，故所自盡也。」（〈5‧2〉）父母親的喪事本來就是要竭盡自己的心意去舉辦的。〔註47〕執行親喪的禮儀亦是事奉父母的一環，而仁的實質在於事奉父母，由引文可知事奉父母（喪期）有具體規範使人依循。「禮」具有具體實際存在的典章制度這一層意思，待人「欲終之」、「自盡」（〈5‧2〉）的心意爲基礎實踐後方得圓滿，人所具有的是「主動實踐禮儀的心意」，若說人生來已具有作爲具體行爲規範的「禮」，這樣的理解顯然是錯誤的。〔註48〕

〔註47〕 孟子對於親喪的看法，與孔子想同。《論語‧子張》曾子曰：「吾聞諸夫子：人未有自致者也，必也親喪乎！」（〈19‧17〉）「致」就是盡人情之極，充分展現情感而不能自已。孔子認爲與自己最親近的父母去世時，人難掩思慕之情，因此特別容易使平日難以暢發的眞情流洩於外，在父母去世的時候，最能見到人情之實。孟子所說的「自盡」，與孔子所說的「自致」是同樣的情況，就是眞誠到了極點。

〔註48〕 由〈5‧5〉的葬親事例可知，當時尚未發展出禮制，但人卻可以因爲自己的不忍之心未泯，而產生一連串行爲，成爲後世具體禮儀的基礎。顯然孟子所說的人人皆具有的「禮之端」應該理解爲「守禮的開端」。

由埋葬父母的例子可知，具體的禮儀規範是根據人對於父母的愛，以及不忍父母受苦的心所造，而人自己所具有的是「欲終之」、「自盡」的實踐禮儀的起點與動力。至於各類喪期有長有短，所重視的程度亦有所不同。參見〈告子上〉：

> 孟子曰：「知者無不知也，當務之為急；仁者無不愛也，急親賢之為務。堯、舜之知而不遍物，急先務也。堯、舜之仁不遍愛人，急親賢也。不能三年之喪，而緦、小功之察；放飯流歠，而問無齒決，是之謂不知務。」（〈13‧46〉）

依據不同的親疏遠近關係，除了以不同喪服作為區別，亦配合不同喪期。〔註49〕父母之喪，悲傷哀痛最為深重，為期一年的「期」仍不足以表示，於是以最重的「三年之喪」配合。基於「一本」（〈5‧5〉）的倫理預設，對三年之喪的重視理當重於其他喪禮。

除此之外，對於具體喪葬的器具使用上，則講求盡心意、配合財力，〈公孫丑下〉：

> 非直為觀美也，然後盡於人心。不得，不可以為悅；無財，不可以為悅。得之為有財，古之人皆用之，吾何為獨不然？」（〈4‧7〉）

喪葬禮儀中器具的使用應在合乎禮儀規範的限度之內，依據貧富不同而有所調節，孟子在父母亡故時的喪葬禮儀處置，便體現了配合財力的原則，〈梁惠王下〉：

> 曰：「何哉，君所謂踰者？前以士，後以大夫，前以三鼎，而後以五鼎與？」曰：「否，謂棺槨衣衾之美也。」曰：「非所謂踰也，貧富不同也。」（〈2‧16〉）

前三鼎、後五鼎當指祭禮言。先前的祭禮時孟子位居士、後來的祭禮則位居大夫，根據《禮記‧王制》：「喪從死者，祭從生者」〔註50〕，配合生者地位

〔註49〕據周何的考察，降等的計算方式就是減半，一年之喪謂之「期」，半年的稱為「功」。「功」之中分出一部分比較疏遠的親屬關係，歸之於再減半的「緦麻」，喪期三個月，是為最低的等級。然而已經分出一部分的「功」服裡，仍涵容著過多而親疏不等的親屬，於是再將「功」分為「大功」和「小功」等。「大功」喪期九個月，「小功」原則上仍是六個月。於是由「期」以下喪期劃分為：「期」喪一年，「大功」九個月，「小功」六個月，「緦麻」三個月。這四等的劃分差距各為三個月，正好與一年四季，每季三個月的等分相合。（詳見周何，《古禮今談》，（臺北市：萬卷樓，1992），142～143。）

〔註50〕《禮記正義（十三經注疏）》，444。

不同，前以三鼎、後以五鼎是合禮的。然而，若據「喪從死者」的原則來看，孟子對喪具使用的差異則受到質疑，但由〈4‧7〉可知「古者棺椁無度。中古棺七寸，椁稱之」種種限制，依據財力的許可竭盡心意爲死者製作棺椁則合禮，此舉非爲美觀，而是以展現心意爲主。因此，喪葬器具製作的根本精神仍是回歸到「比化者無使土親膚」，不忍遺體靠近泥土的心意上。

第四節　小　結

　　孟子思想繼承孔子，對人類生命進行全幅的說明。孟子延續《論語》以來儒家哲學的立論基礎，將人類與其他自然界物類加以區分。孟子不僅區分人與其他動物，更指出人與禽獸的根本差異。人與自然界的其他物類極爲相似，因此需要區別。人類生活的法則是：吃飽穿暖，生活安逸而沒有接受教育，就和禽獸差不多。正因爲人與禽獸極爲相似，所以需要徹底發展兩者不同之處，藉由教育指導人們明白什麼是善，才能督促人走上正道，與禽獸區別。天生育百姓，就是要使先知道的去開導後知道的，「爲天下得人者謂之仁。」（〈5‧4〉）堯、舜爲天下找到賢才，使賢人領導百姓，使百姓可以走上人生正途。孟子由堯、舜照顧天下百姓談「仁」，可知孟子所謂「仁」的格局可以擴展至天下，而不侷限於個人的道德品質。放勳（堯）曰：「勞之來之，匡之直之，輔之翼之，使自得之，又從而振德之。」（〈5‧4〉）匡正、期勉、輔導、協助百姓，使他們可以化被動爲主動，自動自發地走上人生的正路。說明百姓雖然不受教育就接近禽獸，但是接受人倫教育的引導，可以主動自發地走上人生正路實踐善行，孟子所說的「善」的內容，是人與人之間適當的關係。

　　上位者愛好什麼，下屬一定更加愛好。孟子以堯、舜爲所有人類的楷模，特別多次提到舜的事蹟。舜特別喜歡善言、善行，並且用自己的孝行影響周圍的人。財富、尊貴、美麗的異性是人人想要的，但是舜面對外物的吸引，還是不能掩蓋對於父母的思慕，就像小孩子喜歡父母一樣自然，孟子曰：「大人者，不失其赤子之心者也。」（〈8‧12〉）舜到了五十歲仍思慕父母，不能使父母順心就像窮人無所歸，舜大概就是將嬰兒般眞誠的心思保留下來的人。孟子談論人性良善的道理，經常以堯、舜當作典範，堯、舜所代表的，正是眞誠面對人性要求，不計較利害的典型。

「養生」與「送死」是生命中的兩件大事，「堯舜之道，孝弟而已矣」（〈12‧2〉）。《孟子》對「孝」的說明承襲《論語》：「生事之以禮；死葬之以禮，祭之以禮，可謂孝矣。」（〈5‧2〉）〔註51〕。孟子以堯、舜爲性善的楷模，又說堯舜作爲人生正途的典範，他們所實踐的不過就是孝弟而已。而孝弟中，「孝」包含了對於父母的奉養，以及爲父母善理後事。孟子特別對於爲父母善理後事進行發揮，並且藉此說明葬禮的起源。孟子將喪葬的起源奠基於子女驚見父母遺體任其物化所產生的不忍之心、怵惕惻隱之心上。看到父母遺體被棄於荒野則怵目驚心、額頭冒汗，必須待父母遺體隔離了泥土、獲得安置後，子女才能夠感到快適、內心歡喜。這樣的過程並不是爲了任何外在因素的考量，而是子女自發的一連串反應，由〈5‧5〉的葬親事例可以看見《孟子》中人性展現的具體例證，其結構是：一般人在特殊情境中，因爲事件觸發，在不因爲外力的影響、不計算外在情況時，由內發出要求，一方面可以顯現在形色，一方面也促使人產生實際的行動以求解決自內湧現的怵目驚心或不忍之心，這一連串過程是自然而然發生的。《孟子》中的葬親事例並非樹立道德典範，而是使人覺察道德要求存在於自己，成爲人自覺道德要求的契機。然而道德要求尙需推廣、擴充後成爲具有道德價值的行爲：「人皆有所不忍，達之於其所忍」（〈14‧31〉），不忍之心是實踐仁的開端。葬親事例中自發呈現不忍之心，即是一種「乃若其情」（〈11‧6〉）的表現，順著這樣的眞實狀態則可以爲善，故親喪亦是人爲善的契機。「葬親」、「孺子將入於井」等事例提供心之四端閃現的契機，使人有機會覺察內心的道德要求。具體的喪葬之禮根基於不忍之心，心意配合禮儀的調節，並根據財力使用器物，則是合乎「禮」的表現。《孟子》中的喪葬事例以不忍之心縱貫其間，是爲仁的開端。對《孟子》喪葬事例的研究可說是研究孟子人性論的一重要方向。

〔註51〕《孟子》中引曾子語，《論語》中爲孔子答樊遲語，所記完全相同。

第六章 《孟子》中人與超越界的關係

第一節 孟子論身與心的淵源

　　儒家哲學的核心是人。孔孟如何看待人的生命，深刻左右了其哲學。人有理性需要理解，於是經常問生命有無意義。若選擇生命無意義，那麼只需要接受現狀，按照過往的生活方式過一天算一天，浮生若夢。但是仍有許多人想追求人生的意義，透過對死亡的認識驚覺生命有限制，不能再糊塗過日子，必須盡早做抉擇，否則死亡來臨時措手不及，於是設法對生命意義做徹底的說明。人的生命是一連串連續發展的過程，孔子、孟子洞見人的生命不是一個呆板的東西，而充滿動能與張力，為如何安頓生命，以及「應該成為什麼樣的人」這個問題提供明確指引。孔子對於人格發展的典型，提出「聖人」、「君子」兩種主要理想人格類型，其次還有有恆於行善的「善人」。〔註1〕孟子延續了孔子的思路，更加深刻地討論「應該成為什麼樣的人」。在《論語》中，「聖人」的具體例子僅涵蓋「聖王」，聖人博施濟眾的功業需要客觀條件配合，即使是堯舜也難以達成。雖然孔子口中的聖人恐怕只有帝王才能成就，但是人們還是能夠心嚮往之。雖然孔子說自己沒有機會見到聖人，但是能夠見到君子也就不錯了。君子的目標是成聖，君子時時刻刻準備成為聖人而努力學習實踐。孔子所說的君子往往不是指一個已然完成人格修養的人，而是

〔註1〕子曰：「聖人，吾不得而見之矣：得見君子者，斯可矣。」子曰：「善人，吾不得而見之矣：得見有恆者，斯可矣。」（〈7・26〉）本文所見《論語》篇章號碼、《論語》原文句讀及新式標點符號，皆依照傅佩榮，《傅佩榮解讀論語》，（新北市：立緒，1999）所示。

指立志成為君子的人。孔子論君子並非發表似乎高明但脫離實際的論調，立志成為君子的人與一般人相似，需要多方戒惕，《論語・季氏》：

> 孔子曰：「君子有三戒：少之時，血氣未定，戒之在色；及其壯也，
>
> 血氣方剛，戒之在鬥；及其老也，血氣既衰，戒之在得。」（〈16・7〉）

「血氣」是隨著身體而有的本能與欲望。〔註2〕身體是血氣的來源，人有身體就有本能、衝動與欲望，一不小心就會違背社會規範與理性，因此一生都要好好修養。血氣一旦發揮作用，就會帶來後遺症，孔子特別重視理性的作用，強調自我的覺醒以及當下的覺察：

> 孔子曰：「君子有九思：視思明，聽思聰，色思溫，貌思恭，言思忠，
>
> 事思敬，疑思問，忿思難，見得思義。」（〈16・10〉）

立志成為君子的人隨時謹慎行事，配合前一段引文提及人有「血氣」，可以得知孔子對於人的生命的看法，絕對不是把人的生命視為單純的身體。楊儒賓指出：

> 「氣」是先秦諸子思想的共法，在孔、老興起之前，「君子時代」的
>
> 中土君子對這個概念已非常熟悉。兩周時期，氣被視為盈滿天地之
>
> 間的物質性材料，其時有「元氣之說」；但氣也是構成人身的基本東
>
> 西，它與「血」並稱，合稱為「血氣」。〔註3〕

可見孔子使用「血氣」的概念並非憑空生起，以「氣」為萬物的物質性材料應該是來自傳統。孔子對於生命基本構成的特色不在於提出「血氣」，而在於提出了人除了身體以及伴隨而來的本能與欲望，還有能思、產生情感反應，以及發出意志的部分。

　　人的生命至少包含了身體與能思、產生情感反應，以及發出意志的部分。在《論語》的敘述中，人的生命的複雜性還顯示於一種特殊情感的展現上。孔子與宰我論三年之喪時（〈17・21〉），明確指出人在面臨至親亡故時，「安」與「不安」的情緒會伴隨行為選擇而生。人際相處時，展現自己內心真實的情感是非常不容易的，而至親的亡故是真情顯露的契機，曾子曰：「吾聞諸夫子：『人未有自致者，必也親喪乎！』」（〈19・17〉）。孔子認為如果宰我受父母三年之愛，卻沒有正常人表現的不安的情緒，那恐怕只能推斷宰我沒有真誠面對內心的情感要求。一個人能在社會上正常成長發展，是由於父母的關

〔註2〕《傅佩榮解讀論語》，428。

〔註3〕楊儒賓，《儒家身體觀》，（臺北市：中研院文哲所，1996），12。

心與照顧，人類的幼兒依賴期遠長於其他動物，任何生命都由生物本能開始，倫理規範使得人有機會可以展現真誠情感。孔子最後評論宰我不能真誠面對內心情感要求是不仁，由此可見「真誠面對內心情感要求」是行「仁」的必要條件。而選擇行仁與否的官能應該指向「心」。〔註4〕由孔子與宰我論三年之喪可知，個人透過安與不安的情緒，自覺道德要求內在於人。這樣的自覺正是個人生命的身體、心理，以及倫理三種面向整合的關鍵。行仁的動力是源自於己的，只要面對內心情感要求產生行動動力，隨時可以行仁。雖然「真誠面對內心情感要求」是行「仁」的必要條件，但是「仁」不直接就等於「心」。子曰：「回也，其心三月不違仁，其餘則日月至焉而已矣。」（〈6・7〉）顏淵因為心可以長時間內不違背仁，所以受到孔子稱讚，明顯顯示人的心是可以違背仁的，心可以選擇行仁或不行仁。為與不為的關鍵就在於是否真誠面對內在情感要求，孔子說明人可以發現自己的內心有所要求，心可以產生意志，但人可以選擇是否遵循，選擇遵循內心的要求而能安以後，需要長久堅持，使心可以時時不違背人生正途，同時不為伴隨身體而來本能與欲望干擾。〔註5〕

第二節　孟子對身與心的洞見

孟子自稱「予未得為孔子徒也，予私淑諸人也」（〈8・22〉）、「乃所願，則學孔子也」（〈3・2〉）〔註6〕孟子對於孔子的思想有意識地主動傳承，又開創諸多新的想法，特別在身、心、氣三個方面進行深入的討論。而孟子除了

〔註4〕子曰：「回也，其心三月不違仁，其餘則日月至焉而已矣。」（〈6・7〉）

〔註5〕孟旦（Donald J. Munro）說：「在早期中國，『心』這一詞語可以表示很多東西，包括『意圖』和『感覺』，也是欲望、認知活動及評價活動的場所。」（（美）孟旦，《早期中國「人」的觀念》，丁棟、張興澤譯，（北京：北京大學出版社，2009），54。）孟旦對於「心」的研究相當符合《論語》的思想。由顏淵的例子來看，顏淵因為心可以長時間內不違背仁，所以受到孔子稱讚。說明心是可以違背仁的，心可以選擇為仁或不為仁。選擇以知道為前提，必須知道仁，才能主動選擇仁，才可能堅持行仁。由孔子對於顏淵的評價可知，「心」具有意志，所以必須面對選擇，可以選擇仁，可以選擇不仁，或者不選擇。而且「心」能知，所以需要學習。至於是否能夠主動選擇行的關鍵，就在於是否真誠面對內在情感要求。

〔註6〕本文所見《孟子》篇章號碼、《孟子》原文句讀及新式標點符號，皆依照傅佩榮，《傅佩榮解讀孟子》，（新北市：立緒，2004）所示。

引述孔子之言與傳統經典以外，更廣泛藉由對人類社會生活進行觀察，剖析人類生命的發展。孟子曰：「人之有道也，飽食煖衣，逸居而無教，則近於禽獸。」（〈5‧4〉）人類生活的法則是：吃飽穿暖，生活安逸而沒有教育，就和禽獸差不多。人類本身跟禽獸差異不大，聖人因此而感到憂慮，認為人民需要教育，才能真正和野獸區隔開來。「聖人有憂之，使契為司徒，教以人倫，父子有親，君臣有義，夫婦有別，長幼有序，朋友有信。」（〈5‧4〉）人倫的具體內容即：「父子有親，君臣有義，夫婦有別，長幼有序，朋友有信。」對照〈梁惠王上〉：「是故明君制民之產，必使仰足以事父母，俯足以畜妻子，樂歲終身飽，凶年免於死亡。然後驅而之善，故民之從之也輕。」（〈1‧4〉）國君養育百姓，使百姓生活富庶，主要目的不只是餵飽百姓，而是為了讓百姓可以受到教育，「然後驅而之善」。必須先教導百姓明白什麼是善，才能督促他們走上善道。由〈梁惠王上〉與〈滕文公上〉兩段論述國君治國安民的段落可知，教育的內容以人倫為主，孟子所說的「善」不脫離人與人之間的關係。

人倫關係的維繫在現實生活中往往無法落實，「……人悅之、好色、富貴，無足以解憂者，惟順於父母，可以解憂。人少，則慕父母；知好色，則慕少艾；有妻子，則慕妻子；仕則慕君，不得於君則熱中。」（〈9‧1〉）孟子說人在幼小時，會思慕父母，但是一旦長大，知道了漂亮的異性，就思慕年輕貌美的女子。財富、尊貴、美麗的異性是人人想要的，人經常受到財富、尊榮、美色的吸引，便忘記對於親人的思慕。根據經驗的觀察可以發現，人類有生理需求、欲望與各種衝動，與孟子同時的告子直言：「食色，性也。」（〈11‧4〉）、「生之謂性」（〈11‧3〉）告子認為「性」指的就是生來具有的，食欲與性欲是人的本性，根據這樣的本性，自然會造成複雜的行為與衝動。孟子並不否認人有這類與生俱來的本能，也曾經說過「飢者易為食，渴者易為飲」（〈3‧1〉）肚子餓了就需要吃，口渴了需要喝，符合日常生活的經驗。孟子指出人類有本能的需求，順從本能便容易受外物吸引而採取行動，孟子說明人受外物吸引的情況如下：

> 耳目之官不思，而蔽於物。物交物，則引之而已矣。心之官則思，思則得之，不思則不得也。此天之所與我者。先立乎其大者，則其小者不能奪也。此為大人而已矣。（〈11‧15〉）

人的耳目之官不會思考，很容易受到外物吸引。食色、尊貴是人類共同的心願，〈告子上〉：「欲貴者，人之同心也。人人有貴於己者，弗思耳矣。人之所

貴者，非良貴也。趙孟之所貴，趙孟能賤之。」（〈11·17〉）外物和別人給我的尊貴，別人可以給我的，別人同樣可以使他失去價值。孟子指出每個人都有可尊貴的東西，只是不去思考。[註7] 能夠「思」的器官，就是「心」。對於「心」的看法，孟子自認爲是繼承了孔子，《孟子·告子上》：「孔子曰：『操則存，舍則亡；出入無時，莫知其鄉。』惟心之謂與？」（〈11·8〉）首先，心是動態的，人的心可以存在或亡失，關鍵在於抓住它或是放開它。抓住與放開的對象是人的心，彷彿在心的背後還有一個主體在決定「操」或「存」。但是《孟子》中並沒有另立一個主體，操與存應是就心的作用是否彰顯而言。操、舍可以指「心」之覺與不覺其作爲「大體」的角色，修養大體成爲大人。

　　人有身體，身體依靠飲食、具有本能，孟子以「耳目之官」代表人的身體。然而，人的實際行爲往往與耳目之官的作用相違，人類經常做出與本能指引不同的選擇，在《孟子》中可以發現一些明顯的例子：

1. 由君子觀之，則人之所以求富貴利達者，其妻妾不羞也，而不相泣者，幾希矣。（〈8·33〉）
2. 一簞食，一豆羹，得之則生，弗得則死，嘑爾而與之，行道之人弗受；蹴爾而與之，乞人不屑也。（〈11·10〉）

富貴利達是人們所追求的，但是在某些情況下得到它，家中的妻妾很少不感到羞恥的。不能得到食物就會死亡，但是用不合禮義的方式給人，乞丐也不屑一顧。由孟子所舉的例子可知，人的生命整體除了耳目的欲求以外，還有更強烈的追求。耳目之官是「小者」，而與心是「大者」，大者的功能一旦確立，來自小者的作用也就無法取代它了。每個人對於美色、美食、音樂具有共識，而「心」也有共同肯定的東西，〈告子上〉：

口之於味也，有同耆焉；耳之於聲也，有同聽焉；目之於色也，有同美焉。至於心，獨無所同然乎？心之所同然者何也？謂理也，義也。聖人先得我心之所同然耳。故理義之悅我心，猶芻豢之悅我口。

（〈11·7〉）

孟子指出人的「心」就如耳目一樣，有共同的喜好。「理義」是使人心共同覺得愉悅的東西。「理」在《孟子》書中共出現七次，散見於三章。作「條理」，

〔註 7〕孟旦認爲儒學思想家將人定義爲這樣一種動物：他既具有與其他動物一樣的生物特性，又具有一種獨特的屬性——一顆辨別「貴賤」、「是非」的心。並且，人可以根據此心做出評價而行動。（（美）孟旦，《早期中國「人」的觀念》，丁棟、張興澤譯，（北京：北京大學出版社，2009），62。）

猶言脈絡；〔註8〕「不理於口」中作「順」或「利」解。〔註9〕於此作「理義」，朱熹引用程頤曰：「在物為理，處物為義，體用之謂也」；〔註10〕戴震曰：「舉理，以見心能區分；舉義，以見心能裁斷。分之，各有其不易之則，名曰理；如斯而宜，名曰義。」〔註11〕理是指事物各有規則，義則是宜也，裁制事物，使合宜也，涉及人對於何謂適宜、正當的判斷。〔註12〕由〈11·7〉的例子可知，心喜歡理義，但是心不等於理義。孟子用「理義之悅我心，猶芻豢之悅我口」說明，理義不是心本來就具有的，心在正常情況下自然會喜好理義，然而對此如果像告子那樣說義是外在的，那就錯了。人之所以判斷何謂適宜、做出正當的行為，是由於我對於判斷適宜、正當與否的需求所造成的。人類的任何行為都是內在的需求配合外在的客觀情況採取行動，告子重視人外在的表現，而孟子重視人由內而發的需求。人的心與耳目一樣，有其特殊的喜好趨向。

第三節　身心修養的方法

一、不動心的修養

　　就生命的整體來看，孟子認為人的生命包含耳目之官這類屬於身體的部分，身體有本能以及本能帶來的欲望與衝動，容易受到吸引；同時人的生命還包括心之官這個可以思考的器官，心的功能大概包含對於知識的思索、情感的反應、選擇的意志，以及分辨善惡的要求。孟子對於「善」的界說為：

〔註8〕 「金聲也者，始條理也。玉振之也者，終條理也。始條理者，智之事也；終條理者，聖之事也。」（〈10·1〉）

〔註9〕 趙岐：「理，賴也」。（趙岐語，《孟子注》，引自（清）焦循撰；沈文倬點校，《孟子正義（十三經注疏）》，全二冊，（北京：中華書局，1987），上冊，979。）焦循疏：「不理於口，猶云不利於人口也。」（《孟子正義》，979。）楊伯峻引《廣雅·釋詁》：「理，順也。」認為「理」字亦可訓「順」，「則『不理於口』猶言『不順於人口』。」（楊伯峻，《孟子譯注》，全二冊，（北京：中華書局，1988），下冊，330。）「不理於人口」應該指被人家說得很壞。

〔註10〕 （宋）朱熹，《四書章句集注》，（臺北市：大安，1999），462。

〔註11〕 （清）戴震，《孟子字義疏證》，（北京：中華書局，1982），3。

〔註12〕 《釋名》：「義，宜也。裁制事物，使合宜也。」（（漢）劉熙，《釋名》，（北京：中華書局，2016），47。）

孟子曰：「乃若其情，則可以爲善矣，乃所謂善也。若夫爲不善，非才之罪也。惻隱之心，人皆有之；羞惡之心，人皆有之；恭敬之心，人皆有之；是非之心，人皆有之。惻隱之心，仁也；羞惡之心，義也；恭敬之心，禮也；是非之心，智也。仁義禮智，非由外鑠我也，我固有之也，弗思耳矣。故曰：『求則得之，舍則失之。』或相倍蓰而無算者，不能盡其才者也。《詩》曰：『天生蒸民，有物有則。民之秉彝，好是懿德。』孔子曰：『爲此詩者，其知道乎！故有物必有則，民之秉彝也，故好是懿德。』」（〈11‧6〉）

人的生命若順著其眞實的樣態，處於一種非爲人、完全出於己的自然反應，內心惻隱、羞惡、恭敬、是非之心自然湧現。順著自然湧現的四心，就可以做到善，這就是孟子所謂的「善」。關於四心，孟子又說：「惻隱之心，仁之端也；羞惡之心，義之端也；辭讓之心，禮之端也；是非之心，智之端也。」（〈3‧6〉）則是說明仁、義、禮、智源於四心，四心是仁、義、禮、智的四個開端。人在遭遇特殊契機時，心能夠發出要求，但此要求只是一個「開端」而已。心發出的「惻隱」、「羞惡」、「辭讓」、「是非」四種反應並非已經落實的仁、義、禮、智，而是展現出能爲仁、義、禮、智的潛能與傾向，此心之要求的力量尙待推發而後可以爲善。孟子對於四心的肯定，並不等於保證人必然爲善。因此《孟子‧告子上》說：「孔子曰：『操則存，舍則亡；出入無時，莫知其鄕。』惟心之謂與？」（〈11‧8〉）心是動態的，人的心可以存在或亡失，關鍵在於「心」之覺與不覺其作爲「大體」的角色。由此可知，耳目之官不會思考，容易受到遮蔽；心的官能在於思，但是若不使用心能夠思考的功能，也難以掌握人心共同覺得愉悅的理義。因此，「身」與「心」兩者都需要仰賴人主動進行修養，才能眞正落實仁義禮智。

對於心的修養相對較爲複雜，就心的特性來看，心雖然具有思考能力，但是如果不主動去使用它，就如喪失了它一樣。

1. 〈盡心下〉孟子曰：「養心莫善於寡欲。其爲人也寡欲，雖有不存焉者，寡矣；其爲人也多欲，雖有存焉者，寡矣。」（〈14‧35〉）

2. 〈告子上〉孟子曰：「仁，人心也；義，人路也。舍其路而弗由，放其心而不知求，哀哉！人有雞犬放，則知求之；有放心，而不知求。學問之道無他，求其放心而已矣。」（〈11‧11〉）

心是動態的，人的心可以存在或亡失，操與存應是就心的作用是否彰顯而言，指心是否能自覺其作爲大體的角色。孟子認爲「存」的最好方法就是減少欲望，可見欲望不僅影響人的身體與行爲，同時也會影響人的心。對於身以及心的修養，是互相關聯又互相影響的。孟子對於身心修養的說明，以〈公孫丑上〉中的對話最爲詳細：

公孫丑問曰：「夫子加齊之卿相，得行道焉，雖由此霸王，不異矣。如此，則動心否乎？」孟子曰：「否，我四十不動心。」曰：「若是，則夫子過孟賁遠矣。」曰：「是不難，告子先我不動心。」曰：「不動心有道乎？」曰：「有。北宮黝之養勇也：不膚撓，不目逃，思以一毫挫於人，若撻之於市朝；不受於褐寬博，亦不受於萬乘之君：視刺萬乘之君，若刺褐夫；無嚴諸侯，惡聲至，必反之。孟施舍之所養勇也，曰：『視不勝猶勝也；量敵而後進，慮勝而後會，是畏三軍者也。舍豈能爲必勝哉？能無懼而已矣。』孟施舍似曾子，北宮黝似子夏。夫二子之勇，未知其孰賢，然而孟施舍守約也。昔者曾子謂子襄曰：『子好勇乎？吾嘗聞大勇於夫子矣：自反而不縮，雖褐寬博，吾不惴焉？自反而縮，雖千萬人吾往矣。』孟施舍之守氣，又不如曾子之守約也。」曰：「敢問夫子之不動心，與告子之不動心，可得聞與？」「告子曰：『不得於言，勿求於心；不得於心，勿求於氣。』不得於心，勿求於氣，可；不得於言，勿求於心，不可。夫志，氣之帥也；氣，體之充也。夫志至焉，氣次焉。故曰：『持其志，無暴其氣。』」「既曰『志至焉，氣次焉』，又曰『持其志無暴其氣』者，何也？」曰：「志壹則動氣，氣壹則動志也，今夫蹶者趨者，是氣也，而反動其心。」（〈3‧2〉）

心志是意氣的統帥，意氣是充滿身體內的。心志關注到哪裡，意氣就停留在哪裡。孟子說心志專一就能帶動意氣，意氣專一也能帶動心志。〔註13〕這段對話顯示孟子對於人類生命的基本看法，人的身體以氣爲內容，由氣所充滿。而心志是氣的統帥，能夠思考與判斷，可以決定行爲的方向、爲生活設立目標。〔註14〕孟子雖然說明生命的組成至少包含身與心兩方面，但是身與心不是相互排斥，也並非二分的。心爲主導，身體輔助心志的展現，身、心相互

〔註13〕白話語譯參考《傅佩榮解讀孟子》，61～62。
〔註14〕例如孟子曰：「苟不志於仁，終身憂辱，以陷於死亡。」（〈7‧9〉）

影響，心志可以主導身體，身體的運作也可能回頭影響心。孟子舉北宮黝、孟施舍、告子三人來說明不動心的方法。北宮黝培養勇氣的方法，鍛鍊身體，使得身體不容易受到外界的干擾，由外來能夠干擾心的因素因而減少，這是北宮黝培養勇氣的方法。孟施舍則是由內心堅定某種信念。孟施舍的作法像曾子，但是曾子把握反求諸己的要領，又比孟施舍保持勇氣的方法扼要。朱熹說：「孟施舍雖似曾子，然其所守乃一身之氣，又不如曾子之反身循理，所守尤得其要也。」〔註15〕孟施舍堅定個人的心志，比不上曾子自反而縮。《經典釋文》云：「縮，直也。」〔註16〕曾子自反而縮，是反省自身的言行是否合乎普遍的理，理是事物的規則，也是每個人的心共同感到喜悅的。言行合乎每個人心普遍的追求，自然比只符合個人的心志更加扼要。對於心的修養方法，就是訴諸於人人共同遵守與追求的規則或規範，反省個人的心志是否於道理上有所虧欠。人與人之間有外在的規範，人與人之間的各種規範乃順應人內心的要求而設，即以人性的趨向為前提。將自己的言行與人人共同遵守與追求的規則或規範相互對照，發現自己的行為合乎規範，就是自反而縮。由此可知孟子對於心的修養絕對不是一種自我中心，或像孟施舍那樣採取精神勝利法，而是訴諸人際間的共識與客觀的規範。至於告子的不動心，告子認為：言論上有所不通，不必求助於思想；思想上有所不通，不必求助於意氣。孟子認為後者是可以的，而前者是不可以的。氣充滿身體，是身體的內容，身體不會思考，思想上有所不通求助於意氣當然沒有太大幫助。而心的官能在於思考，思考可以影響人的言行，言論上有所不通，應該重新思考審視，而不是捨心之官能而不用。告子不動心的方法，只是消極地不求助於身、心兩方面，對於主動性的棄守，以至於「冥然無覺」〔註17〕。然而孟子則主張：「持其志，無暴其氣」，顯示孟子對於身心的主張不只在於身心合一，可以互相影響，同時要求以心為主導，帶動身體。

二、培養浩然之氣

身體由氣所充滿，修養身體則不能脫離養氣。孟子稱自己善於培養浩然之氣，〈公孫丑上〉：

〔註15〕 （宋）朱熹，《四書章句集注》，（臺北市：大安，1999），321。
〔註16〕 引自《孟子正義》，193。
〔註17〕 朱熹語。《四書章句集注》，322。

「敢問夫子惡乎長？」曰：「我知言，我善養吾浩然之氣。」「敢問
何謂浩然之氣？」曰：「難言也。其爲氣也，至大至剛，以直養而無
害，則塞於天地之閒。其爲氣也，配義與道；無是，餒也。是集義
所生者，非義襲而取之也。行有不慊于心，則餒矣。我故曰，告子
未嘗知義，以其外之也。必有事焉而勿正，心勿忘，勿助長也。無
若宋人然。宋人有閔其苗之不長而揠之者；芒芒然歸，謂其人曰：『今
日病矣！予助苗長矣。』其子趨而往視之，苗則槁矣。天下之不助
苗長者寡矣。以爲無益而舍之者，不耘苗者也。助之長者，揠苗者
也。非徒無益，而又害之。」（〈3‧2〉）

公孫丑請教何謂浩然之氣，孟子卻回答：「難言也」，可見有關於修養的問題，
很難用語言文字說明清楚，由於修養牽涉個人體驗，而且人人修養的境界也
有所不同，對於修養程度不同的人，往往無法輕易用日常語言加以說明。然
而，孟子仍然盡力說明培養浩然之氣的方法。就培養的方法而論，孟子提到
三個重要的關鍵：「直」、「義」、「道」。

　　首先，孟子認爲浩然之氣必須以「直」去培養。何謂「直」？一方面直
可以解釋爲正直，〔註18〕另一方面與人自我反省是否真誠有關。孟子不贊成
告子放棄人的主動性，強調修養由心作主，帶動意氣。直當指由自己做主，
一旦真誠瞭解心之所向直接由內而發，就可以爲個人負責的意義。而真誠與
正直不應流於自我中心，所以要配合「義」與「道」。「義」即是宜，裁制事
物，使合宜也，涉及人對於何謂適宜、正當的判斷，義行是內在的需求配合
外在的客觀情況採取行動，同時也可能涉及與他人間的溝通。浩然之氣除了
以真誠與正直去培養，還要配合客觀條件的判斷，以及人人皆可遵循的正途。
浩然之氣是不斷集結義行而產生的，如果所做的每一件事情都適宜、正當，
配合個人的主體性與因事制宜的判斷，久而久之自然充實；心志可以帶動身
體，如果行爲不能讓自己的心感到滿足，那麼氣就會萎縮。由義是人內心的
需求配合客觀情況採取行動可知，告子以爲義行是外在的東西，是不曾懂得
孟子所說的義行。

〔註18〕 「云至大至剛正直之氣者，惟正直，故剛大。下言養之以義解以直養三字，
　　　　 直即義也。緣以直養，故爲正直之氣；爲正直之氣，故至大至剛。」《孟子正
　　　　 義》，200。焦循認爲直有正直的意思，直即義。但是孟子分別使用「直」與
　　　　 「義」二字，意義上應有區別。

在本段問答的詮釋上，「必有事焉而勿正心勿忘勿助長也」一句，歷來有不同的詮釋。朱熹認為：「正，預期也。春秋傳曰：『戰不正勝』，是也。……此言養氣者，必以集義為事，而勿預期其效。」〔註19〕但是根據楊伯峻的研究指出：「《公羊傳》之正，當依王引之《經義述聞》之言『正之言定，必也』，《穀梁傳》正作『戰不必勝』，尤可證。……王夫之《孟子稗疏》謂：『正』讀如〈士昏禮〉『必有正焉』之『正』，『正者，徵也，的也，指物以為徵準使之必然也』。」〔註20〕楊澤波則認為楊伯峻的解釋比前人好一些，但仍不夠圓融，應該以「正心」連讀為「必有事焉，而勿正心；勿忘，勿助長也」，也就是說「良心本心順其發展，自然為正，而毋需硬性把捉，強行為正，否則只能事與願違。」〔註21〕

以上所列對於「必有事焉而勿正心勿忘勿助長也」的三種解釋中，楊澤波以「勿正心」為連讀立論，指出本段中「心」，即良心，毋需強行為正。但是考察孟子對於心的用法：

1. 志壹則動氣，氣壹則動志也。今夫蹶者趨者，是氣也，而反動其心。（〈3‧2〉）

2. 生於其心，害於其政；發於其政，害於其事。（〈3‧2〉）

3. 我亦欲正人心，息邪說，距詖行，放淫辭，以承三聖者；豈好辯哉？予不得已也。（〈6‧9〉）

4. 孟子曰：「人不足與適也，政不足間也，惟大人為能格君心之非。（〈7‧20〉）

5. 雖存乎人者，豈無仁義之心哉？其所以放其良心者，亦猶斧斤之於木也，旦旦而伐之，可以為美乎？……孔子曰：『操則存，舍則亡；出入無時，莫知其鄉。』惟心之謂與？（〈11‧8〉）

6. 此之謂失其本心。（〈11‧10〉）

7. 孟子曰：「仁，人心也；義，人路也。舍其路而弗由，放其心而不知求，哀哉！人有雞犬放，則知求之；有放心，而不知求。學問之道無他，求其放心而已矣。」（〈11‧11〉）

〔註19〕《四書章句集注》，323。
〔註20〕《孟子譯注》，上冊，70。
〔註21〕詳見楊澤波，《孟子性善論研究》，（上海：上海人民出版社，2016），56～57。

「必有事焉而勿正心勿忘勿助長也」同一段對話中，在前面先說明意氣的運作可以帶動心思；心思產生出具體的言詞，造成危害。孟子又想要端正人心，消滅邪說，而且只有德行完備的人才能分辨君主偏差的心思。可見孟子談到「心」時，經常指向某種偏差的想法與心思。從心（心思）可能有正與不正的問題可知，「必有事焉而勿正心勿忘勿助長也」不應如楊澤波斷句為「勿正心」，且後文對話中提到「生於其心，害於其政；發於其政，害於其事」心思產生出具體的言詞，由言詞的詖、淫、邪、遁，可以推敲說話者的蔽、陷、離、窮。如果將與公孫丑對話中的「正心」等於「正良心」，恐有困難。

同時孟子對於心的另一種用法是在「心」字前加上「良」、「本」或「放」，形成「良心」、「本心」、「放心」三詞，孟子對三個詞各有一段論述。「此謂之失其本心」，孟子只在此處用「本心」一詞，而且在這此段說人喪失本心。孟子又在以牛山之木為喻一段（〈11‧8〉）中，說人喪失他的良心，就像刀斧對付樹木一樣，天天砍伐還能保持原狀嗎？〈11‧11〉則指出仁是人要保住的心，學習與請教的原則就是要找回喪失的心而已。綜合孟子對於「心」的描述可知，心可以指某種具體的想法與心思，可能有正與不正的問題；也可指某種動態的、待人運用的器官，而且是「操則存，舍則亡；出入無時，莫知其鄉。」（〈11‧8〉）那麼值得思考的是，「本心」或「良心」是善的嗎？良心是人的本性嗎？徐復觀引「今人乍見孺子將入於井」的例子，認為由此可見四端為人心之所固有，隨機而發，由此而可證明「心善」，孟子便把這種「心善」稱為「性善」。〔註22〕牟宗三則認為中國正宗儒家對於性的規定，孟子所代表的一路，中心思想為「仁義內在」，即心說性。〔註23〕

然而，若對照〈告子上〉孟子面對當時告子以性無善無不善、有人說性可以為善可以為不善，又有人說有性善，有性不善三種對於「性」的看法，孟子清楚說明其「性善」的立場：人的生命若順著其真實的樣態，處於一種非為人、完全出於己的自然反應，內心惻隱、羞惡、恭敬、是非之心自然湧現。順著自然湧現的四心，就可以做到善，這就是孟子所謂的「善」。有關「四心」，孟子在「今人乍見孺子將入於井」的例子中，詳細說明四心為：「惻隱之心，仁之端也；羞惡之心，義之端也；辭讓之心，禮之端也；是非之心，智之端也。」（〈3‧6〉）仁、義、禮、智源於四心，四心是仁、義、禮、智的

〔註22〕詳見徐復觀，《中國人性論史——先秦篇》，（臺北市：臺灣商務，1969），172。
〔註23〕牟宗三，《中國哲學的特質》，（臺北市：臺灣學生，1994），73。

四個「開端」。人在遭遇特殊契機時，心能夠發出要求，但此要求只是一個「開端」而已，心之的作用展現為仁、義、禮、智的開端：

1. 惻隱之心：看見別人受苦心裡覺得不忍（覺得：直接反應，但還沒做出行為）
2. 羞惡之心：看見別人為惡心裡覺得可恥（覺得：直接反應，但還沒做出行為）
3. 辭讓之心：看見長輩前輩心裡想要退讓（想要但尚未退讓）
4. 是非之心：看見好事壞事心裡想要分辨（不分是非是鄉愿）〔註24〕

此外，「四心」在《孟子》中也出現於稱不上「善」的行為中，例如〈1‧7〉「以羊易牛」的例子，齊宣王「隱其無罪而就死地」、「吾不忍其觳觫，若無罪而就死地」。齊宣王雖然對於牛有不忍、惻隱之心，但是只有在人與人之間才有善惡的問題，「仁」作為「善」的具體內容必須落實於人我之中，因此孟子要齊宣王將對於動物的不忍心推廣到人我關係，認為必須以此心「舉斯心加諸彼」、「推其所為」，必將對禽獸的不忍之心，「舉斯心加諸彼」，加在百姓身上、落實在廣泛的人際之中，亦即「有所不忍，達之於其所忍」（〈14‧31〉）才稱得上「仁」。由〈11‧6〉可知，關於「四心」的討論應該是針對前文「乃若其情，則可以為善矣，乃所謂善也」的進一步說明，緊接著出現的仁、義、禮、智則是「善」的具體內容。由四心為仁、義、禮、智的開端來看，企圖由「心善」言「性善」的說法值得商榷。

心的作用經過人主動推廣、落實於人與人之間的關係，則可以為善。但是孟子並沒有說「本心」就是善的，而且心的作用經常不被人察覺，甚至如齊宣王看見牛將被犧牲時，心雖然不忍與惻隱，但齊宣王也不明白自己的心思。而孟子則認為察覺自己的不忍之心，把它推廣到忍心做的事，就是仁。由孟子的說法來看，心是會思考的器官，一旦主動思考就會察覺心喜歡「理義」，心是天賦予人的器官。〔註25〕每個人都有惻隱、羞惡、恭敬/辭讓、是非之心，這四種心是心面對不同狀況下所產生的不同反應，心的反應在人不計較利害的情況之下，可以推動人實踐善行。也就是說，若不計較利害，順

〔註24〕白話翻譯引自傅佩榮教授的課堂講解。

〔註25〕「耳目之官不思，而蔽於物，物交物，則引之而已矣。心之官則思，思則得之，不思則不得也。此天之所與我者，先立乎其大者，則其小者弗能奪也。此為大人而已矣。」（〈11‧15〉）

著心的四種反應的眞實樣態，順著自然湧現的四心，就可以做到善，這就是孟子所謂的善。孟子的性善是配合心所產生的動力，以及具體實踐的落實而言。

綜合以上論述，孟子談培養浩然之氣時說：「是集義所生者，非義襲而取之也。行有不慊于心，則餒也……必有事焉而勿正心勿忘勿助長也」（〈3‧2〉）氣充滿人的身體，身、心互相影響，人的身體可以實踐具體行爲，行爲如果讓內心不滿意，氣就會萎縮。浩然之氣是集結義行而產生的，可見養氣在於長期累積義行。然而義行涉及人對於何謂適宜、正當的判斷，每次實踐義行時所面對的狀況都不同，需要判斷何謂正當、何謂適宜，而思考是心的官能。因此孟子說浩然之氣「必有事焉而勿正心勿忘勿助長也」，一定要在具體行事上努力培養，但是沒有必然該怎麼做的目標或徵準，因爲每次面對的具體情況都不一樣，需要因時制宜的靈活判斷，並且不忘記來自於心的道德要求，也不可以主動助長。筆者認爲，楊伯峻否定朱熹將「正」解釋爲「預期」，改解釋爲「正者，徵也，的也，指物以爲徵準使之必然也」〔註26〕的說法值得參考。「必有事焉而勿正心勿忘勿助長也」應斷句爲「必有事焉而勿正，心勿忘，勿助長也。」

由本文論述可知，孟子對於身與心的善法是「身心合一論」的，說明孟子的修養方法。孟子對於心的修養重於對身體的修養，身體與心是互相影響的，專一心志，使心爲身體發號施令，身體自然而然便不言而喻。孟子認爲自己的長處在於知言、養氣。「氣」是身體的內容，也是有形質的宇宙萬物的共同因素。〔註27〕關於養氣，孟子說：

> 其爲氣也，至大至剛，以直養而無害，則塞于天地之閒。其爲氣也，配義與道；無是，餒也。是集義所生者，非義襲而取之也。行有不慊於心，則餒矣。（〈2‧2〉）

氣必須以正直去培養，並且配合義行與正道，關鍵在於浩然之氣是集結義行而產生的。氣是身體的內容；而義是心所喜歡的，屬於心志的範疇。身體與心志可以互相影響，而專一心志則能帶動意氣，可見孟子談論人的身體與心是採取「身心合一」的立場，身體與心不能分開。另一方面，孟子曰：「形色，天性也，惟聖人然後可以踐形。」（〈13‧38〉）人心的一切內容，包含心的四

〔註26〕《孟子譯注》，上冊，70。
〔註27〕《傅佩榮解讀孟子》，65。

端以及所有心理傾向，如果不透過身體的行動，便無法展現於外。順著自然
湧現的四心，就可以做到善，這就是孟子所謂的善。孟子所說的善是一種具
體落實的行為，可見人性的落實需要身體與心的相互配合，只有德行臻至圓
滿的聖人，才能夠實踐形體容貌的一切潛能。梁漱溟更直言：「所謂性者，除
了形色別無可見。」〔註28〕由前述可知，孟子論人性是配合身體而論的。於
是合性、心、體來說，《孟子・盡心上》孟子曰：

> 廣土眾民，君子欲之，所樂不存焉。中天下而立，定四海之民，君
> 子樂之，所性不存焉。君子所性，雖大行不加焉，雖窮居不損焉，
> 分定故也。君子所性，仁義禮智根於心。其生色也，睟然見於面，
> 盎於背，施於四體，四體不言而喻。（〈13・21〉）

君子表現他的本性，使仁義禮智都根植於心，心志能夠帶動義氣，產生純和
溫潤的氣色，自然而然便能帶動身體，於是四肢不等待人吩咐就明白該怎麼
做了。君子的修養成果大概是展現於行為的活動上，對於心的作用長期培養，
使得仁、義、禮、智根植於心中，展現於外貌，身體長期與心的作用配合之
下，四肢不必等心的吩咐，就明白該怎麼做了。

第四節　由人與自己的關係看人與超越界的關係

　　心是會思考的器官，一旦主動思考就會察覺心有其喜好，面對某些事情
會發出要求來推動人採取行動，心是天賦予人的器官。孟子將心所發出的要
求分為惻隱、羞惡、恭敬（辭讓）、是非之心四類，是心面對不同狀況下所產
生的不同反應，心的反應在人不計較利害的情況之下，可以推動人實踐善行，
孟子認為這是生命的真實情況。然而，心雖然會發出要求，但是實踐的程度
可以千差萬別，人甚至可以不按照心的要求行動。如果忽略心的要求，那心
的要求就不被彰顯；如果不好好抓住它，就好像要失去它一樣。孟子認為君
子用仁與禮來考察〔註29〕自己的心思：

> 君子所以異於人者，以其存心也。君子以仁存心，以禮存心。（〈8・
> 28〉）

〔註28〕 李淵庭、閻秉華整理，《梁漱溟先生講孔孟》，（上海：上海三聯書店，2008），
　　　　117。
〔註29〕 焦循：「趙氏以在釋存，蓋以在為察；在心即省察其心。」（《孟子正義》，595。）

心的要求只是行仁與禮的開端，不等於仁與禮，所以君子省察自己是否能夠
彰顯心的要求。用行動充分實現心發出的要求，就是「盡心」，〈盡心上〉：

> 孟子曰：「盡其心者，知其性也。知其性，則知天矣。存其心，養其
> 性，所以事天也。殀壽不貳，修身以俟之，所以立命也。」（〈13‧1〉）

毛奇齡《四書改錯》說：

> 盡心力而爲之，非知心也……大抵心、性、天一串，心由于性，生
> 心之謂性是也。性由于天，天命之謂性是也。然是溯而得之，非逆
> 而出之也。蓋盡心之量而無所闕，則便知心所自來與性所從出，一
> 氣俱到，此誠而明者。至存心養性是一學問人，故曰事天，言從事
> 乎此也。若修身俟死，則困勉終身，又將天一等而曰命，言不過從
> 天之命我者，使不殞耳。〔註30〕

心是不斷發出要求的器官，由孟子說「盡心」可知，心經常有尚未被充分實
踐的地方。毛奇齡說盡心的特點在於「盡心力而爲之」的「爲」字，指出孟
子談盡心、知性、知天並不是一種靜態的認識，而是在實踐中掌握。就如同
孟子談「不動心」的方法一樣，不動心並非使心毫無反應、毫無活動，而是
要使心爲主導帶動氣；同時持守心志，不要妄動意氣。盡心就是使心所發出
的惻隱、羞惡、辭讓、是非這類的要求能夠充分帶動意氣，造成合乎仁、義、
禮、智的行爲落實。至於毛奇齡說「心由于性，生心之謂性是也。性由於天，
天命之謂性是也。」這種解釋援引了《中庸》的說法。根據《孟子‧告子上》，
孟子曰：「心之官則思，思則得之，不思則不得也。此天之所與我者」（〈11‧
15〉）孟子認爲心是天賦予人的器官，孟子的說法繼承古代對於生命來源的認
識，至於「生心之謂性」的說法則有待商榷。孟子曰：「乃若其情，則可以爲
善矣，乃所謂善也。」（〈11‧6〉）孟子所說的「性」是針對生命的眞實狀態來
說，生命的眞實狀態是人有心，心有惻隱、羞惡、辭讓（恭敬）、是非的要求，
如果沒有心展現要求，無法理解人性。梁漱溟則指出：

> 我們的意思是心理與生理完全不能分。就是一骨一肉的發達，都與
> 全體有關係，完全不能把生理當作物質，心理當作精神看。我們最
> 不承認把物質與精神分立。形色是指我們的軀體說，但人心之靠後
> 天的傾向，他實在是已顯於軀體上，即逮全體的變化，亦有靠後天

〔註30〕　（清）毛奇齡著；胡春麗點校，《四書改錯》，（上海：華東師範大學出版社，
2014），377。

的傾向。本來心理與生理完全是一回事，所爲心理與先天的傾向，
已經是在生理上——軀體之組織上完全表出，幾乎可以說心理之傾
向，沒法拿出來給大家看，要指點大家看，只有在生理上見。故所
謂性者，除了形色別無可見。〔註31〕

是否存在先於心、或先驗的「性」，在《孟子》中並沒有證據可循。心與性似
乎無法全然分開來，也沒有性生心、或心依據某種先驗的性活動的根據。筆
者認爲〈盡心上〉所說的盡心、知性、知天應該是就人的認識先後而言，認
識在先的經常是存有次序在後者，天是存有次序上最先存在的，至於心與性
的先後問題，孟子並沒有明確說明。

焦循說：「仁義禮智之端，源於性而見於心。」〔註32〕由人的「心」（四
端）所發的要求回頭，將「心」的要求充分擴而充之、充分實踐，就會了解
自己的「性」是對於道德之要求，了解其「性」就可以了解到性的來源——
即「天」。孟子不由「天」出發推導人性，而是由人的具體經歷及其所展現
的意義出發理解，充分擴充四端之心，將在四端之心產生反應的背後深處發
現自己的本性，由本性則可以了解到「天」。孟子說「知天」並非瞭解有關
於「天」的一切，而是瞭解到天是人性的根源，以及瞭解天賦予人的性的具
體內容。借蔡仁厚之言：「盡心是知性知天的關鍵所在。不盡心，則不可能
知性知天。」〔註33〕如欲「盡心」則根本條件是必須要能察覺「心」發出的
各種反應，也就是說，若要理解「性」與「天」的話，重點在於先覺察到自
己的「心」所發出的要求。孟子於〈13‧1〉不由天命出發推導人性，而是
由人的「心」（包含其所顯示的各種「端」）出發理解。人可以通過「心」所
顯現出來的「惻隱」、「羞惡」、「辭讓」、「是非」反應領悟「性」，而「心」
與「性」皆是由「天」所給予人的，可以推源至天。存養「心」與「性」以
事天，天是超越人的，人無法完全理解天的意志與天的運作，人也不能主動
測知天意，〈萬章上〉：

天與之者，諄諄然命之乎？」曰：「否。天不言，以行與事示之而已
矣。」（〈9‧5〉）

〔註31〕 李淵庭、閻秉華整理，《梁漱溟先生講孔孟》，（上海：上海三聯書店，2008），
117。
〔註32〕 《孟子正義（十三經注疏）》，877。
〔註33〕 蔡仁厚，《孔孟荀哲學》，（臺北市：學生書局，1984），229。

　　孟子指出天不說話，意味著天不直接與人溝通，而是藉由具體的作用與事件來表示其意志。人只能藉由觀察天所造成的作用與事件，透過這種被動的方式來認識天。然而，人有沒有任何與天接觸的可能性呢？孟子的答案是肯定的。由於天賦予每一個人「性」與「心」，因此個人養育天賦予自己的心與性，就是事奉天的正確方法。人在積極養育自己的心與性的同時，就是主動事奉天的方法。人與超越界的關係除了透過對其作用的觀察以外，更可以藉由深入人與自己的關係，體認人與超越界的關聯。體認到人性是天所賦予，面對壽命的客觀限制也不改變積極養育人性的態度，等待隨時可能到來的任務，就是建立使命的正確方法。人與自己的關係修養到了極點以後，人與超越界的關係便會呈現，孟子洞見道德要求內在於人，順著人性的真實狀態，並付諸實踐擴充，由個人與自己的關係上達於對超越界的視野。

　　古代文化是先人經驗與智慧的累積，好學與深思並重，不僅要「多學而識之」，還要「一以貫之」以統一的思想掌握貫串諸學問，最後還要配合主體的實踐親證。學習有所領悟後還要將所學應用在生活中實踐，在適當的時機運用所學。孔子、孟子皆以「仁」為核心觀念，基於人性對於行善有共通的要求，只要內心真誠便能夠發出行善的動力。透過不斷的自我修養與擴充，除了可以理解天給人的本性，還能夠照耀別人、感化群眾，人的德行修養永遠有向上提升的空間。參考〈盡心下〉：

> 曰：「可欲之謂善，有諸己之謂信。充實之謂美，充實而有光輝之謂大，大而化之之謂聖，聖而不可知之之謂神。樂正子，二之中，四之下也。」（〈14・25〉）

個人的修養成果並不局限於個人的德行成長，修養境的提昇顯示於人與人之間的關係上。孟子論修養的基礎不離開人與人之間的關係而論。但孟子也明確說出修養的最高層次是不能想像的，修養的境界不侷限於人與人的關係，同時也向超越人類理解的境界開放。

　　孟子論個人的修養除了充分實踐心的要求，伸展人性中源源不絕推動行善的動力以外，孟子也未曾逃避行善可能犧牲生命的問題。說明如何實現人性的同時，也不避談個人的死亡。善是人想要的，但是人所想要的還有超過生命的，所厭惡的還有超過死亡的。行善與抉擇往往是不能分割的問題，了解什麼是應該做的，但是選擇去做卻可能犧牲生命的話該怎麼辦？如果懂得人生的道理卻沒有機會實踐，那有什麼價值嗎？有關於這些問題，孔子說：「朝

聞道，夕死可矣」（〈4‧8〉），又說：「志士仁人，無求生以害仁，有殺身以成仁。」（〈15‧9〉）；孟子則說：「生，亦我所欲也；義，亦我所欲也，二者不可得兼，舍生而取義者也。」（〈11‧10〉）為了道義而犧牲生命，當死而死，則心安而德全；〔註34〕然而如果連實踐的機會都沒有的話，豈不是非常可惜？如果依據朱熹的解釋，《朱子語類‧里仁篇上‧朝聞道章》：

> 問：「集注云：『道者，事物當然之理。』然嘗思道之大者，莫過乎君臣父子夫婦朋友之倫，而其有親，有義，有別，有信，學者苟至一日之知，則孰不聞焉。而即使之死，則亦覺未甚濟得事。然而所謂道者，果何處真切至當處？又何以使人聞得而遂死亦無憾？」曰：「道誠不外乎日用常行之間。但公說未甚濟事者，第恐知之或未真耳。若是知得真實，必能信之篤，守之固。幸而未死，則可以充其所知，為聖，為賢。萬一即死，則亦不至昏昧過了一生，如禽獸然，是以為人必以聞道為貴也。」

朱熹認為瞭解道，如果不幸在實踐道理以前死亡，猶比昏昧過一生還好。但仍希望可以充其所知，有機會可以實踐。朱熹的解釋使孔子「朝聞道，夕死可矣」變成消極的哀嘆，盼能有苟活的機會。這似乎與「殺身成仁」、「舍生取義」積極實踐的氣概不符。

借用西方哲學家對於信仰的看法，能夠提供另一種理解視野。保羅‧田立克（Paul Tillich，1886～1965）以「終極關懷（ultimate concern）」解釋信仰，哲學家討論問題的方向及個人偏好，都和他本身的認知及終極關懷（ultimate concern）的內涵關係密切。真正的哲學是發自一群既有熱烈的終極關懷，又能以清晰、超然的眼光觀察宇宙間呈現出的終極問題的人。〔註35〕信仰就是一種終極關懷的態度（the state of being ultimately concerned），所以信仰的動力也就是終極關懷的動力。一旦某個問題成為生命中最重要的問題時，人就必須完全臣服於這個最高指導原則，即便其他問題都因此而退居次要或被棄之不顧，這個核心議題還是可以為人帶來高度的滿足感。〔註36〕理性是信仰的大前提；信仰則是理性忘形超越自身的一種活動。理性不受有限框架的束縛，使人認清自身的限制，同時超越有限的枷鎖。此外，人也意識到自己具

〔註34〕 （宋）朱熹，《四書章句集注》，（臺北市：大安，1999），228。
〔註35〕 Paul Tillich, *Dynamics of Faith*, （New York: Harper One, 2001）:105～106.
〔註36〕 Paul Tillich, *Dynamics of Faith*, （New York: Harper One, 2001）:1.

有上達無限之境的潛能，這層體認就是他的終極關懷，也是他的信仰。如果理性被終極關懷所攫獲，理性就會被這股發自無限的力量驅動，並提升自身於限制之上。如果依據田立克的對於信仰的動力的看法瞭解孔孟哲學以後，便會發現人孔子、孟子肯定人可以不斷提升向上的動力，覺得人生可以不斷提升。藉由不斷的修養，人才能向上提升，如果孔子、孟子沒有對人性的肯定，就沒有理由要求人修養自我。正是因為人性對於行善的共通要求，所以使人有不斷向上的動力。真誠自覺產生力量，讓人有由內而發行善的可能性。孔孟洞見道德要求內在於人，順著人性的真實狀態，並付諸實踐擴充，則可以成就善行，孔孟的生命觀是相互一致的。孔孟哲學使人意識到人性源自於天，人具有上達無限之境的潛能，甚至可以為了理想犧牲生命。這樣的生命觀已躋於西方哲學家所說的信仰的高度，人的生命不只侷限於自然界，同時也向超越界開放。〔註37〕

　　自然生命總會有結束，把死亡當成一必要的限制，便會發覺生命的每一個時刻都非常可貴。「舍生取義」的犧牲並非對於自然生命與人性的解消，而是對於人性的成全與完成，是個人自覺內心的道德要求，對自己負責的一種積極作為。理性臣服於終極關懷之下，被這股發自無限的力量驅動，躍升於自身限制之上。這層體認便是孔孟共同的終極關懷，也是孔孟的信仰。個人修養的提升是因為人具備這樣的人性，而人性來自於天。「殺身成仁」與「舍生取義」這類犧牲的作為，並不是一般偶爾行善的善人會採取的行為。孟子

〔註37〕劉述先也使用「終極關懷」來說明孔子的「殺身成仁」。（詳見劉述先，《論儒家哲學的三個大時代》，（香港：香港中文大學出版社，2008），9）但是劉述先的立場與本文最大的差異在於，劉述先認為孔子提倡的是徹底的現世主義的思想，同時認為孔子幾次對於天的言論（如：「天厭之！」、「天生德於予，桓魋其如予何？」、「天喪予」）、「天之未喪斯文也，匡人其如予何」等章，都是孔子在情感激越時發出的誓語、擔承與感嘆（《論儒家哲學的三個大時代》，15～17。）而且劉述先指出：「總結儒家所開出之思想型態。由外而言之，則宇宙有物有則，有一洪濛生力默運其間，成就一切存在價值。人得其秀而最靈，故可自覺參與造化歷程。由內而言，人如能超越自己的本能習染生命，自然有一新的精神生命相應……自孔子以來，上帝之人格性即非一重要之問題，超自然之啟示不能構成知識之來源，在自然秩序之外也不需要建立另一個超自然之秩序。」（劉述先，《生命情調的抉擇》，（臺北市：臺灣學生，1985），64～65。）但是由本文論述可知，孔子所說的天能夠對於人的行為予以反應，可以厭棄人、予人禍福，甚至對於人的言行產生喜怒，藉由厭棄等反應展現祂的意志，甚至賦予人使命。孔子所說的天顯然不能以「自然之秩序」或「洪濛生力」一概而論。

所說的願意「舍生而取義者」，以及孔子所說的仁者，他們的特色在於知道人為什麼要行善，一般善人行善是因為受到外在鼓勵所以行善。孟子認為舍生而取義者，是所想要的還有超過生存的，所厭惡的還有超過死亡的，這樣的心思每個人都有，只是賢者能夠不喪失它罷了。義行是內在的需求配合外在的客觀情況採取行動，考驗實踐者的判斷智慧。不喪失本心的人，遭遇應該實踐的事情時，知道實踐義行的動力由內而發，要求人實踐義行的動力來自於本來狀態的心。願意為行善犧牲生命的人，在孟子看來，就是主動判斷自己應該怎麼做，知道為何實踐義行，好好持守天賦予人的心，在危急的狀況下也不放棄順本心要求而行的人。

第五節　《孟子》中的天人之際

孟子曰：「盡其心者，知其性也。知其性，則知天矣。存其心，養其性，所以事天也。殀壽不貳，修身以俟之，所以立命也。」（〈13‧1〉）人想要瞭解自己的本性，只有藉由充分實踐內心的要求這一途徑；心的作用在於發出行善的要求，產生推動實踐的動力。由此看來，藉由盡心所知的性，是一種根本向善的動力或趨向。追究心與性的根源，則是來自天。

1. 「夫仁，天之尊爵也，人之安宅也。」（〈3‧7〉）
2. 「惻隱之心，仁之端也。」（〈3‧6〉）
3. 「人皆有所不忍，達之於其所忍，仁也。」（〈14‧31〉）

「仁」是惻隱之心的充分擴充與實踐，是天所賦予的尊貴爵位，人所擁有的安定住宅。人該如何安頓生命，以及「我應該成為什麼樣的人」的問題，在孟子看來充分實踐人心的要求，才是根本之道。〈告子上〉：

> 孟子曰：「有天爵者，有人爵者。仁義忠信，樂善不倦，此天爵也；公卿大夫，此人爵也。古之人修其天爵，而人爵從之。今之人修其天爵，以要人爵；既得人爵，而棄其天爵，則惑之甚者也，終亦必亡而已矣。」（〈11‧16〉）

孟旦認為「天爵」是存在於所有人心裡的內在化的統治者。當內在的統治者決定某事是正確的，因而是人的責任，這就像是給自己發布命令。因此，道德感（義）的命令與天命之間存在聯繫。〔註38〕修養天賜的爵位未必能夠得

〔註38〕（美）孟旦，《早期中國「人」的觀念》，丁棟、張興澤譯，（北京：北京大學出版社，2009），67。

到人給的爵位；人給的爵位也未必是由於天賜的爵位而得。「欲貴者，人之同心也。人人有貴於己者，弗思耳。人之所貴者，非良貴也。趙孟之所貴，趙孟能賤之。」(〈11‧17〉) 想要尊貴是所有人共同的心願，但是由人給的尊貴，同樣可以由人輕賤之。然而，每個人自己都有可以變得尊貴的東西，只是不去思考罷了。思考是心的官能，心的作用在於發出行善的要求，加以實踐擴充，可以完成仁德，這就是天所賦予的尊貴爵位。可見充分實踐「心」的要求，即孟旦所說的內在化的統治者，從而實現「仁」，就是《孟子》中「天人之際」所在，這也是「盡其心者，知其性也。知其性，則知天矣。」(〈13‧1〉) 的具體展現。

雖然人與自己的關係修養到了極點以後，人與超越界的關係便會呈現，由個人與自己的關係可以上達於對超越界的視野，但是如果因此就說孟子把天或天命賦予人的使命轉化爲「心」經過修養展現出的某些要求，這是完全誤解了孟子以及孟子所希望學習的孔子。孔子說：「予所否者，天厭之！天厭之！」(《論語‧雍也／6‧28》)、「吾誰欺？欺天乎？」(《論語‧子罕／9‧12》)，可見孔子所說的「天」絕對不是一個內在的心，而是一個跟人不一樣的、超越的、有無限權威的天。孔子思想的貢獻在於自我的覺醒，一個人必須承擔自己人生的責任，有了自我覺醒，要修養提昇、或向下墮落，都是出於自己的決定，「三軍可奪帥也，匹夫不可奪志也」(《論語‧子罕／9‧26》)，人可以透過自我覺醒，自覺內心有實現道義與使命的要求，覺悟並實踐天命。在孔子以前，古人對於賞善罰惡與命正論的期待落空，直接反映在對於主宰之「天」的質疑，例如：

1. 《詩‧大雅‧蕩之什‧抑》昊天孔昭，我生靡樂。視爾夢夢、我心慘慘。〔註39〕

2. 《詩‧大雅‧生民之什‧板》天之方虐。〔註40〕

3. 《詩‧小雅‧祈父之什‧節南山》昊天不傭，降此鞠訩。昊天不惠，降此大戾。〔註41〕

對於「天」有所抱怨，顯示古人曾經對天的主宰性格抱持強烈信仰，並且對於天有所期待，希望天可以賞善罰惡、照顧生民，但是天子失德，導致人對

〔註39〕（漢）毛亨傳；（漢）鄭玄箋；（唐）孔穎達疏；劉家和審定，《毛詩正義（十三經注疏）》，（北京：北京大學出版社，2000），1381。

〔註40〕《毛詩正義（十三經注疏）》，1348。

〔註41〕《毛詩正義（十三經注疏）》，823。

於「天」的信仰墮爲命運與自然。孔子透過自我覺醒、覺悟敬畏天命，將墮落成命運的天轉化爲使命。孟子則更進一步將天、使命、命運與人之道聯結，說明人可以藉由自我的覺醒體悟，修養自己等待任務並建立使命，〈盡心上〉：

孟子曰：「盡其心者，知其性也。知其性，則知天矣。存其心，養其性，所以事天也。殀壽不貳，修身以俟之，所以立命也。」（〈13‧1〉）

天與人之間的關係不是完全斷裂的，聯繫人與超越界的關鍵在於個人的自我覺醒。孟子繼承並且發展孔子對於「天」的看法，由充分實踐心的要求，瞭解人的本性與其來源。然而，如果因爲孟子將人心、人性與天相聯繫，就以爲孟子把天或天賦予人的使命轉化爲「心」經過修養展現出的某些要求，則是完全誤解了孟子。論《孟子》中的天人之際，則務必釐清《孟子》中「天」概念的涵義。

首先，孟子對於「天」的看法有其歷史背景與經典根據。孟子經常引用《詩經》與《尚書》的說法來闡述「天」。

1. 天之生物也，使之一本。（〈5‧5〉）
2. 《詩》曰：『天生蒸民，有物有則。民之秉彝，好是懿德。』孔子曰：『爲此詩者，其知道乎！故有物必有則，民之秉彝也，故好是懿德。』（〈11‧6〉）

孟子以「天」爲萬物的終極根源，並且引用《詩經》說明「天」爲民眾生命的來源，天賦予人生命的同時，也使人的本性有一定的規則，順著人性的規則發展，就會喜好美好的德行。天作爲民眾生命來源，爲人的德行修養預備了基礎。天雖然爲人的存在與發展奠定了基礎，又爲道德品質預備了方向，但是現實中光靠百姓自己的力量，往往不能走上天所賦予的人生正途。孟子曰：「人之有道也，飽食煖衣，逸居而無教，則近於禽獸。」（〈5‧4〉）人類生活的法則是：吃飽穿暖，生活安逸而沒有教育，就和禽獸差不多。百姓自己的生命往往有好的開始，但若缺乏教育，則不免於接近禽獸。

如果以爲天爲人的道德品質預備方向，就保證人一定會實踐善行，必然與經驗事實不符。另一方面，如果以爲人性本善，把人的本善當做「初」，如朱熹說：「人性皆善，而覺有先後，後覺者必效先覺之所爲，乃可以明善而復其初也。」〔註42〕朱熹所說的「復其初」中，「初」並非時間上的「先」，

〔註42〕朱熹註解《論語‧學而》之語。（（宋）朱熹，《四書章句集注》，（臺北市：大安，1999），61。）

因爲人一出生就具有氣質之性、氣稟、人欲。最初皆善的人性爲什麼變壞、爲何可能爲惡的問題，如果用氣稟、人欲來回答，則是說：「明德者，人之所得乎天，而虛靈不昧，以具眾理而應萬事者也。但爲氣稟所拘，人欲所蔽，則有時而昏；然其本體之明，則有未嘗息者。故學者當因其所發而遂明之，以復其初也。」〔註43〕如果說明德是天賦予人的，後來因爲氣稟的影響而不能彰顯，那麼天是先生人之明德而後生人之氣稟嗎？人一開始沒有氣稟、人欲嗎？如果以時間上的「先」來理解「初」顯然是行不通的。另一方面，如果以爲某些人的氣稟之性天生就不好，氣稟有優劣之差，那人做壞事豈不是有決定論、命定論的成分在？那麼究竟誰該爲人的惡行負責？「人性皆善」加上「復其初」的說法，遇到人爲何可能爲惡的問題是無法解釋清楚的。同時，孔子承認人有「血氣」，「血氣」是隨著身體而有的本能與欲望。身體是血氣的來源，人有身體就有本能、衝動與欲望，一不小心就會違背社會規範與理性，因此一生都要好好修養。由人有血氣的說法來看，人就不應該將人理解爲在道德品質上天生完美。孟子也強調人如果不接受教育，則與禽獸十分接近，顯示天雖然爲所有人的道德品質預備了方向，但是大多數的人還需要教育以及「君」與「師」的領導，才能走上人生正途。

1. 《書》曰：『天降下民，作之君，作之師，惟曰其助上帝寵之。四方有罪無罪惟我在，天下曷敢有越厥志？』（〈2．3〉）

2. 天之生此（〈萬章下〉作：「斯」）民也，使先知覺後知，使先覺覺後覺也。（〈9．7〉）

孟子並不排斥某些個人對於人倫方面有特別才能，天下確實有某些人如伊尹，先覺悟了堯舜的理想。天生育了百姓，就是要使先知道的去開導後知道的，有才能的同時，也帶給先知、先覺者特殊的使命。同時被領導的民眾永遠都有修養提升的空間。民眾雖然相對後知後覺，但是「堯舜與人同耳」（〈8．32〉）、「人皆可以爲堯」（〈12．2〉）。孟子認爲君子的憂慮在於不能像舜一樣。天賦予人生命的同時，人的本性有一定的規則，順著人性的規則發展，就會喜好美好的德行。人人都有成就美德的基礎，差異只在於是否自覺人性、順著人性去走而已。

〔註43〕朱熹《大學章句》語。（《四書章句集注》，5。）

天作爲萬物的終極根源，使萬物有其運作方向。根據傅佩榮研究指出：

> 《孟子》並未強調天之主動的主宰性格，反而傾向於把天當作自然
> 世界與人類世界的客觀法則：「道」或「勢」。……在孟子心目中，
> 主宰之天逐漸退隱幕後，由啓示之天取代。〔註44〕

如果「天」完全失去主宰性格，成爲自然界與人類世界的客觀法則，那麼人
類就有可能藉由觀察天的作用，而掌握作爲客觀法則的「天」。掌握以後就
有順從與違逆的可能，同時會帶來相應的結果，個人必須爲自己的選擇負
責。天既然作爲萬物的來源，萬物的客觀法則可說是源於天的功能作用，因
此人可以由觀察天的功能與作用推想天可能是什麼，但是天作爲超越界，人
沒辦法說明天本身，只能描述其作用，只能就功能來說，而非就其本體來說。
語言的限制在於只能處理世界如何運作這個問題，但是這並未包括一切實在
界。〔註45〕所有對超越界或天的描述都是象徵語言，象徵就是符號，藉由符
號讓人去想到另一個層次，同時察覺自己與自然界萬物之有限。〔註46〕如果
孟子不信天或超越界，那麼孟子口中說出的天毫無意義，只是一個需要定義
的概念。〔註47〕但是由孟子說出的天來看，他與口中的天有密切關係。《孟
子》中的天人關係，主要展現於天造成人的「命運」與「使命」兩方面。一
方面造成生命的消極限制，另一方面則產生生命的積極使命。

〔註44〕傾向於把天當作遍在自然界與人類世界的客觀法則者，例如：
　　1. 順天者存，逆天者亡。（〈7‧7〉）
　　2. 詩云：天命靡常……孔子曰：「仁不可爲眾也」。（〈7‧7〉）
　　3. 太甲曰：天作孽，猶可違；自作孽，不可活。（〈3‧4〉）、（〈7‧8〉）
　　4. 詩云：永言配命，自求多福。（〈3‧4〉）、（〈7‧4〉）
　　　（詳見傅佩榮，《儒道天論發微》，（臺北市：聯經，2010），152～153。）
〔註45〕詳見 Louis Dupré 著，《人的宗教向度》，傅佩榮譯，（新北市：立緒，2006），
　　　210。
〔註46〕但是象徵或類比並非直接談論超越界的方法，一切象徵與類比終究是有關於
　　　人的表達。用來象徵與類比的事物都是有限的，但是超越界透過有限的客體
　　　顯示其差異。謝勒（Max Scheler）比喻：「聖界及其象徵之關係就像一扇窗，
　　　只有當我們看到窗外景色時才會體察到窗的特色：產生差異的不是窗，而是
　　　透過窗所見的東西。」（引述自《人的宗教向度》，4。）
〔註47〕直接指涉超經驗實在的語言，或所謂宗教語言，Louis Dupré 指出其特色在於：
　　　「宗教語言所指涉的並非可以客觀驗證之物；它絕對得不到日常及科學語言
　　　所期待與達成的普遍同意。信徒認爲顯然真實之物，在非信徒看來只是主觀
　　　經驗的投射而已。新實證論的哲學家早就論斷宗教語言無意義了，並且，後
　　　者在宣稱實在界時難免發生誤導，因此它的存在也無法得到證實。」（Louis
　　　Dupré 著，《人的宗教向度》，傅佩榮譯，（新北市：立緒，2006），206。）

自然界是有限的，具有一定的規律可以加以理解。既然以「天」爲《孟子》中的超越界，則不能以爲天就等於其功能或某種可以掌握的客觀規則，更應該探討其完全不可預測、難以言說的側面。〔註48〕孟子對於「天」的理解在於，天是超越界，人可以對天的作用有一定的認識，但天的意志不是人可以完全瞭解的：

1. 君子創業垂統，爲可繼也。若夫成功，則天也。君如彼何哉？彊爲善而已矣。（〈2・14〉）

2. 吾之不遇魯侯，天也。臧氏之子焉能使予不遇哉？（〈2・16〉）

3. 天下有道，小德役大德，小賢役大賢；天下無道，小役大，弱役強。斯二者，天也。（〈7・7〉）

4. 天與賢，則與賢；天與子，則與子。……莫之爲而爲者，天也；莫之致而至者，命也。（〈9・6〉）

由以上段引文可知，孟子對於「天」有明確的態度，就是不能預測天意，眞正的天意並非人類所能理解。人的思考能力有限，很難掌握一切現象，所見的往往只是片面的情況。雖然古人對於善惡報應有一定的期待，與粗淺的觀察，例如《周易・坤卦・文言傳》：「積善之家，必有餘慶；積不善之家，必有餘殃。」〔註49〕但是孟子認爲禍福、行事的成敗未必是人的意志可以左右。甚至爲善也未必必然帶來善果，爲惡也未必立刻受禍。〔註50〕人的思考不能理解天意究竟是什麼，孟子雖然精通古代典籍與人間事故，還是不能完全理解天意。天下有道、天下無道雖然經常是大勢所趨，但其中也含有天意不可測度的面向。人類在有限的生命之中只能努力多做善事，創立基業傳下典範，至於成功與否則由天來決定。引文（4）中，孟子將天意與命運並舉：沒有人去做的，居然成功了，那是天意；沒有人去找的，居然來到了，那是命運。天意決定人類世界的各種事件與客觀限制，由個人的眼光來看則造成切身的

〔註48〕 存有秩序中，超越性（Transcendence）指超出有形世界之特性，超出有形世界之物則總稱超越者（Transcendent）。認識論中，超越性指不繫於認識者的意識。對象超越認識行爲而獨立，而非認識行爲所「設置」。（詳見布魯格編著，《西洋哲學辭典》，項退結編譯，（臺北市：先知出版社，1976），426。）

〔註49〕 （宋）朱熹，《周易本義》，（臺北市：大安，1999），44。

〔註50〕 憑著周文王的德行，活了將近百年，都還沒有收服天下。商紂王雖然殘酷，也沒有因爲周文王的興起而立刻滅亡。（詳見〈3・1〉）善惡的報應以及現實的情況，往往不是百姓可以決定的。

命運。天既然人與其他萬物的來源，那麼生命中所遭遇的種種「限制」，皆可認為是天命的結果。因此天的意志也造成人的「命運」：

1. 彌子謂子路曰：「孔子主我，衛卿可得也。」子路以告。孔子曰：「有命。」孔子進以禮，退以義，得之不得曰「有命」。而主癰疽與侍人瘠環，是無義無命也。（〈9‧8〉）

2. 孟子曰：「莫非命也，順受其正；是故知命者不立乎巖牆之下。盡其道而死者，正命也；桎梏死者，非正命也。」（〈13‧2〉）

3. 孟子曰：「求則得之，舍則失之，是求有益於得也，求在我者也。求之有道，得之有命，是求無益於得也，求在外者也。」（〈13‧3〉）

4. 孟子曰：「口之於味也，目之於色也，耳之於聲也，鼻之於臭也，四肢之於安佚也，性也，有命焉，君子不謂性也。仁之於父子也，義之於君臣也，禮之於賓主也，智之於賢者也，聖人之於天道也，命也，有性焉，君子不謂命也。」（〈14‧24〉）

孟子引述孔子之言，說明能否得到祿位由命運決定，個人行為則要合乎正當性。人與人之間的交往有倫理與社會規範維繫，順從情理發展則不至於主動招致懲罰與禍患。如果故意做不正當的行為，那就是無視於命運，自己惹禍上身。所以孟子說生命中沒有一樣遭遇不是命運，順著情理去接受它正當的部分。盡力走在人生正途上而死的，是正當的命運；而自己靠近危險，或犯罪受刑而死的，不是正當的命運。至於引文（4），孟子則將「命」與「性」聯繫。人類對於美食、美色、美聲、香味與安逸有所需求，孟子認為這都是出於本性的要求，就如告子認為：「食色，性也」（〈11‧4〉），食色是出自人與動物共有的本能，人類對於美食、美色、香味、美聲、香味與安逸的要求，都受到外在條件所限制。重要的是，這些要求不能突顯人類的特色，所以君子不說這些是本性。人的本性的特色在於自覺心的作用，以區別人與禽獸的差異。心的作用經過人主動推廣、落實於人與人之間的關係，則可以為善。仁德、義行、守禮、明智（仁、義、禮、智是善的具體內容），以及對於天道的理解，雖然也受到外在條件的規定與限制，但是善行與對天道的理解，都以人主動理解、以及實踐本性為依據，所以君子不說這些是命運。

由此可見，孟子雖然承認人在實踐本性的過程中可能遭遇困難與種種限制，卻不消極地受限於盲目的命運，而重視人積極地自覺與實踐本性。命有

「命運」的意義，同時也有「使命」的意義。孟子認為天賦予人重大任務，一定先給予他各種考驗與阻礙：

> 故天將降大任於是人也，必先苦其心志，勞其筋骨，餓其體膚，空
> 乏其身，行拂亂其所為，所以動心忍性，曾益其所不能。（〈12‧15〉）

人修養好自己等待天命，雖然修養不一定保證天會交付重任給自己，仍時時做好準備。孟子承認命運的同時，也彰顯了人能夠主動建立使命的積極面：

> 1. 夭壽不貳，修身以俟之，所以立命也。（〈13‧1〉）
> 2. 盡其道而死者，正命也；桎梏死者，非正命也。（〈13‧2〉）
> 3. 君子行法，以俟命而已矣。（〈14‧33〉）

雖然孟子說：「莫非命也，順受其正。」（〈13‧2〉）但是如果「命」完全只有限制義，生命中所有遭遇都是命定的，只能消極接受的話，又如何需要人類主動建立呢？如果一切是命定的，那麼提出宿命不僅不能對生命造成任何改變，也不能對未來產生任何積極的指引。孟子在天賦予每一個人「性」與「心」的基礎上，說明個人養育天賦予自己的心與性，就是事奉天的正確方法。將被動的受到限制轉化為主動發揮人的本性，相對於被動而無可奈何的命運，使命是主動的實踐。人在積極養育自己的心與性，無論生命長短都不改變態度，修養自己等待任務，就是建立使命的正確方法。使命顯示人有主動承擔的力量。君子按照法度走在人生的正路上，隨時準備好在各種情況中分辨善惡與實踐善行，就是隨時準備好承擔使命。

> 「夫天未欲平治天下也。如欲平治天下，當今之世，舍我其誰也？
> 吾何為不豫哉？」（〈4‧13〉）

雖然天意不可測度，但是孟子準備好自己，等待讓天下太平的機會。也有使「天下之民舉安」（〈4‧12〉）的自信。人類養育本性，事奉天。孟子不僅隨時預備好為天下服務，甚至在生存與人性的衝突之下，願意犧牲生命：「生亦我所欲也；義亦我所欲也，二者不可得兼，舍生而取義者也。」（〈11‧10〉）自然生命是有限的，有限的人類自身無法激發無限的關懷行動。個人獨立的意願，無法產生信仰能給人的確定感。〔註51〕孟子在命運中承擔使命，將被動的遭遇轉化為主動的承擔，背後的根源就是在於對「天」的肯定。

〔註51〕 詳見 Paul Tillich, *Dynamics of Faith*,（New York: Harper One, 2001.）:44.

「天」除了作為萬物的終極根源，使萬物有其運作方向，還賦予人命運與使命。此外，「天」還也用以代表「除了人以外的宇宙萬物」：〔註52〕

> 是故誠者，天之道也；思誠者，人之道也。至誠而不動者，未之有也；不誠，未有能動者也。（〈7‧12〉）

宇宙萬物的運行模式是「真實」，而人生的正確途徑是「真誠」。「思」就是自覺，思考自己是否真誠，人因真誠而覺悟人性。沒有自我覺醒的話，孟子不可能說出「誠」。真誠產生力量，只要真誠，就會對特定狀況有所反應，產生惻隱、羞惡、辭讓、是非的要求，欲求使人脫離不安或不忍的感受。「善」是一種人與人之間適當關係的實現，善有其標準。惡路有千百條，作惡有各種理由，永遠無法窮盡，人永遠不能窮盡惡的複雜現象。然而，善路只有一條。行善的關鍵在於主動覺悟人性，知道自己為何行善，行善的力量立刻由內而發。

第六節 小 結

本章以《孟子》為核心，研究孟子如何談身體、心與修養的問題，從而由個人與自己的關係上達於對超越界的視野。孟子論身體與心的思想淵源可以溯源於孔子。孔子指出人的生命是由源自身體的本能與欲望，加上心知、情感、意志，配合道德要求（安與不安）所構成。孟子繼承了孔子對於身體與心的看法，說明人的生命並不是一種「已然」的狀態，〔註53〕而是一連串動態發展的過程。孟子對於身體與心之間關係的進一步發展。一般日常生活中，人大多圍於「耳目」、「食色」的欲望與衝動，這是源自於身體的本能，孟子稱耳目的官能為小體。孟子藉由對於人的觀察，發現一般人吃飽了，穿暖了，生活安逸而沒有接受教育，就近似禽獸。顯示人不可能只靠本能而度過有意義的一生。人除了與禽獸相去不遠的本能以外，還有能思的「心」，即所謂「大體」。仁義禮智源於四心，四心是仁義禮智的四個開端，是出於自己

〔註52〕白話語譯參考《傅佩榮解讀孟子》，174。

〔註53〕關於「已然」，梁漱溟指出：「性是何所指。孟子所說的性善，差不多全被人誤會。最大的誤會是把所謂性看成一個已成的呆板的東西。所有死板的東西、呆板的局面，他的善惡好壞，通統都是已然的。……既是已然，如果說是好，則好者不能變壞；如果說是壞的，則壞者又何能變好。」（《梁漱溟先生講孔孟》，96。）

而非受其他人事物影響。〔註54〕若順眞實樣態（人處於一種非因別人、完全出於己的自然反應，內心怵惕惻隱之心自然湧現），順著自然湧現的四心，就可以做到善，這就是孟子所謂的「善」。

養育天賦予自己的心與性，就是事奉天的正確方法。人在積極養育自己的心與性的同時，就是主動事奉天的方法。人與超越界的關係除了透過對其作用的觀察以外，更可以藉由深入人與自己的關係，體認人與超越界的關聯。體認到人性是天所賦予，面對壽命的客觀限制也不改變積極養育人性的態度，等待隨時可能到來的任務，就是建立使命的正確方法。人與自己的關係修養到了極點以後，人與超越界的關係便會呈現。《孟子》以「天」說超越界，「天」除了作爲萬物的終極根源，使萬物有其運作方向，還賦予人命運與使命。孟子在天賦予每一個人「性」與「心」的基礎上，說明個人養育天賦予自己的心與性，就是事奉天的正確方法。雖然天意不可測度，給人種種限制與莫可奈何的遭遇，但是孟子隨時準備好自己。將被動的受到限制轉化爲主動發揮人的本性，相對於被動而無可奈何的命運，使命是主動的實踐。君子按照法度走在人生的正路上，隨時準備好在各種情況中分辨善惡與實踐善行，就是隨時準備好承擔使命。

修養心志，可以影響身體，甚至可以因爲心志與精神狀態的圓滿，擺脫來自身體的本能、欲望、衝動的遮蔽，因而能夠使個人的生命感到充實而無所欠缺。修養心志減少欲望（〈14‧35〉），使自己不被欲望所牽制，就較容易保存人之所以異於禽獸的仁義之心。也因爲對於心的要求產生自覺，瞭解了自我的人性，因此可以無所欠缺遺憾、無入而不自得，由此而生「萬物皆備於我」（〈13‧4〉）的感受。《孟子》論身心與修養的方向在於：心的官能可以思考，思考就便能自覺心所喜好的是理義，而人心有四端，順著自然湧現的四心，就可以做到善，這就是孟子所謂的善。進而藉由專一心志帶動身體，落實爲善行並加以擴充推廣。孟子論身心與修養絕不忽略實際行動與實踐工夫，「得志與民由之，不得志獨行其道」（〈6‧2〉）、「窮則獨善其身，達則兼善天下」（〈13‧9〉）孟子的修養整合身體與心，更說明自我修養是準備爲天下服務：「如欲平治天下，當今之世，舍我其誰也」（〈4‧13〉）主動承擔個人

〔註54〕梁漱溟：「所爲本具固有，我們應當稍微著重一點，注意這下面兩條：一、是出於自己而不出於外面的影響。二、是出於天然而不出於什麼用意」（《梁漱溟先生講孔孟》，105。）相對應於「外鑠」，由「內發」、「出於自己」的理解方式值得參考。

的社會責任，實現個人的尊嚴與價值。然而，個人的修養成果並不局限於個人的德行成長與改善人與人之間的關係上。孟子論修養的基礎不離開人與人之間的關係而論，但孟子也明確說出修養的最高層次是不能想像的，修養的境界不侷限於人與人的關係，同時也向超越人類理解的境界開放。

結　論

　　生命指具有「活動」、「活力」，一種從「生來」就有的，以生長或適應環境爲表現形式的東西。「生命」也指生物生存的壽命，指向特定人類活動延續的期間。生命除了與環境互動的特性，還佔有時間擴延，以出生與死亡作爲開始與結束。古人在成長與適應過程中，由變化的現象中找尋通則、建立制度，同時又對於現象變化的神奇感到難以理解，便容易想像現象變化的神奇中還有神奇，於是展開對於超越自然世界的探索。《論語》中，孔子認爲自己「述而不作，信而好古」（7・1）。孔子思想登上中國歷史舞台並非偶然。在孔子出現以前，中國已經歷經了夏、商、周三代的發展。孔子愛好古代文化，並勤奮敏捷地學習，《論語》的思想內涵是立足於古人對於生命的認識之上，對生命應該如何安頓這一個問題提出全面的解釋。本文先從《論語》的歷史發生脈絡來看，追溯孔子以前古人對於人類生命定位的看法。由《國語・楚語》以及《尚書》中「絕地天通」這一段對於上古的述說來看，絕地天通標誌著人走出自然，將自己與「天」（神）明確進行區分，以及對尊卑遠近等人倫關係的萌芽，爲堯舜之治奠定基礎。「人」的觀念形成，不再與其他物類混爲一談，但是「個人」的觀念還不顯著。絕地天通以後，人間的統治者可以藉由對於溝通天地的媒介（巫覡）的獨佔，分化天地間的理想和諧，使人民受限於封閉的自然界。這項負面結果導致對神啓的獨佔，演變到後來發展成爲統治者對「天命」的獨佔。孔子哲學出現以前，中國歷經了「民神不雜」、「民神雜糅」、「復舊常」以致「絕地天通」的社會信仰環境發展，構成中國古代生命觀中人與自然界、人與超越界關係的基調。

　　人類的特色在於其存在蘊含「時間性」（temporality），並藉時間性來創造時間或觀看時間。萬物之中只有人對時間有明確的了解，所以產生特殊的焦

慮。由於時間一去不復返,時間性保證有終點——即走向死亡。生命除了與環境互動的特性,還佔有時間擴延,以出生與死亡作為開始與結束。人類與一切生命個體終將面對死亡,然而人的自我察知使他處於自然,卻又因為思想的自由而超越自然。個人的死亡對個人而言,就如同世界的毀滅,使人面臨全面的迫切感。古人對於生命的來源與歸宿積極地進行說明,通過說明人類的來源與歸宿,提示人們如何在有限的一生中安頓生命展望人生理想。古人以「天」或「帝」為人類生命的來源,天、帝對於人之間,無論是感生或是創造,都只是為了人的德行修養預備了基礎。天作為萬物的來源,天人關係的重點在於天使人與其他自然界的事物有了差異。天或帝生民眾以後,使人的本性有一定的規則,順著人性的規則發展,就會喜好美好的德行。人性總是有個美好的開始,但實際上人很少能夠堅持喜好美好的德行。《詩經》、《尚書》用直述的方式說明人的來源與歸宿,指導人在有限的一生中安頓生命展望人生理想,但是並沒有說明人「為何」需要追求秉彝的實現。而是將人生理想的來源安頓在「天」的權威上。人類為何需要順從人性的規則發展,這是人與自己的關係中最核心的問題,後來成為《論語》與《孟子》所欲回答的問題之一。

古人對於世界的瞭解,最初是透過神話故事,顯示古人對自然界運作以及人類生命世界的理解。神話說明與神有關的故事,古人基於如此對世界的理解,便透過儀式把與神有關的故事演示出來。古人相信帝或上帝、自然神與祖先神,於是發展出祭祀與崇拜的儀式,這些儀式至周代發展為系統化的禮樂,成為人與人、自然界以及超越界的互動規範。古代禮樂的發展與古人的生命觀有相當的關聯性,周代發展出大量的禮儀,其中吉禮、凶禮與人的死亡及死後最有關係。古人相信人死以後仍可以軀體以外的方式存續,春秋時代以後則出現魂魄說全面解釋人死為鬼。古人相信可以透過祭祀帶來福佑,祭者不免產生「祭祀求福」的心態,於是鬼神的形象也漸漸改變成可以接受人賄賂賜福的狀態,鬼神的公正性與神聖性逐漸下降。到了《左傳》,則出現許多死者復仇的事件,由這些事件可以發覺,春秋時代的鬼神復仇或者影響人類生活時,經常需要以「天」或「帝」的允許為前提,訴諸「天」或「帝」才能遂行。鬼神復仇事件一方面顯示古人希望人死後還能存續,並完成生前未能達成的目的;另一方面,死後復仇仍需要「天」或「帝」的允許,死後世界彷彿成為存在著統治者與被統治者的人間世界的延長。這類對於生

命歸宿的解釋，似乎只是將死前未遂的欲求，以及對於賞罰報應的渴求投射於死後，似於一種對此生延長的願望。

　　到了孔子的時代，孔子面對禮壞樂崩的實況，從禮儀能夠表現內心情感來說，明確指出相較於周全的儀式，眞誠的心意才是禮的根本，禮儀並非賄賂鬼神的工具。外在的儀式物力與內在的心意並不矛盾，而且可以相輔相成。但是若不能兩全其美，則以眞誠的情感爲根本。孔子特別重視喪禮，因爲死亡最能撼動人的情感，特別是與自己最親近的父母死亡時，人難掩思慕之情，易使平日難以暢發的眞情流洩於外，於父母喪最能見到人情之實。孔子藉由喪禮的執行，說明一個人能在社會上正常成長發展，是由於父母的關心與照顧，人類的幼兒依賴期遠長於其他動物，任何生命都由生物本能開始，倫理規範使得人有機會可以展現眞誠情感。孔子將對於喪禮的討論與其核心概念──「仁」連結。孔子評論宰我不能眞誠面對內心情感要求是不仁，由此可見「眞誠面對內心情感要求」是行「仁」的必要條件。孔子在人與人的關係中洞察人有「不安」的心理狀態，只要眞誠就會產生由內而發的力量，促使人行善避惡，同時快樂也由內而發。「安」與「不安」的情緒就是推動人順從人性規則發展的力量。

　　但是，即便人對於其他人、自然界、超越界以禮相接，順從內心所發出的安與不安的情緒指導，努力實踐符合個人身份的職責，仍然可能遭遇諸多挫折，孔子甚至說政治理想的實現與否，都是由命運決定。但是由孔子的言行可知，就算知道行不通，還是有一些事情必須完成，這是孔子身體力行的處世態度。如果人生在世只是設法避開災難，那只是消極無奈的活著。人的生命雖然有命運的限制，有難以預期的遭遇與窮達順地。客觀的限制與遭遇是人人有差異而無從問起的，眞正重要的是人性，要問自己是否安心，是否走在人性的道路上。孔子將「天命」由狹義的「得天命爲天子」的「天命」轉化爲超越界與每一個個人之間的關係。孔子相信天會將「命」賦予所有人，即便不是統治者，也可能「知天命」。「命」是直接聯繫作爲超越界的天與人之間關係的紐帶。實踐我心對於行善的要求，就是完成我個人的「使命」。孔子將天視爲自己生命與一生德行修養的來源，完成個人的修養，就是完成上天的使命。天命是每個人都可以理解的，都可以在自己身上加以肯定的。孔子強調人的道德要求內在於己，在人與自己的關係以及人與超越界的關係中，透過自覺道德要求造成了重大突破。

孟子主動學習孔子的思想，成為儒家的第二位代表人物。孟子身處於戰國時代，禮樂制度遭受更嚴重的破壞，並且遭受其他學派的思想家挑戰。孟子對於禮的起源，與孔子論禮有許多相似之處。此外，由孟子對禮之起源的描述，更能夠連結孟子對於人性的見解。孟子將喪葬的起源奠基於子女驚見父母遺體任其物化所產生的不忍之心、怵惕惻隱之心上。看到父母遺體被棄於荒野則怵目驚心、額頭冒汗，必須待父母遺體隔離了泥土、獲得安置後，子女才能夠感到快適、內心歡喜。這樣的過程並不是為了任何外在因素的考量，而是子女自發的一連串反應。孟子對墨家學者說明禮的起源，他所使用的葬親之例，是使人置身於該情境之中，覺察道德要求存在於自己，成為人自覺道德要求的契機。葬親事例中自發呈現不忍之心，就是人看見別人受苦，心裡覺得不忍的反應，也就是心的真實狀態之一。順著這種真實狀態則可以為善，藉此說明人為善的契機。孟子藉著「葬親」、「孺子將入於井」等例子，提供心之四端閃現的契機，使人有機會覺察內心的道德要求。

孟子有許多思想可以溯源於孔子，並且對於孔子所用的特定概念進行更加深入的探討。孔子與宰我論三年之喪，說明個人可以透過安與不安的情緒，自覺道德要求內在於人。這樣的自覺正是個人生命的生理、心理，以及倫理三種面向整合的關鍵。行仁的動力條件是源自於己的，只要面對內心情感要求產生行動動力，隨時可以行仁。雖然「真誠面對內心情感要求」是行「仁」的必要條件，但是「仁」不直接就等於「心」。孔子所說的「心」，其功能大概包含：對於知識的思索、情感的反應、選擇的意志，以及分辨善惡的要求。孟子則將「心」的作用細緻化為四個方面：人的生命若順著其真實的樣態，處於一種非為人、完全出於己的自然反應，內心惻隱、羞惡、恭敬、是非之心自然湧現。順著自然湧現的四心，就可以做到善，這就是孟子所謂的「善」。孟子的性善是配合心的產生的動力，以及具體實踐的落實而言。心的作用經過人主動推廣、落實於人與人之間的關係，則可以為善。

孟子同時積極修養身、心，並且將身心視為密切互動的大體與小體，孟子對身心的說法可以稱為「身心合一論」。孟子重視心的修養甚於對身體的修養，身體與心互相影響。專一心志，使心為身體發號施令，身體自然不言而喻。氣是充滿體內的，必須以正直去培養，並且配合義行與正道，關鍵在於浩然之氣是集結義行而產生的。氣是身體的內容；而義是心所喜歡的，屬於心志的範疇。身體與心志可以互相影響，專一心志則能帶動意氣，可見孟子

談論人的身體與心是採取「身心合一」的立場，身體與心不能分開。心可以思考，思考便能自覺心所喜好的是理義，而心有四端，順著自然湧現的四心，就可以做到善，這就是孟子所謂的「善」。孔子並沒有明確定義「善」的意義，孟子則對「善」字做出詳細定義。修養心志，能影響身體，甚至可能因心志與精神的圓滿，擺脫來自身體的本能、欲望、衝動的遮蔽，使個人的生命感到充實而無所欠缺。修養心志減少欲望，使自己不被欲望所牽制，就較易保存人之所以異於禽獸的仁義之心。也因對心的要求產生自覺，瞭解了我的人性，因此無所欠缺遺憾、無入而不自得，由此而生「萬物皆備於我」的感受。人雖然可以自覺心的要求，但孟子也未曾美化人類成長發展的實際情況。孟子也強調人如果不接受教育，則與禽獸十分接近，顯示天雖然為所有人的道德品質預備了方向，但是大多數的人還需要教育以及「君」與「師」的領導，才能走上人生正途。孟子對人性的說明引述《詩經》、《尚書》對人類的觀察，又承襲孔子對於心為動態、可以發出要求的看法，對於人「為何」需要實踐秉彝的問題提出全面的答覆。

　　心是不斷發出要求的器官，但是由孟子說「盡心」可知，心經常有尚未被充分實踐的地方。養育天賦予自己的心與性，就是事奉天的正確方法。人在積極養育自己的心與性的同時，就是主動事奉天的方法。人與超越界的關係除了透過對其作用的觀察以外，更可以藉由深入人與自己的關係，體認人與超越界的關聯。體認到人性是天所賦予，面對壽命的客觀限制也不改變積極養育人性的態度，等待隨時可能到來的任務，就是建立使命的正確方法。人與自己的關係修養到了極點以後，人與超越界的關係便會呈現。《孟子》以「天」說超越界，「天」除了作為萬物的終極根源，使萬物有其運作方向，還賦予人命運與使命。孟子在天賦予每一個人「性」與「心」的基礎上，說明個人養育天賦予自己的心與性，就是事奉天的正確方法。雖然天意不可測度，給人種種限制與莫可奈何的遭遇，但是孟子隨時準備好自己。將被動的受到限制轉化為主動發揮人的本性，相對於被動而無可奈何的命運，使命是人可以主動實踐的。君子按照法度走在人生的正路上，隨時準備好在各種情況中分辨善惡與實踐善行，就是隨時準備好承擔使命。

　　孔子指導人們順從內心所發出的安與不安的情緒指導，努力實踐符合個人身份的職責，將天視為自己生命與一生德行修養的來源，將「天命」這個古老的概念轉化為所有人都可知的，使「個人」的概念與人的尊嚴獲得突破

性的提升。孔子透過自我覺醒、覺悟敬畏天命，將墮落成命運的天命轉化為使命。孟子則更進一步將天、使命、命運與人類的正途聯結，說明人可以藉由自我的覺醒體悟，修養自己等待任務並建立使命。但是如果因此就認為孟子把天或天命賦予人的使命轉化為「心」經過修養展現出的某些要求，這是完全誤解了孟子以及孟子所希望學習的孔子。《論語》與《孟子》未曾捨棄跟人類完全不同、超越的、有無限權威的天。〔註1〕孔、孟所知的「天」，絕對不是內在於人的心。有限的人類自身無法激發無限的關懷行動。個人獨立的意願，無法產生信仰能給人的確定感。由孔、孟「殺身成仁」、「舍生取義」的積極態度，我們可以明確知道孔子與孟子面對生命到了最危險的關頭，願意以有限而相對的生命作為對超越界信仰的見證。參考蒲慕州對古代信仰的研究：

> 當處理與信仰有關的材料時，研究者又必須認識到，宗教經驗和鬼
> 神信仰，對現代人而言也許是無稽，但對古人而言卻是實際的生活
> 經驗，而這經驗是一歷史的事實，必須予以承認。〔註2〕

用現代人的眼光來看待古人對於生命的來源、歸宿的認識，以及古人的信仰，可能只覺得十分荒謬。而對於超越界的認識，更是東西方哲學長久以來不斷討論的問題。儒家學者對於「天」的討論，在孔、孟子以後的兩千多年從來不曾間斷，說法也仍舊分歧。本文嘗試由古代的生命觀聯繫《論語》和《孟子》，對於古代思想的重新展示方面，相較於其他文史領域的學者研究，實在不自量力。筆者盼能由哲學研究的角度來填補這個空缺，為孔子與孟子的生命觀寫簡短的斷語。由本文所論可知，日常生活中的禮、樂、政、刑往往是有條件的、包含計算的，但是一旦全盤付託於某種關於人生的真相時，孔子、孟子願意為個人的使命犧牲，他們的態度全無絲毫保留，最重要的在於什麼樣的「態度」去相信。《論語》與《孟子》對於修養的看法，絕對不侷限於人與人的關係，而是向超越人類理解的境界開放。

〔註1〕如果信仰沒有另一個相反的要素——疏離，信仰便不再是信仰。有信仰的人，
和他所信仰的對象是處於疏離狀態的，否則，他就完全擁有信仰了。果真如此，
這就變成一個確定的問題，而非信仰問題。（Paul Tillich, *Dynamics of Faith*, New
York: Harper One, 2001）

〔註2〕蒲慕州，《追尋一己之福：中國古代的信仰世界》，（臺北市：允晨文化，1995），
63。

參考書目

一、古籍文獻與註釋

1. （周）左丘明傳；（晉）杜預注；（唐）孔穎達正義；蒲衛忠、龔抗雲、胡遂、于振波、陳咏明整理；楊向奎審定《春秋左傳正義（十三經注疏）》，北京：北京大學出版社，2000。

2. （周）左丘明撰；鮑思陶點校《國語》，濟南市：齊魯書社，2005。

3. （漢）孔安國傳；（唐）孔穎達正義；廖名春、陳明整理；呂紹綱審定《尚書正義（十三經注疏）》，北京：北京大學出版社，2000。

4. （漢）毛亨傳；（漢）鄭玄箋；（唐）孔穎達疏；劉家和審定《毛詩正義（十三經注疏）》，北京：北京大學出版社，2000。

5. （漢）鄭玄注；（唐）賈公彥疏；王文錦審定《周禮注疏（十三經注疏）》，北京：北京大學出版社，2000。

6. （漢）鄭玄注；（唐）賈公彥疏；彭林整理；王文錦審定《儀禮注疏（十三經注疏）》，北京：北京大學出版社，2000。

7. （漢）趙岐注；（宋）孫奭疏；廖名春、劉佑平整理；錢遜審定；李學勤主編《孟子注疏（十三經注疏）》，北京：北京大學出版社，2000。

8. （漢）鄭玄注；（唐）孔穎達疏；龔抗雲整理；王文錦審定；李學勤主編《禮記正義（十三經注疏）》，北京：北京大學出版社，2000。

9. （（漢）公羊壽傳；（漢）何休解詁；（唐）徐彥疏；浦衛忠整理；楊向奎審定《春秋公羊傳注疏（十三經注疏）》，北京：北京大學出版社，2000。

10. （漢）劉熙《釋名》，北京：中華書局，2016。

11. （魏）何晏注；（宋）邢昺疏；朱漢民整理；張豈之審定《論語注疏（十三經注疏）》，北京：北京大學出版社，2000。

12. （梁）皇侃《論語義疏》，大阪：懷德堂記念会，1923。

13. （宋）朱熹《四書章句集注》，臺北市：大安，1999。

14. （宋）朱熹《周易本義》，臺北市：大安，1999。

15. （清）王先謙撰；沈嘯寰、王星賢點校《荀子集解》，北京：中華書局，1988。

16. （清）毛奇齡著；胡春麗點校《四書改錯》，上海：華東師範大學出版社，2014。（清）孫希旦《禮記集解》，北京：中華書局，1989。

17. （清）孫詒讓《周禮正義》，北京：中華書局，1987。

18. （清）郝懿行箋疏；范祥雍補校《山海經箋疏補校》，上海：上海古籍出版社，2013。

19. （清）陳立撰；吳則虞點校《白虎通疏證》，全二冊，北京：中華書局，1994。

20. （清）焦循撰；沈文倬點校《孟子正義》，全二冊，北京：中華書局，1987。

21. （清）劉寶楠撰；高流水點校《論語正義》，北京：中華書局，1990。

22. （清）戴震《孟子字義疏證》，北京：中華書局，1982。

23. 王夢鷗註譯；王雲五主編《禮記今註今譯》，臺北市：臺灣商務，2009。

24. 牛鴻恩注譯《新譯逸周書》，臺北市：三民，2015。

25. 高明註譯《大戴禮記今註今譯》，臺北：臺灣商務，1975。

26. 馬持盈註《史記今註今譯》，臺北：臺灣商務，1983。

27. 馬承源主編《上海博物館藏戰國楚竹書（二）》，上海：上海古籍出版社，2002。

28. 程樹德撰；程俊英、蔣見元點校《論語集釋》，北京：中華書局，1990。

29. 楊伯峻《孟子譯注》，全二冊，北京：中華書局，1988。

30. ───《春秋左傳注》，全二冊，臺北市：紅葉文化，1993。

31. 盧元駿註譯《說苑今註今譯》，臺北市：臺灣商務，1979。

32. （日）竹添光鴻《論語會箋》，東京：崇文院，1925。

33. （日）瀧川龜太郎《史記會注考證》，臺北市：大安，1998。

二、中文專書

1. 王力《王力古漢語字典》，北京：中華書局，2011。

2. 王治心《中國宗教思想史大綱》，北京：商務印書館，2015。

3. 王祥齡《中國古代崇祖敬天思想》，臺北市：臺灣學生，1992。

4. 牟宗三《中國哲學的特質》，臺北市：臺灣學生，1963。

5. 余英時著；侯旭東等譯《東漢生死觀》，臺北市：聯經，2008。

6. 余英時《論天人之際：中國古代思想起源試探》，臺北市：聯經，2014。

7. 李曰剛等著《三禮研究論集》，臺北市：黎明文化，1981。

8. 李亦園《信仰與文化》，臺北市：Airiti Press，2010。

9. 李淵庭、閻秉華整理《梁漱溟先生講孔孟》，上海：上海三聯書店，2008。

10. 李孝定編述《甲骨文字集釋》，臺北市：中央研究院歷史語言研究所，1970。

11. 李隆獻《復仇觀的省察與詮釋：先秦兩漢魏晉南北朝隋唐編》，臺北市：國立臺灣大學出版中心，2012。

12. 李學勤《中國古代文明研究》，上海：華東師範大學出版社，2004。

13. 杜而未《中國古代宗教研究》，臺北市：臺灣學生書局，1976。

14. 何永清《論語語法通論》，新北市：臺灣商務，2016。

15. 周何《古禮今談》，臺北市：萬卷樓，1992。

16. 林素英《古代生命禮儀中的生死觀：以《禮記》為主的現代詮釋》，臺北市：文津，1997。

17. ———《喪服制度的文化意義：以《儀禮·喪服》為討論中心》，臺北市：文津，2000。

18. 林義正《孔學鈎沈》，臺北市：國立編譯館，2007。

19. 胡適《中國哲學史大綱》，臺北市：臺灣商務，2008。

20. 胡厚宣《古代研究的史料問題》，臺北市：谷風出版社，1986。

21. 袁珂《神話論文集》，上海：上海古籍出版社，1982。

22. 徐復觀《中國思想史論集》，臺北市：臺灣學生，1959。

23. ———《中國人性論史——先秦篇》，臺北市：臺灣商務，1969。

24. 張光直《中國考古學論文集》，北京：生活·讀書·新知三聯書店，2013。

25. ———《中國青銅器時代第二集》，臺北市：聯經，1990。

26. 張灝《時代的探索》，臺北市：中央研究院·聯經，2004。

27. 章景明《先秦喪服制度考》，臺北市：臺灣中華書局，1971。

28. 陳大齊《平凡的道德觀》，臺北市：中華書局，2015。

29. 陳來《古代宗教與倫理：儒家思想的根源》，北京：生活·讀書·新知三聯書店，2009。

30. 陳夢家《殷墟卜辭綜述》，北京：中華書局，1988。

31. 陳寧《中國古代命運觀的現代詮釋》，瀋陽：遼寧教育出版社，1999。

32. 許倬雲《西周史》，臺北市：聯經，1984。

33. ———《中國古代文化的特質》，臺北市：聯經，1988。

34. 許進雄《中國古代社會——文字與人類學的透視》，臺北市：臺灣商務，1988。

35. ───《古事雜談》，臺北市：臺灣商務，1992。

36. 郭偉宏《趙岐《孟子章句》研究》，揚州：廣陵書社，2014。

37. 馮友蘭《中國哲學史新編》，北京：人民出版社，1998。

38. ───《新原道》，臺北：臺灣商務，1995。

39. 傅佩榮《傅佩榮解讀論語》，新北市：立緒，1999。

40. ───《傅佩榮解讀孟子》，新北市：立緒，2004。

41. ───《儒道天論發微》，臺北市：聯經，2010。

42. ───《予豈好辯哉：傅佩榮評朱注四書》，臺北市：聯經，2013。

43. 傅斯年《性命古訓辨證》，臺北市：中央研究院歷史語言研究所，1992。

44. 勞思光《新編中國哲學史（一）》，臺北市：三民，2010。

45. 葉國良、夏長樸、李隆獻合著《經學通論》，臺北市：大安，2005。

46. 楊向奎《宗周社會與禮樂文明》，北京：人民出版社，1992。

47. 楊寬《中國上古史導論》，上海：上海人民出版社，2016。

48. ───《西周史》，上海：上海人民出版社，2016。

49. 楊澤波《孟子性善論研究》，上海：上海人民出版社，2016。

50. 楊儒賓《儒家身體觀》，臺北市：中研院文哲所，1996。

51. 楊儒賓編《中國經典詮釋傳統（三）文學與道家經典篇》，臺北市：喜瑪拉雅基金會，2001。

52. 蒲慕州《追尋一己之福：中國古代的信仰世界》，臺北市：允晨文化，1995。

53. 趙榮俊《殷商甲骨卜辭所見之巫術（增訂本）》，北京：中華書局，2011。

54. 蔡仁厚《孔孟荀哲學》，臺北市：學生書局，1984。

55. 鄭志明《中國殯葬禮儀學新論》，北京：東方出版社，2010。

56. 錢穆《靈魂與心》，臺北市：聯經，1976。

57. ───《孔子與論語》，臺北市：聯經，1974。

58. 劉明《周秦時代生死觀研究》，北京：人民出版社，2013。

59. 劉述先《生命情調的抉擇》，臺北市：臺灣學生，1985。

60. ───《論儒家哲學的三個大時代》，香港：香港中文大學出版社，2008。

61. 蕭登福《先秦兩漢冥界及神仙思想探原》，臺北市：文津，2001。

62. 關永中《神話與時間》，臺北市：臺灣學生，2007。

63. 譚佳《神話與古史：中國現代學術的建構與認同》，北京：社會科學文獻出版社，2016。

64. 顧頡剛《古史辨自序》，北京：商務印書館，2011。

三、專書中譯本（依出版年份排列）

1. （羅馬尼亞）Mircea Eliade 著；堀一郎譯《永遠回帰の神話》，東京都：未來社，1963。

2. （德）布魯格（Walter Brugger）編著；項退結編譯《西洋哲學辭典》，臺北市：先知出版社，1976。

3. （法）列維·布留爾（Lucien Lévy-Bruhl）著，丁由譯《原始思維》，北京：商務印書館，1981。

4. （德）恩斯特·卡西勒（Ernst Cassirer）著；黃漢青、陳衛平譯《國家的神話》，臺北市：成均，1983。

5. ———結構群審譯《人論》，臺北市：結構群，1989。

6. （法）于連（Julien, F.）著；宋剛譯《道德奠基：孟子與啟蒙哲人的對話》，北京：北京大學出版社，2002。

7. （瑞士）榮格（C. G. Jung）著；林宏濤譯《人的形象和神的形象》，臺北縣：桂冠出版，2006。

8. （美）Louis Dupré 著；傅佩榮譯《人的宗教向度》，新北市：立緒，2006。

9. （美）埃里希·佛洛姆（Erich Fromm）著；孟祥森譯《人的心》，臺北市：有志文庫，2007。

10. 余英時著；侯旭東等譯《東漢生死觀》，臺北市：聯經，2008。

11. （美）孟旦（Donald J. Munro）著；丁棟，張興澤譯，《早期中國「人」的觀念》，北京：北京大學出版社，2009。

12. （美）成中英《美的深處——本體美學》，浙江：浙江大學出版社，2011。

13. （英）布羅尼斯拉夫·馬林諾夫斯基（Bronislaw Kasper Malinowski）著；李安宅譯《巫術科學宗教與神話》，上海：上海社會科學院出版社，2016。

14. （美）艾倫·W·沃茨（Alan W. Watts）《不安的智慧——憂鬱年代裡身心解放的秘密》，臺北市：橡樹林，2017。

四、日文專書

1. 岡村秀典《夏王朝》，東京都：講談社文庫，2007。

2. 加地伸行《儒教とは何か》，東京：中央公論新社，1990。

3. ———《沈黙の宗教——儒教》，東京：筑摩書房，1994。

4. 加藤常賢《中國古代倫理學の發達》，二松學舍大學出版部，1983。

5. 金谷治《死と運命—中国古代の思索—》，京都：法藏館，1986。

6. ———《孔子》，東京：講談社學術文庫，1990。

7. ———《孟子》，東京：岩波書店，2015。

8. 澤田多喜男《『論語』考索》，東京：知泉書館，2009。

9. 白川静《孔子伝》，東京：中央公論新社，1991。

10. ───《中国の神話》，東京：中央公論新社，2003。

11. 森三樹三郎《上古より漢代に至る性命観の展開》，東京：創文社，1971。

12. ───《中国思想史》，東京：第三文明社，1978。

13. 吉川幸次郎《『「論語」の話』》，東京：筑摩書房，ちくま学芸文庫，2008。

14. 和辻哲郎《孔子》，東京：岩波書店，1988。

五、英文專書

1. B. Schwartz: *The World of Thought in Ancient China*. MA: Harvard University Press, 1985.

2. H. Fingarett: *Confucius: Secular as Sacred*, New York: Harper & Row, 1972.

3. Paul Tillich, *Dynamics of Faith,* New York: HarperOne, 2001.

4. Eliade（Author），Willard R. Trask （Translator）*The Sacred and The Profane: The Nature of Religion*, New York: Harcourt Inc., 1987.

六、期刊論文（依出版年份排列）

1. 胡厚宣〈釋「余一人」〉，《歷史研究》第 1 期（1957）：75～78。

2. ───〈殷卜辭中的上帝和王帝（上）〉，《歷史研究》第 9 期（1959）：23～52。

3. ───〈殷卜辭中的上帝和王帝（下）〉，《歷史研究》第 10 期（1959）：89～110。

4. （日）山下龍二〈論語における《鬼神》について─儒教の宗教的性格─〉，《名古屋大学文学部二十周年記念論集》（1968）：43～68。

5. 高懷民〈中國古代文化中的鬼神思想〉，《文史哲學報》第 35 期（1987年 12 月）：95～118。

6. 傅佩榮〈存在與價值之關係問題〉，《國立台灣大學哲學論評》第 15 期（1992 年 1 月）：127～142。

7. ───〈孔子情緒用語的兩個焦點：怨與恥〉，《哲學雜誌》第 36 期（2001年 8 月）：4～24。

8. ───〈孔子對死亡的某種定見〉，《哲學與文化》第 32 卷第四期（2005年 5 月）：61～71。

9. 李賢中〈從「辯者廿一事」論思想的單位結構及應用〉，《輔仁學誌──人文藝術之部》第 28 期（2001 年 7 月）。

10. ———〈從《公孫龍子》的詮釋比較看經典詮釋之方法問題〉，山東大學文史哲研究院，2010.8.舉辦「第七屆詮釋學與中國經典詮釋學術研討會」之會議論文。發表於：洪漢鼎、傅永軍主編，《中國詮釋學第八輯》（濟南：山東人民出版社 2011 年 7 月）：167～181。

11. 周國正〈《左傳》「人生始化曰魄」辨〉，《臺大文史哲學報》57 期（2002）：211～221。

12. 谷中信一〈上海博楚簡『魯邦大旱』譯註 〉，《『出土文獻と秦楚文化』》創刊號（2004）：85～118。

13. 沈清松〈從「方法」到「路」——項退結與中國哲學的方法論問題〉，《哲學與文化》第 32 卷第 9 期（2005 年 9 月）：61～78。

14. 鄔濬智〈「鬼」觀念與祖先崇拜試說〉，《稻江學報》第 3 卷第 1 期（2008 年 6 月）：191～203。

15. 李隆獻〈先秦至唐代鬼靈復仇事例的省察與詮釋〉，《文與哲》，第 16 期，（2010 年 6 月）：139- 202。

16. 許詠晴〈《孟子》中的喪葬事例研究〉，《生命教育研究》第 8 卷第 2 期（2016）：35～50。